高等院校创新创业教育系列教材

大学生创新与实践

主　编 ◎ 江晓明　李小鹏　幸姚李顺
副主编 ◎ 孙金彪　李　洁　王亚璇　喻　琦

华中科技大学出版社
http://press.hust.edu.cn
中国·武汉

图书在版编目(CIP)数据

大学生创新与实践/江晓明,李小鹏,幸姚李顺主编.—武汉:华中科技大学出版社,2024.1
ISBN 978-7-5772-0486-4

Ⅰ.①大… Ⅱ.①江… ②李… ③幸… Ⅲ.①大学生-创业-高等学校-教材 Ⅳ.①G647.38

中国国家版本馆 CIP 数据核字(2024)第 008885 号

大学生创新与实践
Daxuesheng Chuangxin yu Shijian

江晓明　李小鹏　幸姚李顺　主编

策划编辑：张　毅	
责任编辑：张　毅	
封面设计：孢　子	
责任监印：朱　玢	

出版发行：华中科技大学出版社(中国·武汉)　　电话：(027)81321913
　　　　　武汉市东湖新技术开发区华工科技园　　邮编：430223
录　　排：华中科技大学惠友文印中心
印　　刷：武汉市首壹印务有限公司
开　　本：787mm×1092mm　1/16
印　　张：14.75
字　　数：380 千字
版　　次：2024 年 1 月第 1 版第 1 次印刷
定　　价：49.80 元

本书若有印装质量问题,请向出版社营销中心调换
全国免费服务热线：400-6679-118　　竭诚为您服务
版权所有　侵权必究

前言

习近平总书记指出,"要坚持创新是第一动力、人才是第一资源的理念,实施创新驱动发展战略,完善国家创新体系,加快关键核心技术自主创新,为经济社会发展打造新引擎","要把加快建设中国特色、世界一流的大学和优势学科作为重中之重,大力加强基础学科、新兴学科、交叉学科建设,瞄准世界科技前沿和国家重大战略需求推进科研创新,不断提升原始创新能力和人才培养质量"。

深化高等学校创新创业教育改革,是国家实施创新驱动发展战略、促进经济提质增效升级的迫切需要,是推进高等教育综合改革、促进高校毕业生更高质量创业就业的重要举措。教育部要求高校全面推进创新创业教育和自主创业工作,开发开设创新创业教育专门课程。本书按照国务院办公厅《关于深化高等学校创新创业教育改革的实施意见》文件精神,结合编者多年开展创新创业教育和实践的经验编写而成,意在把通才教育渗透于本科教育的知识与能力结构之中,把创新的教育理论与实践融于各学科专业教育之中,强化创新精神,唤醒创新意识,培养创新创造的能力,从根本上实现创新创业人才的培养。

本书共分六章,从实际出发,立足于培养和开发学生的创新创造能力,着眼于培养高级创新人才,从理论与实践、历史与现实、思辨与实证的结合上,采用深入浅出的手法,对思维、创造、创新和知识产权、专利等有关理论作了重点阐述,对创新创业大赛进行了介绍,同时通过大量创新案例,给人以启发,文字通俗易懂,层次分明,概念清晰,有较强的可操作性。

本书适合作为高等学校各专业创新创业类课程的基础教材,也可供广大创造、创新、创业知识学习与实践训练的人员参考使用。

本书由武昌工学院江晓明、李小鹏、幸姚李顺担任主编,孙金彪、李洁、王亚璇、喻琦担任副主编。

本书在编写过程中参考了相关文献,在此向作者和出版社表示衷心感谢。

限于编者水平,书中难免出现不尽如人意甚至错漏之处,诚望广大同行和读者批评指正。

编　者
2024 年 1 月

目录

第 1 章　绪论 ··· 1
　1.1　研究对象 ··· 1
　1.2　学科内涵与研究意义 ·· 3
　1.3　应用领域 ··· 8

第 2 章　创造学概论 ·· 12
　2.1　创造及创造学 ··· 12
　2.2　创造性活动 ·· 18
　2.3　创造力 ·· 20
　2.4　创造的基本原理 ·· 32
　2.5　发明创造的原则 ·· 39

第 3 章　创新思维与实践 ·· 44
　3.1　创新思维概述 ··· 44
　3.2　创新思维的障碍 ·· 50
　3.3　方向性思维与实践 ··· 54
　3.4　形象思维与实践 ·· 66
　3.5　动态性思维与实践 ··· 82
　3.6　逻辑性思维与实践 ··· 86

第 4 章　创新技法与实践 ·· 89
　4.1　创新技法概述 ··· 89
　4.2　智力激励法与实践 ··· 91
　4.3　列举法与实践 ··· 95
　4.4　设问法与实践 ··· 100
　4.5　组合分解法与实践 ··· 106
　4.6　类比法与实践 ··· 109
　4.7　形态分析法与实践 ··· 112
　4.8　TRIZ 理论与实践 ··· 114

第 5 章　成果保护与价值实现 ·· 148
　5.1　创新创造成果的呈现形式 ·· 148

5.2 知识产权保护概述……155
5.3 专利……159
5.4 专利申请的注意事项……166
5.5 专利申请的案例分析……168
5.6 创新创造成果的价值转化……172

第6章 创新创业大赛实践……174

6.1 创新创业大赛概述……174
6.2 中国国际大学生创新大赛……179
6.3 "挑战杯"全国大学生课外学术科技作品竞赛……184
6.4 全国大学生电子商务"创新、创意及创业"挑战赛……192
6.5 全国高校商业精英挑战赛品牌策划竞赛……194
6.6 全国高校商业精英挑战赛会展专业创新创业实践竞赛……196
6.7 全国高校商业精英挑战赛创新创业竞赛……198
6.8 全国企业竞争模拟大赛……201
6.9 iCAN大学生创新创业大赛……203
6.10 全国大学生机械创新设计大赛……204
6.11 全国三维数字化创新设计大赛……205
6.12 全国大学生电子设计竞赛……206
6.13 全国大学生机器人大赛……208

附录……210

附录A 40个发明原理……210
附录B 技术转让(专利权)合同模板……213
附录C 技术转让(专利实施许可)合同模板……218
附录D 著录项目变更申报书……224
附录E 专利实施许可合同备案申请表……226

参考文献……227

第 1 章 绪　　论

> **知识目标**
>
> （1）了解创造、创新、创业理论的研究对象,掌握相关研究的基本概念;
> （2）了解创造与创新理论的应用领域,了解创新的发展趋势;
> （3）明确学习创新创业理论的目的和方法,理解学习创新创业理论的必要性。

1.1　研究对象

本书涵盖创造、创新、创业的基础理论知识与实践,实践部分是创新创业理论的实际应用,是获得创新性成果的全流程操作和演练过程。

本书主要研究创造、创新、创业的基本理论及其相互关系,以各自的原理、原则和技法为主要内容,同时它们也都是一种实践活动,从实践中来并接受实践的检验,是它们的共性。上述内容的学习与应用分创造、创新、创业与知识产权四个主体部分,每一部分由理论叙述到案例分析,加入 TRIZ 理论与创新实践技法应用,到辅助竞赛类实践应用这样一个递进的过程组成。

一、创意

创造、创新、创业的开展源于创意,从创意开始,创意的延伸功能就是创造,创意是创造的前提条件和事先准备。没有创意就没有创造、创新及创业,因为创意产生设想和思路,然后创造才能把设想物化为有形的产品,创造先从创意开始。

创意就是具有新颖性和创造性的想法,也就是好的想法和巧妙的构思。它一般是指有新意的想法、念头和打算;过去从没有过的计划和思路;创新性的意念等。创意是对传统的叛逆,是打破常规的大智大勇,是一种智能的拓展,是破旧立新的螺旋式上升;是一种"全新的看法",一种"突破传统的想法",一种"别人没想到的新方法",侧重于思维的构思。一句话概括:把任何想法转化成效益就叫创意。

可见,创意不仅仅是文化上的创意,任何一个具体领域解决问题的新方法、新思维、新思路都是创意,其中一些创意能够部分甚至全部融入市场创造出价值。相较于技术进步、企业运营和品牌塑造,目前我国创意产业的发展更需要的是创新性思维,需要的是具有创新性思维和掌握了创新方法的人,也就是说,不解决好创新性思维问题,不掌握先进的、科学的创新方法,创意产业是发展不起来的,也不会产生更多更好的产品。

二、创造

创造通常是指首创前所未有的新事物,是以实现新的目的为起因,以除旧求新活动为过程,以产生新的成果为结果的系统工程。它包括自然的创造,如星云的收缩创造了星球,地壳的运动创造了山脉湖泊等;人类的创造,如人类用劳动创造了世界,创造了各种自然学科、社会学科等,其结果具有社会或个人价值。

三、创新

创新是指在现有的思维模式下,以提出有别于常规思路的见解为导向,利用现有的知识和物质资源,在特定的环境中,为了满足理想化需要或社会需求而改进或创造新的事物、方法、元素、路径、环境,并能获得一定有益效果的行为。

创新这个概念来源于经济学。1912年,美籍奥地利经济学家熊彼特提出了创新理论,创新的定义是建立一种新的生产函数,在经济活动中引入新的思想、方法,实现生产要素的新组合。随着技术创新研究的发展,经济学的技术创新概念又发展出知识创新、技术创新、制度创新等分支。更广义的创新则指引进新概念、新事物,包括科学发现、技术发明、观念更新、社会革新、事业进取、文化艺术的推陈出新等;主要体现在对已有创造成果的改进、完善和应用,是建立在创造成果基础上的再创造,可以是有形的事物,如各种产品,也可以是无形的事物,如技术、工艺、机构、体制等。

创造和创新的共同点是二者都具有新颖性,差别一是创造比较强调过程,创新比较强调结果,例如"实践小组的同学创造了一种新的方法,这种方法具有创新价值";差别二是创造强调自身的新颖性,不一定有比较对象,而创新强调与原有对象比较,如"黑白电视机的问世体现为一种创造成果的诞生,彩色电视机的出现是对黑白电视机的创新",又如"汽车的出现是创造,而将其应用于工业生产才是创新"。

四、创业

创业就是创业者对自己拥有的资源或通过努力能够拥有的资源进行优化整合,从而创造出更大经济或社会价值的过程。创业通常指创立基业,即创造、开拓、推进一种事业或产业,实现从无到有、从小到大、从弱到强的巨大变化。

创业有时可以通过从外部引进、学习和模仿去实现,有时可以通过创造、创新去实现。但是,从可持续发展的战略视角看创业,只有创造、创新才是创业的根本。

创业的核心是创造和创新,创业者需有创造和创新的能力。创意、创造、创新是创业的基石,它们之间的关系如图1-1所示。

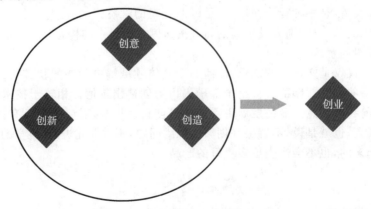

图1-1 创意、创造、创新、创业的关系

创新与创业的关系主要体现在创新是创业的源泉,是创业的本质。创业通过创新拓宽商业视野、获取市场机遇、整合独特资源、推进企业成长。创新的科学技术转化为企业的经济效益与社会效益,杠杆支点在科技创新。当今世界,没有创新就不能充分发挥日新月异的科学技术强有力的作用,不创新就难以持续发展。

1.2 学科内涵与研究意义

一、学科内涵

1. 创造的社会学内涵

简而言之,创造就是把以前没有的事物创立或者制造出来。这明显是一种典型的人类自主和能动行为。因此,创造的最大特点是有意识地对世界进行探索性的劳动。因此,想出新方法、建立新理论、做出新的成绩或东西都是创造的结果。

创造是指将两个以上的概念或事物按一定方式联系起来,以达到某种目的的行为。创造的本质在于甄选,甄选出事物或概念之间真正有建设性的联系。

2. 创新的哲学内涵

创新从哲学上说是一种人的创造性实践行为,这种实践为的是增加利益总量,需要对事物和发现进行利用和再创造,特别是对物质世界矛盾的利用和再创造。人类通过对物质世界的利用和再创造,制造新的矛盾关系,形成新的物质形态。

创意是创新的特定思维形态,意识的新发展是人对于自我的创新。发现与创新构成人类相对于物质世界的解放,是人类自我创造及发展的核心矛盾关系。其代表两种不同的创造性行为,只有对发现的否定性再创造才是人类创新发展的基点。实践是创新的根本所在。创新的无限性在于物质世界的无限性。

3. 创新的社会学内涵

创新是指人们为了满足发展的需要,运用已知的信息和条件,突破常规,发现或产生某种新颖、独特的有价值的新事物、新思想的活动。

创新的本质是突破,即突破旧的思维定式、旧的常规戒律。创新活动的核心是"新",它可以是产品结构、性能和外部特征的变革,也可以是造型设计、内容的表现形式和手段的创造,还可以是内容的丰富和完善。

4. 创新的经济学内涵

创新在经济学上的定义是指以现有的知识和物质,在特定的环境中,改进或创造新的事物(包括但不限于各种方法、元素、路径、环境等),并能获得一定有益效果的行为。

经济学上,创新的概念来源于美籍经济学家熊彼特在1912年出版的《经济发展理论》。熊彼特在其著作中提出:创新是指把一种新的生产要素和生产条件的"新结合"引入生产体系。它包括五种情况:引入一种新产品、引入一种新的生产方法、开辟一个新的市场、获得原材料或半成品的一种新的供应来源、新的组织形式。熊彼特的创新概念包含的范围很广,涉及技术性变化的创新及非技术性变化的组织创新。

5. 科技创新的内涵

科技创新指科学技术领域的创新,创新在科学技术的进步中的重要性日趋明显,科技创新是社会生产力发展的源泉。它涵盖两个方面:自然科学知识的新发现,技术工艺的创新。在现代社会,大学、研究所等研究机构是基础科技创新的基本主体,而企业是应用工程技术、工艺技术创新的基本主体。

二、研究意义

1. 研究创新理论有其重要意义

近代以来,人类文明进步所取得的丰硕成果主要得益于科学发现、技术创新和工程技术的不断进步,得益于科学技术应用于生产实践而形成的先进生产力,得益于近代启蒙运动所带来的思想观念的巨大解放。可以这样说,人类社会从低级到高级、从简单到复杂、从原始到现代的进化历程,就是一个不断创新与创造的过程。不同民族发展的速度有快有慢,发展的阶段有先有后,发展的水平有高有低,究其根本,民族创新与创造能力的差异是主要的影响因素。

大学生创业是以在校大学生和毕业大学生这类特殊群体为创业主体的创业活动。随着我国走向转型化进程以及社会就业压力的不断加剧,创业逐渐成为在校大学生和毕业大学生的一种职业选择。

大学生作为年轻的高级知识群体,有着较为丰富的知识储备,是我国十四五规划的主要创业人群。但由于大学生群体社会实践经验与能力的欠缺与创业的成功要素相矛盾,所以大部分大学生创业在初期就自行夭折,大学生创业成为国家和社会共同关注的话题。在十四五规划中,针对这个现象进行相应的论述,给大学生创业带来了众多的机遇与挑战,大学生创业也将在这些机遇和挑战中走向新的高度。

2. 学习创新理论与实践的意义

理论结合实践的学习,是重要的学习资源的获得途径。通过学习帮助学生树立创新意识,开拓创新思路;掌握和运用发明的原理、原则和技法,提高创新思维能力;了解创业的资源整合、创业管理及方式途径,培养创业精神和素质。鼓励学生进行科技小发明作品的开发和制作,为参加科技创新、作业作品竞赛做准备,增强创造力。

3. 学习方法

掌握一些创新思维形式和创造技法及一些创造理论内涵,切记不要死记硬背。学习过程中要理论和实践相结合,加强日常强化训练,重在实际应用。一日一想,一周一创,一月一物,一学期一发明,在校一专利。要善于从发明创造活动的实际材料和案例来理解创造学原理,同时要善于运用创造、创新学理论观点和方法来分析和解决问题。敢于异想天开,不受条条框框约束,开拓创意空间。要善于发现问题、提出问题,培养自己的观察能力。利用网络资源、多媒体设备等进行创新、创业训练。

三、高校对大学生创新创业培养的意义

创造与创新方法在美国被称为创造力工程,在日本被称为发明技法,在俄罗斯被称为创造力技术或专家技术。我国学者认为创新方法是科学思维、科学方法和科学工具的总称。其中,科学思维是一切科学研究和技术发展的起点,贯穿于科学研究和技术发展的全过程,是科学技

术取得突破性、革命性进展的先决条件。科学方法是人们进行创新活动的创新思维、创新规律和创新机理，是实现科学技术跨越式发展和提高自主创新能力的重要基础。科学工具是开展科学研究和实现创新的必要手段与媒介，是最重要的科技资源。

1．创新对国家的意义

20世纪90年代以来，我们国家多次强调创新。1998年国家提出，创新是一个民族进步的灵魂，是国家兴旺发达的不竭动力。没有科技创新，总是步人后尘，经济就只能受制于人，更不可能缩小差距。当今世界的竞争，归根到底是综合国力的竞争，实质上是知识总量、人才素质和科技实力的竞争。中华民族是勤劳智慧的民族，也是富于创新精神的民族，现在我们更要十分重视创新，要树立全民族创新意识，建立国家的创新体系，增强企业的创新能力，把科技进步和创新放在更加重要的战略位置，使经济建设真正转到依靠科技进步和提高劳动者素质的轨道上来。同时，大胆吸收和借鉴人类社会创造的一切文明成果。我们是发展中国家，应该更加重视运用最新技术成果，实现技术发展的跨越。

2006年国家提出，大力实施科教兴国战略和人才强国战略，坚持自主创新、重点跨越、支撑发展、引领未来的指导方针，全面落实国家中长期科学和技术发展规划纲要，以提高自主创新能力为核心，以促进科技与经济社会发展紧密结合为重点，进一步深化科技体制改革，着力解决制约科技创新的突出问题，充分发挥科技在转变经济发展方式和调整经济结构中的支撑引领作用，加快建设国家创新体系，为全面建成小康社会进而建设世界科技强国奠定坚实基础。

2013年国家提出，实施创新驱动发展战略是立足全局、面向未来的重大战略；是加快转变经济发展方式、破解经济发展深层次矛盾和问题、增强经济发展内生动力和活力的根本措施。在日趋激烈的全球综合国力竞争中，必须坚定不移走中国特色自主创新道路，增强创新自信，深化科技体制改革，不断开创国家创新发展新局面，发挥科技创新的支撑引领作用，加快从要素驱动发展为主向创新驱动发展转变，加快从经济大国走向经济强国。要加强科技人才队伍建设，为人才发挥作用、施展才华提供更加广阔的天地，鼓励人才把自己的智慧和力量奉献给实现"中国梦"的伟大事业。

在跨入新世纪的发展中，创业教育同样受到了越来越多的关注，《国家中长期教育改革和发展规划纲要（2010—2020年）》中明确提出，提高自主创新能力，建立创新型国家，要实现扩大就业发展战略，促进以创业带动就业，把鼓励创业、支持创业放到了更加突出的地位。

创新对于学生进步，民族进步，经济、科技和国家发展都有重大意义，创造、创新、创业教育对实施科教兴国和可持续发展战略有至关重要的作用。学习创新创业课程就成为与时俱进、培养创新型人才的社会需求，是市场经济对人们提出的新挑战。对此，我们的教育必须要顺应这一时代的变迁。

2．创新对企业的意义

没有创新就缺乏竞争力，没有创新也就没有价值的提升。无论是获取哪一种形式的创新，都需要认真的工作态度、务实的工作作风。企业应用创新的知识和新技术、新工艺，采用新的生产方式和经营管理模式，提高产品质量，开发生产新的产品，提出新的服务，使产品占据市场并实现市场价值。世界上大的跨国企业每年的研发投入都很大，我国华为、海尔、联想等公司也加大了研发投入。也有许多大企业因为没创新而消失在历史长河中。

技术上的创新在产品的生产方法和工艺的提高过程中起着举足轻重的作用。在企业的竞争中，成本和产品的差异化一直都是核心因素，技术的创新可以减少产品的成本，同样，一种新的生产方式也会为企业的产品差异提供帮助,如果企业能够充分利用其创新的能力,就一定能在市场中击败对手,占据优势地位。创新还可促进企业组织形式的改善和管理效率的提高,从而使企业不断提高效率,不断适应经济发展的要求。

管理上的创新可以提高企业的经济效益、开拓市场,降低交易成本,从而形成企业独特的品牌优势。企业可以根据有效的经济原则,组建有效的研究和开发组织,按要素、贡献分配报酬,激励研究与开发的有效增长。

3. 创新对个人的意义

个人发展是一个不断提高自身能力的过程,学习创新思维,学习创新与创业的基本理论,并将所学应用于实践中,能明确一些错误观念而避免之、转变之,是十分有益而必要的。所谓转变错误的观念,是向人提示一些习以为常而又以为本当如此的错误观念,使之有一个新的、正确的认识。

在创造性教育活动中存在着一个顽固而又不自觉的错误观念,便是认为创造活动只是少数天才的事情。虽然现在高喊"科学创新是高不可攀的,创造活动只是少数天才的事"的人已不多了,但这一观念却常常不自觉地隐含在一些习惯性言谈之中,从而不知不觉地误导着人们。在每个人的头脑中都有一些隐蔽的结论。这些隐蔽的结论常左右人们的日常生活,比如人们一谈到发明创造,就会很自然地列举出许许多多诸如哥白尼、达尔文、爱因斯坦、居里夫人等世界级科学巨人。这实际上隐含着一种结论:只有那些载入史册的、世界级的发明和发现,才称得上是创造。因而人们对创造活动望而生畏,甚至想也不敢想。为此,应当有意识地改变观念,应当强调指出,今天的创造,不只是这些伟大的发明和发现,不能狭义地理解,创造也指日常的小改小革,无论在什么领域里或层面上,即使是十分微不足道的,只要做出比前人更新颖更独特的新突破,就是创造,即应从广义上理解和解释创造。只有确立这样一种新观念,人们才会认为创造活动并不神秘和高不可攀,只要肯动脑筋,人人都能成为发明家,也才会对创造活动感兴趣,并付诸实践,应用到创业、就业中去。人们只有树立了这种正确的认识,才会同发明创造与我无关的旧观念彻底决裂。创造不只是少数天才的事,人人都能创造。

案例 1-1

当老板!"我的身价,2000万!"

董某,国内某大学2008届毕业生。

他喜欢钻研问题,平时爱搞一些小发明、小创造。大二寒假的一天,他在家里发现,由于空间局促,要拉开左侧靠墙的冰箱门十分不便。爱动脑筋的他灵光一闪,动手画起草图,设计了一种左右两侧都能打开的"双轴式推拉门"。这个设计得到了学校老师的肯定,并帮助他申请了国家专利。

从念中学开始,他就做过不少创新的小设计。但这一次,他决定再进一步:"不能总是停留在设计样品的层面,是时候发挥一下它们的真正用途了。"他认为,这个双开门设计一旦投入市场,价值可能会很大,自己应当出去闯一闯,跑跑生产企业,争取把这项设计转化成产品。

2007年"五一"长假期间,他带着自己的发明,登上火车,开始了一场全国范围的"家电企业调研"。七天里,他走访了一大批冰箱生产厂家,并推介自己的发明。通过调研,他发现,这项设计不仅仅适用于冰箱,在家具、船舶、军用车等领域也能得到广泛运用。

当年7月,他拿到了《一种双轴式推拉门》的专利审批证书,这项发明也成为当年国家173个重点专利项目之一。让他欣喜不已的是,这项发明还被评为第七届香港国际专利发明博览会专利发明奖的金奖,他获得了香港特别行政区高级工程师证书。据香港一家权威评估机构的初步评估,这项专利的国内转让价值折合人民币超过2000万元。

"我的身价,2000万!"梦想成真的这一天终于来了。经过调研,他和连云港一家家具生产企业签订了专利转化意向书,成了一名合伙干实业的企业家。在大学期间,热衷创业的他就曾获学校优秀创新大学生荣誉。

创造、创新才是创业的根本,我们要立足于创造与创新,在深入研究它们的基本理论的基础上,重点钻研创造、创新、创业方法,不断提升自身的创造力,汲取更多的养料,为成功创业打下更坚实的基础。

人人都具有创造力,所以每个人都渴望通过学习一定的创造技法,挖掘自己的潜能,提高自身的创造力。当前,国家大力提倡创造、创新、创业,这三者是和每个人的创造力息息相关的,因此创造力的提高是创业者成功的充分条件。记住三句话:没有创新的语言是乏味的;没有创造的事业是盲目的;没有创业的人生是平淡的。

4. 大学生创业是创造、创新应用的趋势

大学生创业的主要途径如下。

1)途径一:校园学习

创业者通过课堂学习能掌握丰富的专业知识,在创业过程中将受益无穷;大学图书馆通常能找到创业指导方面的报刊和图书,广泛阅读能增加对创业市场的认识;大学社团活动能锻炼各种综合能力,这是创业者积累经验必不可少的实践过程。

2)途径二:媒体资讯

一是纸质媒体,人才类、经济类媒体是首要选择。例如比较专业的《21世纪人才报》《21世纪经济报道》《IT经理世界》。

二是网络媒体,管理类、人才类、专业创业类网站是必要选择。例如中国营销传播网、中华英才网、中华创业网、校导网等。此外,从各地创业中心、创新服务中心、大学生科技园、留学生创业园、科技信息中心、知名企业的网站等都可以学到创业知识。

3)途径三:与人交流

商业活动无处不在。创业者可以在日常生活中与有创业经验的亲朋好友交流,在他们那里,可以获得最直接的创业技巧与经验,有时候这比看书的收获更大。创业者甚至还可以通过电子邮件和电话联系自己崇拜的商界人士,或咨询与创业项目有密切联系的商业团体,创业者的谦逊总能得到他人的支持。

4)途径四:曲线创业

先就业,再创业是时下很多学生的选择。毕业后,由于自己的阅历和经验不够,到公司锻炼几年,积累了一定的知识和经验后再创业也不迟。

先就业再创业的学生跳槽后,所从事的创业项目通常也是和过去的工作密切相关的。因此在准备创业的过程中,可以利用在公司与专业人士交流的机会获得更多来自市场的创业知识。

5) 途径五:创业实践

真正的创业实践开始于创业意识萌发之时,创业实践是大学生学习创业知识的最好途径。

间接的创业实践学习主要可借助学校某些课程的角色性、情景性模拟参与来完成。例如,积极参加校内外举办的各类大学生创业大赛、工业设计大赛等,对知名企业家成长经历、知名企业经营案例开展系统研究等也属间接学习范畴。

直接的创业实践学习主要包括利用课余时间创业,例如在大学校园各楼宇提供饮水机清洗消毒有偿服务等,假期在外兼职打工、试办公司、试申请专利、试办著作权登记、试办商标申请等;也可通过举办创意项目活动、创建电子商务网站、谋划书刊出版事宜等多种方式来完成直接的创业实践学习。

6) 途径六:校园代理

大学生由于经验、能力、资金等方面都存在不足,直接创业存在很大困难,不现实,成功率也很低,而校园代理对创业者的经验、资金等方面没太高要求,可以利用课余时间代理校园畅销产品,积累市场经验,锻炼创业能力,做校园代理没有成败之分,对于大学生来说多多益善,如果做得较好,还可以积累一定的资金。总之,通过校园代理可以为毕业后的创业之路准备必要的物质和精神条件。

7) 途径七:个人网店

大学生是最具活力的群体,也是新技术和新潮流的引导者和受益方。随着网络购物的方便性、直观性愈加凸显,越来越多的人在网上购物。一些人即使不买,也会去网上了解一下自己将要买的商品的市场价。一种点对点、消费者对消费者的网络购物模式开始兴起,以国外的ebay、国内的淘宝为象征,吸引了越来越多的人在网上开店,在线销售商品,引发了一股个人开网店的风潮。而大学生正是这一群体的主要力量,不少大学生看到这一潮流后纷纷投身个人网店,品尝到成功的果实。

8) 途径八:城市嘉年华

在中小学生的寒暑假期间,组织艺术、动漫专业的大学生开展城市 cosplay 展,可租用或借用学校的操场,开辟针对中小学生的学生用品摊位、小吃摊,组织城市游乐嘉年华,也可以组织可移动的充气城堡、电动玩具、动漫水世界等城市狂欢嘉年华项目。

总之,创业知识广泛存在于大学生的学习和生活中,只要善于学习,总能找到施展才华的途径,善于学习和总结永远是成功者的座右铭。

1.3 应用领域

在过去的一个多世纪,人类开始创造性地认知世界,许多实例提供了证明,创新和创造能力在危机中起着至关重要的作用。

一、创造的应用

创造的应用即为创造力,创造力是与创造紧密相关的概念,一切创造都源于人类高超的创造力。创造力是人类特有的一种综合性本领,它是知识、智力、能力及优良的个性品质等多种复杂因素综合优化构成的。

创造的应用包括以下几个方面。

(1) 作为学习知识的基础因素,创造力包括吸收知识的能力、记忆知识的能力和理解知识的能力。吸收知识、巩固知识、掌握专业技术和实际操作技术、积累实践经验、扩大知识面、运用知识分析问题,是创造力的基础。任何创造都离不开知识,知识丰富有利于更多更好地提出创造性设想,对设想进行科学的分析、鉴别与简化、调整、修正,并有利于创造方案的实施与检验,而且有利于克服自卑心理,增强自信心,这是创造力的重要内容。

(2) 以创新思维能力为核心的智能。智能是智力和多种能力的综合,既包括敏锐、独特的观察力,高度集中的注意力,高效持久的记忆力和灵活自如的操作力,也包括创新思维能力,还包括掌握和运用创造原理、技巧和方法的能力等,这是构成创造力的重要部分。

(3) 创造个性品质,包括意志、情操等方面的内容。它是在一个人生理素质的基础上,在一定的社会历史条件下,通过社会实践活动形成和发展起来的,是创造活动中表现出来的创造素质。优良素质对创造极为重要,是构成创造力的又一重要部分。

(4) 创造在商业实践中的应用。当今商业时代,商业竞争日益加剧,创业并获得财富不仅需要创业者个人艰苦奋斗,更需要发挥自我的主观能动性,有别出心裁的创造力实践。商业成功需要有经典的创意,需要有独特的点子。比如中国瓜果书创意产业基地的成功,它在创意文化产业尤其是创意瓜果书、花果书领域处于行业领导者地位,很大程度上在于该基地独特非凡的创造力实践。该基地开创性地设计研发出可以长出瓜果的书,从而颠覆了书本只能用来看的传统观点,打造出能长出花草和瓜果的有机书。这是典型的创造力实践典范,打破常规,破旧立新并富于首创精神。

二、创新的应用

创新涵盖众多领域,包括政治、军事、经济、社会、文化、科技等各个领域的创新。因此,创新可以分为科技创新、文化创新、艺术创新、商业创新等。创新突出体现在三大领域:学科领域,表现为知识创新;行业领域,表现为科技创新;企业领域,表现为制度创新。

科技创新是社会生产力发展的源泉。科技创新指科学技术的创新,涵盖两个方面:自然科学知识的新发现、技术工艺的创新。

企业创新是现代经济活动中创新的基本构成部分。企业往往由生产、采购、营销、服务、技术研发、财务、人力资源管理等职能部门组成,因而企业创新涵盖这些职能部门,包括产品创新、生产工艺创新、市场营销创新、企业文化创新、企业管理创新等。

何道谊在《技术创新、商业创新、企业创新与全方面创新》一文中将企业创新分为企业战略创新、模式创新、流程创新、标准创新、观念创新、风气创新、结构创新、制度创新等八个方面。

案例 1-2

北斗系统全面覆盖——中国人的全球梦

2020年7月31日,我国自主建设、独立运行的北斗三号全球卫星导航系统全面建成(见图1-2)。作为我国迄今为止规模最大、覆盖范围最广、服务性能最好、与百姓生活关联最紧密的巨型复杂航天系统,北斗系统由卫星、火箭、发射场、测控、运控、星间链路、应用验证七大系统组成。从北斗一号工程立项开始,26年的发展历程,才有了今天的成就。

图1-2 北斗系统

2000年建成北斗一号试验系统,使我国成为世界第三个拥有自主卫星导航系统的国家。2012年建成北斗二号区域系统,为亚太地区提供服务。2020年建成北斗三号全球系统,实现了中国人的"全球梦"。

 案例 1-3

天问一号的火星之旅

2020年7月23日,执行我国首次火星探测任务的天问一号探测器由长征五号遥四运载火箭从文昌航天发射场发射升空,飞行2000多秒后,成功送入预定轨道,开启火星探测之旅,迈出了我国自主开展行星探测的第一步。在地火转移轨道飞行约7个月后,天问一号到达火星附近,通过"刹车"完成火星捕获,进入环火轨道,并择机开展着陆、巡视等任务,进行火星科学探测(见图1-3)。

此次火星探测任务的目标是实现火星环绕探测和巡视探测,获取火星探测科学数据,实现我国在深空探测领域的技术跨越;同时建立独立自主的深空探测工程体系,推动我国深空探测活动可持续发展。

图 1-3　天问一号探测器

 案例 1-4

嫦娥五号挖土归来

2020年12月,嫦娥五号携带月球样品成功返回地球。这是自20世纪70年代以来,再次有人类航天器重返月球并采回样品。对中国和全球航天界,这都是一项巨大的科学成就。历经23天,嫦娥五号成功携带月球样品返回地球;历经11个飞行阶段,20余天的在轨飞行过程,采集1731克的月球样品返回地球。随着此次嫦娥五号探测器任务完成,中国昂首屹立于世界航天大国之列(见图1-4)。

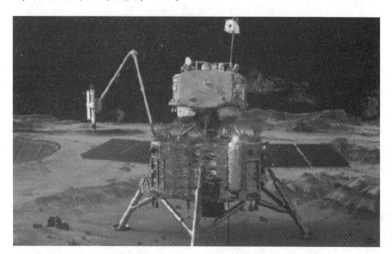

图 1-4　嫦娥五号探测器

第 2 章 创造学概论

> **知识目标**
>
> (1) 了解创造学的发展史;
> (2) 理解创造学的相关概念;
> (3) 掌握创造力及其开发的具体方法;
> (4) 明确影响创造力开发的相关因素,学会开展创造性活动。

2.1 创造及创造学

一、创造的相关概念

1. 发现

发现是指经过研究、探索看到或找到前人没有发现的事物或规律。这些事物或规律本身就已存在,只不过是前人没有发现而已,如稀有矿藏、美国人宣布西红柿可以预防前列腺癌、化学家发现了化学元素、牛顿发现了万有引力等都是发现。也就是说,发现的内容是客观世界已存在的天然性的成果。

2. 发明

发明是指创制新的事物、首创新的制作方法。我国《专利法》第二条明确指出"本法所称的发明,是指对产品、方法或者其改进所提出的新的技术方案。"发明是指研制出新的事物、提出新的方法或建立新理论,这些事物、方法、理论过去是没有的,如火药、造纸术、相对论等。

发明的成果包括物质成果、精神成果和社会成果三大类型。

发明应当包含创新,另外,发明必须利用自然规律。从专利法的角度而言,不利用自然规律的不能称为发明。自然规律本身不是发明,日常生活中常常将"科学发现"与"技术发明"混为一谈,其实这是两个截然不同的概念。发现的对象是自然规律或者自然现象,而发明的对象则是技术方案。

3. 创造、创新、发现、发明的关系

1) 发明与发现的关系

发明是指创造出一个在客观上过去并不存在的新事物或新方法。发现是指经过探索和研究后开始了解在客观上业已存在的事物或规律。找到以前有的只能称为发现,找到以前没有的可以称为发明。发现是认识世界,发明是改造世界。

发现回答的是"是什么"、"为什么"和"能不能"的问题,发明回答的是"做什么"、"怎么做"和"做出来有没有用"的问题。发明总是从发现开始,否则发明就会成为无源之水,如图 2-1 所示。

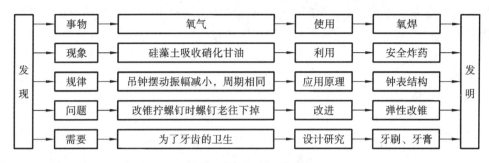

图 2-1 发明与发现的关系

2) 创造与创新的关系

创造技能就是创造活动,是指人们所从事的各种具有"新颖性"的活动。创新技能是指新技术、新发明在生产中首次应用,是指建立一种新的生产函数或供应函数,是在生产体系中引进一种生产要素和生产方法的新组合(熊彼特的观点)。即只有当一种新技术、新发明具有市场价值时,才可称其为创新。创造与创新的本质相同,都与"新颖性"有关。

创造与创新同时又存在差别:

(1) 创新一词出现较晚,最初,它只是指技术创新,是经济学领域的一个概念,由美籍奥地利经济学家熊彼特提出。

(2) 创新强调其商业利益或市场价值。创新重在最后的成果效应,所以最后的结果是否成功或者说是否具有经济价值,是判断该事物是否属于创新的一条重要标准。

比如,我国专利局已授予专利权的绝大多数发明创造因尚未转化为生产力,未占据市场和实现市场价值,就不具有创新的意义,所以创造的范围超过了创新的范围。

(3) 创新多是通过对已有事物的改进或突破来完成的。所以,创新的目标主要是已有事物。但是创造却不完全相同,创造的目标也可以是尚没有的想象事物。

3) 创造与发明的关系

创造是指人们所从事的各种具有"新颖性"的活动。发明是指创制新的事物、首创新的制作方法。创造与发明的本质是相同的,都具有新颖性,所以就有"发明创造""创造发明"的提法。

创造与发明也存在差别:

(1) 发明的外延比创造要小一些。

发明多指技术领域中的创造,而不包括非技术领域的创造。我国《专利法》中所称的"发明创造",指的就是发明、实用新型和外观设计三类。因此,人们在经营上的策划、文学上的创作、理论上的探究等虽然都属于创造之列,但不属于发明范畴,因此按规定不能申请国家专利。

(2) 发明的成果应是一个明确的新的技术方案。

发明的成果应是一个明显的实物或者一种可操作的方法。而创造的成果,不仅可以是一种具体的实物或方法,而且可以是一个决策、一种思想甚至是一个点子、一个想法。科学上的发现、技术上的发明、管理上的创新和文学上的创作都是创造。如邓小平提出的"一国两制"设想,就堪称一个伟大的创造。

(3) 创造往往强调的是过程,发明则往往强调其最后的成果。

比如一种新型电热保暖服的发明,至少要经过来回构思、反复设计,最后才可能制作成功。其中的每一步,如每一个构思、每一步设计或每一次试制等,均因具有明显的新颖性而分别被视为创造(活动),但不能称为发明,只有最后制作成功的新型电热保暖服才可称得上发明。

创造、创新、发现、发明的关系如图 2-2 所示。

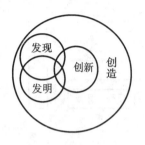

图 2-2 创造、创新、发现、发明的关系

二、创造学的研究方法

创造学是研究人类的创造能力、创造发明的过程、方法及其规律的新兴学科。创造学以创造发明为研究对象,是对人类创造发明的思维和实践经验的总结。它涉及哲学、思维科学、脑科学、心理学、逻辑学、行为科学、教育学、未来学和科学技术史等学科,是一门综合性很强的学科,揭示人类创造发明的规律,研究创造能力的培养,探索创造发明的方法,研究创造活动的组织和创造环境的形成等。

创造学是一门边缘性、综合性和应用性的学科,其主要学科分支有创造哲学、创造工程学、创造心理学、创造教育学、创造理学、创造美学、创造管理学及其他领域里的创造问题等。创造学是研究主体的创造能力、创造发明过程及其发展规律的科学,其中心任务是开发人类的创造能力。

创造学的研究方法主要包括以下三个方面:

(1) 通过对创造发明史所积累的大量材料进行实例考察和典型分析,揭示人类创造发明的机制和条件,探索创造发明的规律性。

(2) 通过对科学方法论、技术方法论、艺术方法论等方法论学说的研究,总结和探索创造过程的一般程序和方法,以形成创造活动的方法论基础。

(3) 通过创造心理学、一般认识论去研究和探索创新思维的发生规律、活动规律和发展规律,并通过对历史唯物主义和社会学的研究,揭示创造与社会环境的关系、创造的社会本质,形成创造学的完整体系。

三、创造学的研究内容

1. 创造精神

创造精神是人们的意识或创造欲望的反映。

创造学研究者认为,创造者必须具有以下五种精神:①造福于人类的精神;②敢想、敢干、敢于实践的精神;③达不到目的誓不罢休、百折不挠的精神;④善于发现问题、敢于创新的精神;⑤坚持不懈、虚心好学的精神。

2. 创新思维

思,就是想;维,就是序;思维就是有次序地想一想,思索一下,思考一番。总之,思维是指对事物进行分析、综合、判断、推理等认识活动的全过程。创新思维就不是一般的想一想,它是人类思维的高级形式,它想的是独立的见解,空前的、前所未有的想象目标,其结果是新颖的、有使用价值的、先进的产品。而创新思维又是扩散思维与集中思维的综合反映。

3. 创造环境

创造环境对创造发明者来说,是起促进和制约作用的。任何个人与团体,虽然都蕴藏着巨大的创造力,但受不同环境的影响,或促进或阻碍创造力的发展。充分认识创造力发展的环境,创设一个有利于创造发明的环境,日益受到人们的重视。开拓有利于学生创造发明的环境,必须是学校领导重视创造发明,积极培养学生的创造精神,有良好的民主作风,认真听取各方意见,从开发创造力的高度来尊重学生提出的创造性想法,保护创造权益,营造人人动脑筋搞革新的竞赛风气。

4. 创造性教育

将创造学研究者们提出的有关创造理论与方法,运用到教育活动中来,提高人员素质。创造性教育就是通过运用创新思维和创造技法开发人们的想象力、创造力和解决问题的能力,使人们的思维活动能够超出现有的知识范围,具有独创性,从而去搞革新、搞创造发明。

5. 创造技法

创造技法是从创造发明的活动、过程、成果中总结出来的带有普遍规律的方法。到目前为止,创造技法有三百多种。

四、创造学的发展历程

创造学既是一门年轻的学科,又有古老的历史。可以说,公元前300年的帕普斯的《解题术》,后来笛卡尔的《方法论》等都为创造学的诞生提供了思想准备。而创造学真正成为一门学科,还是20世纪三四十年代以来的事。

现代创造学的研究发源于美国。20世纪30年代的一天,一个21岁的美国失业青年到一家报社去应聘,主考官问他:"你从事写作多少年了?"他回答:"只有三个月。但是,请你先看一看我写的文章吧!"主考官看完文章后对他说:"从你写的文章来看,你既无写作经验,又缺乏写作技巧,语句也不够通顺,但内容富有创造性,就录用你试一试吧!"这个年轻人由此领悟到"创造性"的可贵。到报社工作后,他积极主动地开发自己潜在的创造能力,并尽力在工作中把它发挥出来。后来,这位没有受过高等教育的小职员成了一名大企业家。他总结了许多创造发明的方法,撰写了著名的《创造性想象》一书,倡导研究、创造、发明的学问。他就是美国当代著名的创造工程学家奥斯本,奥斯本的成就引起了美国科学家和企业家的兴趣,启发了他们对创造发明本身进行深入的剖析和探讨。

1936年,美国通用电气公司首先开设了"创造工程"课程,用来训练和提高企业职工的创造性,从此,创造学便蓬勃兴起了。

1. 创造学在国外的发展

在奥斯本撰写《创造性想象》和美国通用电气公司开设"创造工程"课程之后,1942年美国加利福尼亚大学茨维基教授发明"形态分析法",1944年美国哈佛大学康顿教授发明了创造技法的"综摄法",1948年美国麻省理工学院开设了"创造力开发"课程。从此,创造学正式列入大学教育的内容。后来,美国各大学都陆续开设了创造工程、创造管理的课程,各大公司纷纷开设训练和提高职工创造能力的机构。就这样,创造学作为科学技术革命的杠杆之一,为半个多世纪以来美国科学技术处于遥遥领先的地位做出了应有的贡献。

20世纪50年代中期,随着西方科学技术的大量引进,日本也引进了创造工程学和创造管理学。在日本，除了大学里设立创造工程研究会或创造工程研究所以外，1979年还成立了日本创造学会来加强这方面的研究。就这样，创造学给日本带来了科学腾飞与经济繁荣。日本用了三十多年的时间，建成了世界经济强国。

科学技术发展到20世纪80年代，在国际经济活动中出现了一种新的趋势。这种新趋势就是产品竞争日趋激烈，不是以产品的数量优势逐步占领市场，而是以产品的独特性功能一次性占领市场。因此，出现了这样一种新局面：产品竞争变成了技术竞争，技术竞争实际上是人们智力的竞争，智力竞争则归结为人才的创造力的竞争。谁有创造性，谁就能在竞争中获胜。这就使得创造技法在世界各国迅速传播。

就创造学的整个发展过程来看，它经历了文科、工科和理科三个阶段。其最早表现为文科时代的创造学，也就是从哲学、心理学角度，从宏观上研究创造环境、创造的心理品质等问题。但它是在现有资料基础上的演绎，远不能满足生产实践对创造的要求。因而创造学很自然地向工科发展，这就是以促进生产实践中的发明为目标的创造工程学。创造学发展到工科时代并得到广泛的应用以后，人们提出了更高的要求，即进行智能的开发。这就使创造学发展到了理科阶段，开始研究人的创造思维的微观机制。

2. 创造学在中国的发展

1) 创造学在中国教育课程中的引入阶段

陶行知（1891—1946年）是中国近代创造教育的先驱。1917年他从美国留学回来就立志改革中国的旧教育，创造中国的新教育。他的"生活即教育，社会即学校，教学做合一"等理论，无不闪烁着创造的光芒。

陶行知认为，创造是一个民族生生不息的活力，是一个民族文化的精髓。所谓创造教育，就是培养民族活力的教育，是培养学生"独出心裁"能力的教育。他由法国著名雕塑家罗丹所言"恶是枯干"，引出他对创造教育的独到看法。他说："汗干，热情干了，僵了，死人才无意于创造。只要有一滴汗，一滴血，一滴热情，便是创造之神的行宫，就开创造之花，结创造之果，繁殖创造之森林。"如何才能保证不枯干呢？这就要求教育过程中"行动"和"思想"两大要素不可或缺。陶行知曾形象地说"行动是老子，思想是儿子，创造是孙子"，"要有孙子，非先有老子不可"。所以，陶行知创造教育的概念就是把行和知、手和脑统一起来，培养学生"独出心裁"能力的教育，也就是他所言"手和脑一块儿干，是创造教育的开始"的意思。

（1）陶行知创造教育思想体系的建立。

陶行知创造教育思想体系是在大量实践基础上，使中西方创造教育思想珠联璧合的结果。早在20世纪30年代，陶行知在上海就发表了以"创造的教育"为专题的演讲，提出"我们在打倒传统的教育，同时要提倡创造的教育"，他认为"创造是中国教育的完成"。此后，陶行知躬行实践，在20世纪40年代初，亲自制订了"创造年"计划，并在育才学校开展"创造月"活动。为了使育才学校更好地开展此项活动，从而发挥创造精神，鼓励创造生活，陶行知还制定了"育才学校创造奖金办法"。1943年，他又发表了著名的《创造宣言》，号召敲碎儿童的地狱，创造儿童的乐园。他主张实施创造的儿童教育，强调从小培养学生的创造精神与创造能力。他宣称："处处是创造之地，天天是创造之时，人人是创造之人。"号召"创造主未完成之工作，让我们接过来，继续创造"。

（2）陶行知实施创造教育的目的。

陶行知实施创造教育的目的可以从学生和教师两方面来看。就学生而言，创造教育是为了使学生"手脑双挥""手脑联盟""手脑双全",这是创造教育要达到的目标,又是实现创造教育的手段。陶行知曾经说过,"手脑结合,是创造教育的开始;手脑双全,是创造教育的目的"。早在1927年,他就提出了"在劳力上劳心""教学做合一"的主张。可以这样说,"手脑双挥"是陶行知创造教育的精髓。他在《手脑相长歌》中写道:"人生两个宝,双手和大脑。用脑不用手,快要被打倒。用手不用脑,饭也吃不饱。手脑都会用,才算是开天辟地的大好佬。"这是他创造教育的目的的集中体现。

就教师而言,教师的创造,不是造神,不是造石像,不是造爱人。教师要造的是"真善美的活人";教师的成功是创造出值得自己崇拜的人。陶行知指出:"先生之最大的快乐,是创造出值得自己崇拜的学生。"说得准确些,先生创造学生,学生也创造先生,先生与学生合作创造出值得彼此崇拜的人。他还强调,教育者也要创造值得自己崇拜的创造理论和创造技术。也就是说,学校开展创造教育的目的,是要创造值得自己崇拜的学生和创造理论与技术的应用技能。

2) 中国现代创造学研究与应用阶段

中国现代创造学研究与应用是伴随着改革开放的春风发展起来的,可分为三个阶段。

(1) 第一阶段:引进消化、推广培训阶段(1980—1985年)。

20世纪80年代初,《潜科学》、《人才》和《科学画报》等杂志陆续发表了一批译介创造技法和创造学观点的文章,在科技界、教育界、企业界引起了强烈反响,得到一批有识之士的高度重视和热情支持。苏州市汽车电器厂、陕西机床厂等企业开始把创造技法应用到本企业的技术革新中,提高了产品质量,打开了销路;上海和田路小学组织学生学习和运用创造技法,开展小发明活动,取得了一批成果;一些地区的青年也运用创造技法取得了一批小发明成果。教育界、科技界、企业界的一批中青年创造学研究者开始在各领域研究创造学,撰写了一批论文。

1983年6月28日,由中国科学技术大学、上海交通大学、广西大学和广西自然辩证法研究会联合发起的全国第一届创造学学术讨论会和全国第一期创造学研究班在广西南宁开幕,来自全国各省、市、自治区239个单位的259名创造学研究者和爱好者汇聚一堂。会上打印交流了60篇论文,12位中青年学者作了学术报告,会议结束时,选举产生了中国创造学研究会筹委会。对于此次会议,我国杰出科学家钱学森院士指出:"1983年6月,我国在广西南宁举行了创造学学术讨论会,并邀请日本创造学家村上幸雄先生参加,开始了我国创造学的讲习和研究。"中国创造学研究会筹委会选出五位领导小组成员:温元凯、张文郁、郑公盾、许立言、甘自恒。领导小组聘请著名科学家钱学森、茅以升教授担任中国创造学研究会筹委会顾问。此后,中国创造学研究会筹委会不断推动着我国创造学事业的发展。

(2) 第二阶段:应用开发、展示成果阶段(1985—1994年)。

创造学在中国的传播和发展,以1985年中国发明协会的成立为标志,进入了第二阶段,即以创造学的应用开发、展示创造成果为主要内容的阶段。

中国发明协会于1985年10月16日经党中央批准,在北京成立,由国家科委党组和全国总工会党组领导,聂荣臻元帅任名誉会长,著名科学家、中国科学院院士武衡任会长。中国发明协会成立以来,在推广和应用创造学、推动我国发明创造事业方面做了大量工作。

中国发明协会在全国各省市发展建立了几十个地方协会和一百多个部门或行业协会;成功地主办了全国优秀期刊《发明与革新》,在全国范围内产生了广泛的影响,为我国创造学界在研究、宣传、应用创造学,开发创造力方面做出了突出的贡献。同时,协会还成功地组织了全国发明展览会和北京国际发明展览会,现场展出发明成果,签订技术转让合同,积极推进发明家、创造学研究者的国际交流;组织国内发明家参加国际性的发明展览会,展出发明成果,夺得大批金牌,赢得了国际友人的好评。协会与全国总工会、中国专利局联合举办了"全国优秀发明企业家"的评选活动,把"普及创造学知识,促进创造力开发和研究活动"写进协会章程,成立了中国发明协会创造学研究委员会、中国发明协会中小学创造教育分会、中国发明协会高校创造教育分会,专门负责大力促进创造学的研讨、普及活动和创造教育的实践,开展创造教育;促进了一大批企业开展创造学培训、合理化建议和发明创造活动,在开发国民创造力方面取得了明显的效果。

(3) 第三阶段:独立研究、形成学派阶段(1994年至今)。

创造学在中国的传播和发展,以1994年中国创造学会的正式成立为标志,进入了第三阶段,即独立研究、形成学派的阶段。

1994年6月9日,经中国科协、国家科委、国家民政部审核批准,中国创造学会在上海正式成立。中国创造学会成立后,进一步推动了创造学的独立研究和创造力开发工作。中国创造学会委托湖南省创造学会等单位创办了会刊《创造天地》,该刊发表了大量高质量的创造学论文和介绍创造教育经验的文章,对促进我国创造学的发展发挥着重要的作用;成功地组织了多届"创造学奖"评选活动,举办了中国创造学会全国学术讨论会,推动了大、中、小学的创造教育,企业创造学培训和发明创造学校、学院的发展;多次派代表出席有关创造学的国际学术会议,开展了更加广泛的国际学术交流。总之,中国创造学会对推动我国创造学事业的发展产生了深远影响,涌现了一批在推广和应用创造学、推进创造教育方面取得突出成果的先进单位:东风汽车公司、第一汽车集团公司、上海第二钢铁厂、正泰橡胶厂、铁道部株洲车辆厂、上海和田路小学、湖南轻工业高等专科学校、中国矿业大学、北京航空航天大学等。更加可喜的是,中国创造学界在涌现一大批知名创造学家的同时,在独立研究创造学方面初步形成了三大学派:创造哲学学派、创造工程学学派和创造教育学学派。

我国创造学界三大学派的形成,大批学术带头人的涌现,不仅标志着创造学在我国的传播和发展进入了独立研究的新阶段,而且预示着我国创造学在21世纪知识经济新时代具有人才济济、蓬勃发展的美好前景。

创造学在高等学校也得到了迅速发展。多数高校都开设了创造学课程,一些学校陆续成立了创造学方面的有关机构和组织。

2.2 创造性活动

人类从走出原始的洞穴到住进豪华的别墅,从脱下遮丑的树叶到穿上华丽的盛服,从钻木取火、茹毛饮血到使用各种现代化的科学技术等进步都是创造的结晶,人类用劳动创造了世界,同时劳动也创造了人类自身。

人类在创造神话般的奇迹的同时,创造性活动自身的规律也日益引起人们的注意,研究创造性活动的规律,按创造性活动规律办事已成为一个人成才、一个单位发展、一个民族兴旺发达、一个国家繁荣昌盛的重要标准。

一、创造性活动的过程

创造性活动的过程就是解决问题的过程,就是创造性活动实施的过程,可分为四个前后相连的阶段。

1. 解决问题的创新思维程序

发现问题：创造的起点。

分析问题：提出问题和解决问题的中间阶段。

提出假设：解决问题的阶段，关键是提出解决问题的方案，包括解决问题的原则、方法、步骤。

验证假设：解决问题的最后阶段，也是最重要的阶段。

2. 创造过程的四个阶段

1) 准备阶段——问题的提出

从提出问题开始，问题的深度决定科研活动是否具有创造性。研究者针对提出的问题，首先进行周密的调查研究，搜集与问题有关的研究成果，然后用已有的理论进行分析。

这时候，研究者对问题的探索充满着热切的期望，是有意识地积累相关背景知识的阶段。

2) 酝酿阶段——问题的求解

针对问题，根据已有的理论和搜集到的事实，提出各种可能的解决方案，也就是提出科学探索过程中的假说，并对所提方案做出评价。这实际上是试错的过程，它往往要经过多次甚至无数次的失败，促使问题中的矛盾愈来愈尖锐化。

在"山穷水尽"的情况下，研究者仍然日思夜想，进入"如痴如醉"的境界，这是有意识和无意识交替作用的阶段。比方说，作家面对稿纸写不出一个字来；画家面对空白的画布发呆，整个思维有些"剪不断，理还乱"的滋味，他们会暂时放下创作，去干些别的事，如听听音乐，阅读书籍。这个潜伏阶段可能很短暂，只有几天，但也可能持续好几年的时间。在这个时期，研究者的思维仿佛在冬眠，等待着"孵化"。如果你要问他在等待什么，他可能会回答"灵感"。

3) 豁朗阶段——问题的突破

解决问题的方案（假说）是在这个阶段形成的，这是创新思维过程的关键阶段，这个阶段可以说是灵感长期孕育而又瞬间到来的阶段。在这个阶段突破陈旧的观念，摆脱思维定式的束缚，创造性地提出新观念、新思想、新方法，是决定性的环节。

新观念、新假说提出时只是思想的闪光，或者是模糊不清的，或者是带有错误的成分的，必须经过进一步的整理、修改和完善的逻辑加工过程才能形成创新点。

在日常生活中，我们或许曾有过这样的经验：对一件事进行长时间思索，却总理不出头绪，可是突然一个令人激动的想法或一个解决问题的思路掠过心头，使你豁然开朗，茅塞顿开，很多有伟大发现的人都声称，他们最佳的洞察力往往出现在看似不大可能的场合下，就像晴空霹雳一样来到眼前。实际上，这种表面上突如其来的大彻大悟，是前两个阶段积累后的高潮。

4) 验证阶段——成果证明、检验

这个阶段主要是设计、安排实验与观察，检验由新假说推演出来的新结论是否正确。

解决问题的方案是否能成功、是否有价值，只有经过检验、评价才能确定。在检验新假说时，新的实验与观察的执行人可以不同，时间的长短也有差别，检验的结果可能是新方案的证实或证伪，或一部分被证实，一部分被证伪。

这一阶段基本上是常规思维，是有意识地进行的。在这个阶段，研究者要把他的新观念以一定方式表现出来并加以验证，就像解方程式练习一样，把得出的结果代入原方程式加以验证。研究者可以做出实际的样品，或把他的新观念写在纸上记录下来。对作家来说，这个阶段包括实际写作、修改、润色、编订等。这其中必然包括撕掉或扔掉无数纸片,直到作家满意为止。在认真评价解决问题的创新方式时,也是在进行批判性思维。

二、创造性活动的分类

对于创造性活动,可以从不同的角度进行分类。

(1) 按不同的创造主体、不同的创造技术领域来分:理论主体的理论创新活动;政治主体的制度创新活动;科学主体的科学发现活动;发明主体的技术发明活动;企业主体的技术创新活动;管理主体的管理创新活动;教育主体的教育创新活动;文艺主体的审美创造活动;新闻出版主体的精品创造活动;体育活动主体的新纪录创造活动;生态活动主体的生态创新活动。

(2) 按创造成果的价值及其经济效益的大小来分:重大发明创造、中等发明创造、一般发明创造等。

(3) 按创造的新颖程度来分:相对新颖创造和绝对新颖创造。

三、创造性活动的规定性

创造性活动的共同属性也称规定性。

(1) 主体性:创造性活动的主体必须是人(包括现实的个人、群体和全人类);创造性活动的主体既不是上帝,也不是观念,更不是历史。

(2) 控制性:任何一种创造性活动都是主体有目的地控制客体的一种活动。

(3) 新颖性:任何一种创造性活动之所以称为创造,主要是因为它能产生一种前所未有的新成果。

(4) 进步性:任何一种创造性活动的成果必须是具有社会价值的,有利于社会进步的。

(5) 综合性:任何一种创造性活动的过程都是辩证综合的过程。

2.3 创 造 力

创业发展离不开创新,创新离不开对创造力的开发。创造力作为创造活动的主体因素,构成了创造学研究的重点。

一、创造力的分类与构成

创造力是智慧,是活的生产力,是财富,是创造活动中最关键、最活跃的因素。研究创造力的分类与构成,对于开发、利用创造力具有十分重要的作用。

狭义的创造力是指人天生所具有的创造潜力,是每个正常人头脑中都具有的一种自然属性,随人类大脑的存在而存在,随着大脑的进化而进化;人天生所具有的创造潜力没有太大的差别。

而本书所讲的创造力是人们进行创造性活动所表现出来的一种能力,是人的一种社会属性,是人后天通过各种教育和训练才形成的,与人的知识储备和人生阅历有关,而且是可以测量的。

1. 创造力的分类

为了深入研究创造力,许多学者从不同角度对创造力进行分类。了解这些分类,有助于深入理解创造力。

1) 创造力的五层次分类

美国心理学家泰勒根据创造成果的新颖程度和价值大小,把创造力分为五个层次:

(1) 表达式创造力:少年儿童在日常生活中表现出来的创造力,如幼儿在语言表达、绘画或歌舞中表现出来的创造力。

(2) 生产式创造力:在生产过程中表现出来的一般创造力。

(3) 发明式创造力:通过发明成果表现出来的创造力,如开发设计新产品、发明新机具等。

(4) 革新式创造力:对旧事物进行较大的变革和创新所表现的创造力,如创新工艺流程、进行技术改造等。

(5) 高深创造力:在科学、技术、生产、文化、艺术等领域获得重大创造发明成果,产生深远影响的创造力,如创立相对论、发明移动电话、发现癌基因。

在上述五个层次的创造力中,表达式创造力是基础,为以后各层次创造力的发展做好了必要准备。

2) 创造力的四层次分类

我国学者刘道玉把创造力分为四类,他认为这样更能揭示创造力的活动特征。

(1) 类创造力:创造力的雏形,也称前创造力。它既可以发展成真正的创造力,也可以仅仅表现为假创造力。

(2) 潜创造力:这种创造力存在于一切已具有创造性素质和才能的个体中,但还没有表现为真正的创造力。从发展来看,它可能成为真正的创造力,但也可能被压抑或扼杀,而仅仅以一种潜能的形式存在。

(3) 真创造力:真正的创造是已经表现出来的具有创造性的能力,具有独创性和实用性。

(4) 假创造力:只有实用性而无独创性的创造力。反之,只有独创性而无实用性的创造力称为类创造力。

3) 创造力的三层次分类

我国学者鲁克成等倾向于根据创造成果的价值和意义,把创造力分为三个层次:

(1) 低层次创造力:仅对创造者本人的个体发展有意义,一般不体现社会价值的创造力。也有人把这种创造力称为类创造力。

(2) 中等层次创造力:具有一般社会价值的革新或创造所体现的创造力。

(3) 高层次创造力:对人类社会产生巨大影响、具有很大社会价值的创造发明所体现的创造力。

2. 创造力的模型表达式

根据美国心理学家史登堡的理论,人的创造力与智力、知识、思维模式、个性、动机、环境等多种因素有关,可表示为:

$$C = f(I, K, TS, P, M, E)$$

式中:C 为创造力;I 为智力;K 为知识;TS 为思维模式;P 为个性;M 为动机;E 为环境。

(1) 智力:一种偏于认识方面的心理特征和个性特征,属于解决精确领域里的常规性问题的能力。创造力在很大程度上体现为一种智力品质,需要观察力、记忆力和理解力。研究表明,在个体智商达到一定水平后,智力的影响就小了,更需要想象力、灵感等非逻辑思维能力。创造力需要解决的往往是不能用智力解决的、属于模糊领域里的非常规性的问题。创造力是一种高度发展的智力,是一种包含智力在内的综合能力。智力是创造力的必要条件,但不是充分条件。

(2) 知识:我国多数学者认为知识是创造的前提,离开必要的知识,不知道别人已经做了什么,就根本谈不上创造。但是,对待知识一定要客观和变通,否则就容易拘泥于书本,不由自主地从书本的观点和立场出发去观察和处理问题,以致陷入书山文海中不能自拔。在这种情况下,知识反而会阻碍创造力的发展。所以,知识对创造力的影响一般是正向的,但有时也可能是负向的。

(3) 思维模式:提高创造力的一个先决条件是不要将固定的思维模式强加于眼前的事实,而是要学会另辟蹊径,这样做也意味着要推翻习以为常的思维方式。所以,思维模式是影响创造力的重要因素。

(4) 个性:个体创新的胆量和勇气。产品创新设计往往是一个团队的工作,可以弥补个体之间个性的差异,根据冒险转移理论,群体思维更倾向于冒险。

(5) 动机:个体的创新愿望,这是创新人员应具有的最基本素质。

(6) 环境:主要指社会环境是否鼓励创新。

由于天才论的长期影响,人们总认为科学家、发明家都天赋异禀,这其实是一种错觉。牛顿、爱因斯坦、爱迪生等大科学家、大发明家,在小时候并没有表现出比同龄人聪明。相反,有时还显得很"笨",甚至被认为是"不会有出息的人"。美国普林斯顿大学医疗中心对科学泰斗爱因斯坦的大脑进行了20多年的解剖研究得出结论:爱因斯坦能在科学上做出巨大的创造性贡献,并不是依靠天赋,而是依靠勤奋和思想。他的脑细胞轴突出,表明他思考得比常人多。相反,美国超级神童赛达斯,出生6个月便认识英文字母,2岁便能看懂中学课本,12岁破例被哈佛大学接收学习。但由于他缺乏后期的努力,结果一事无成。大量类似的事例说明:天赋并不是成功的决定因素,勤奋、进取、自信等非智力因素,则往往是迈向成功的决定因素。

3. 创造力的构成要素

研究创造力的构成要素,对深入揭示创造力的本质和科学开发创造力是十分必要的。借鉴和吸取国内外学者有关创造力的研究成果,可以得到图2-3所示的结构模式。

1) 创造力的总体构成

由图2-3可知,创造力是一个综合系统,它分为一般创造力和特殊创造力。一般创造力具有普遍适用性,在一切创造活动领域都有作用。一般创造力水平较高的创造性人才,可以在不同的领域表现出创造力。特殊创造力则如一个画家的形象记忆力和色彩鉴别力等特殊才能,只有在绘画创作中才有意义,其普遍性低于一般创造力。

2) 一般创造力的构成

一般创造力由知识经验、智力因素和非智力因素三方面构成。三方面要素间相互作用、互相影响,决定创造力的总体水平。

二、创造力的基本特性

从宏观的角度来考察,创造力具有以下特性。

1. 普遍性

创造学研究认为,创造力是人的自然属性,是人类共有的心理特性。创造力与事物发展同

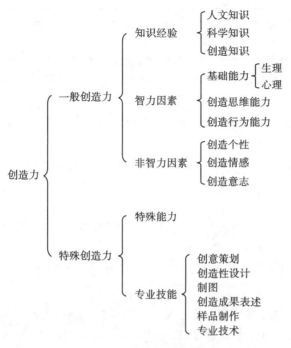

图 2-3 创造力的构成要素

在,事物总是要发展的,不会停留在一个水平上,"发展是硬道理"。既然是发展,就需要有创造力的参与,创造力渗透于一切创造性活动之中。时代每前进一步,无不与创造力相伴;每项成果的取得,无不是创造力作用的结果。

创造并不神秘,人人都有可以开发的创造潜力。吉尔福特说:"创造性再也不必假设为仅限于少数天才,它潜在地分布于整个人类中间。"陶行知先生在《创造宣言》中就曾指出:"处处是创造之地,天天是创造之时,人人是创造之人。"深刻地说明了创造力人人有之。

 案例 2-1

"猪孩"王显凤的启迪

1974 年 12 月 23 日,王显凤出生在辽宁省台安县高力房镇锅柸子村一个特殊的家庭中。她的母亲患病,父亲是聋哑人,缺乏照顾的她与猪为伍,形成猪的习性,1984 年才被人发现。经专业人员检测,十年与猪为伴,造成了王显凤心理的严重畸形。当她被外界发现时,这个"猪孩"混沌一片,没有大小、长短、上下、颜色等概念,几乎没有记忆力、注意力、想象力、意志力和思维能力,甚至表现的情绪也极为原始、简单,只有怨、惧、乐,没有悲伤。据测量表明,她的智商为 39。

为帮助"猪孩"王显凤过上正常人的生活,中国医科大学组织了 9 人的"猪孩"考察组,鞍山市社会福利部门、鞍山市心理研究所决定免费为其提供治疗。全国教育系统先进教师姜云香把王显凤领回自己的家中,采用特殊引导的教育方法帮助"猪孩"王显凤认字、念诗,培养她独立生活的能力。七年后,经过全面科学的测定:王显凤的智力相当于小学二、三年级水平;她的智商也从 39 的重度智残达到 69,接近正常人 70 的最低水准;而她的社会交往能力基本达到了正常水平。

从案例 2-1 来看,一方面说明只要是人都有创造力,虽然王显凤是一个"猪孩",但她的创造力还存在。因为如果是一头猪,无论怎样训练都不可能提高智商。另一方面又说明,如果没有开发,人的创造力是体现不出来的,并且创造力是可以通过训练开发的。

2. 动力特性

创造力,顾名思义是一种力量和能源,可以起到推动事物发展的作用。事物的创生和发展,不论是在科技、经济、文化教育领域中,还是在其他领域中,都必须有创造力的参与推动才能发展。

例如,普通的铁块,凭借人的创造力,通过创新和开发转化,提高科技含量,可以使经济价值得到显著增长,制造成手表发条。

由此可见,创造力对于促进事物发展所起的作用是毋庸置疑的。

3. 社会性

社会性是指创造力与人类社会有着不可分割的联系。创造力不仅是人的自然属性,也是人的社会属性。人的创造力推动社会进步,社会进步需要创造力。在很多情况下,创造活动表现为群体的共同实践,创造性成果是集体智慧的结晶。20 世纪重大的科技创造成果,无不是社会性的大创造和集体创造力的发挥。从事创造活动,需要社会提供一定的文献资料和物质条件,没有必要的外在条件的支持,创造力就无法发挥。脱离人类社会,人就会丧失创造力。

创造力水平反映社会发展的综合水平。原始人有创造力,但只能发明简单的石器,他们不可能创造先进的电子计算机。这是因为当时社会的生产能力和科技水平比较低,相应的人的创造力只能适应当时的生产及生活水平。

4. 差异性

创造力大家都有,但不同人的创造力是有差异的,而且差异还很大。因此,创造力有大小之分。

5. 可开发性

创造力可以通过后天的学习训练和工作实践形成,不是天生不变的,是可以开发改变的。创造力的可开发性表现为,它若受压抑就会丧失,若被激发就会产生。因此,一个宽松而又充满生机的环境对开发创造力是非常重要的。创造力是一种综合性的能力,它可细分为许多要素,每个要素都对创造力产生直接或间接的影响。因此,开发创造力,可从智力、知识、个性等多方面去塑造,围绕多个要素开发人的创造力。

综上所述,创造力需要开发,创造力可以开发,开发创造力有规律可循,开发创造力是一项系统工程,需要创建有利于创造力开发的"生态环境"。创造力开发的前景广阔,深入研究创造力开发,对于促进社会进步具有重要意义。

三、创造力的开发

开发具有打开发掘、开化唤起、激发产生、显现发展等含义。开发创造力,就是通过激发、导向、教育、训练等开发活动和创造实践,把人潜在的创造力发挥出来,提高到一个新的水平。

1. 开发原理

创造力开发的一般原理是"用则进,废则退",头脑"越用越灵"就是这个道理,创造力开发是有一定的规律可循的。

1) 压力原理

逆境不一定就是坏事,对于一般人来说,不论做什么事情,最好要有一定的压力,这一点更适用于创造活动。无恐则怠慢,怠慢则难以创造。

没有压力,人的意志会衰退,智慧会枯竭,才干会丧失,即使以前很聪明的人,也会因此而变得笨拙起来。所以,适当的压力对于创造是十分有意义的,压力是驱散惰性、激发创造欲的动力。对于创造者来说,其压力可能来自以下几个方面。

(1) 社会压力:来自社会方面的压力。强烈的民族自豪感和责任心,对于国家的热爱、民族的希望,都可以产生压力。

鲁迅留学日本最初的专业是现代医学,他父亲病故,使他对中医产生了怀疑,想通过从医使中华民族强大起来。鲁迅在医校学习一年后便退学了。在一次观看日俄战争纪录片时,他看到中国人观看日军杀害中国人的情节而无动于衷,很受刺激。他认为:"救国救民需先救思想。"于是他毅然弃医从文,以唤醒民众。正是这种强烈的民族责任感,使鲁迅成为一名文学巨匠。

 案例 2-2

亚运火炬的诞生

1990 年,在我国召开的第十一届亚运会上曾有火炬接力活动,但接力所用的火炬要从外国进口,其进口价格昂贵,且附带条件苛刻。

广东神州公司立即表态:"堂堂 11 亿人口的中国,火箭都能上天,凭什么让外国人看不起?亚运火炬我们包了!"在没有任何参考资料的情况下,他们把压力变为动力,夜以继日加紧工作,用了不到一个月的时间就圆满地完成了"争气火炬"的研制任务。100 天内制造了 300 只风吹雨淋都不灭的亚运火炬,无偿捐献给亚运会。

历史上有很多创造者,他们为了民族、为了国家、为了整个人类的进步而奋发向上,努力钻研、创造,做出了巨大贡献。其中很多人的成功就是由于社会压力通过其自身因素而起的作用。

 案例 2-3

数字视频处理器芯片

经过 40 多年的改革开放,中国的电视机生产制造能力已经成为世界第一。但是,还没有我们自己的高端芯片。

海信集团的科研人员在压力的推动下,努力攻关,经过 4 年多的时间(2001—2005 年),终于制造出了海信电视机自己的芯片,内部集成了近 200 万个逻辑门、700 多万个晶体管的"信芯",达到了 SOC 级的超大规模集成电路设计水平,创造出电视机数字视频处理器芯片。

(2) 经济压力:虽然每个人的需求是不相同的,但其中一个最基本的需求就是生存需要。生活在社会中的人,一方面具有永不满足于现状的心态,另一方面又具有相对懒惰的心理,一旦达到了某种目的便不思进取。所以,适当增加经济压力,不断进行反馈调节,也能促使人们进行发明创造,以获得更好的经济效益。

许多面临倒闭的工厂,因职工创造出新产品而重新发展起来。特别是近年来,我国下岗职工较多,下岗后收入相对减少,这就使得一些人努力开发自己的创造力,从而在再就业或再创业中做出突出成绩。

(3) 工作压力:常见的各种科学院、研究所、公司创新技术中心等,其"功能"就是给研究者提供一定工作条件的同时,也形成了一种工作(环境)压力。

工作压力太大或许会把人压垮,但如果工作上没有压力,人的创造才能也是难以发挥出来的。比如,美国可口可乐公司有一次在纽约召开世界各地机构负责人参加的研究公司广告新主题的会议,会上要求每个参加者都要提出有创意的方案,否则就不散会。在这种情况下,与会人员只能开动脑筋、认真思索。结果,参加会议的人全都提出了各自的新方案。最后,由执行副总裁史卡利根据这些创意提炼出最终主题,一整天的紧张会议才告结束。

(4) 自我压力:来自创造者自身的压力。创造者自己给自己规定了某种目标,即形成了一种内在自我压力。凡为人类做出重大贡献的科学家和发明家,主要靠自我压力,他们善于运用所掌握的知识巧妙地将外界压力转变为自我压力,从而调整自己的目标和行为,主动开创新局面。

自我压力的实质是自己向自己挑战,自己与自己竞争,自己为自己确立一个又一个更高的奋斗目标。法国作家巴尔扎克在 1841 年确定了创作 137 部反映法国革命后人民社会生活的创作计划——《人间喜剧》,当时就有四家出版商和他签约。之后,他以惊人的毅力朝着自己的目标前进,最后完成 90 余部,取得了令人惊异的创作成果。

2) 激励原理

(1) 信息激励:我们现在已步入信息社会,在人们周围,充满各种各样的信息,有意识地注意有关信息、发现有关信息、分析有关信息、利用有关信息,从而引导自己的创造活动,这是开发创造力的重要途径。

 案例 2-4

洗土豆的洗衣机

河南、四川农村很多海尔洗衣机的用户抱怨洗衣机不好用,结果海尔集团调查后大吃一惊,原来当地农民用洗衣机洗土豆,大量的泥沙沉淀排不出去,洗衣机自然会坏。事后,海尔集团的解决办法是为农民设计出专门洗土豆的机器设备,而并非告诉大家洗衣机不能洗土豆。聪明的企业善于发掘客户的潜在需要,并创造性地满足,这就是海尔集团的成功之处。

法国的公司为了获取有用的信息,其中一个方法是聘请名流、经济学家、管理学家做兼职顾问,顾问的工作就是定期陪董事长共进晚餐,董事长通过共进晚餐时的"聊天"获取各种信息。

一个创造者要善于识别、寻找那些对自己有利的信息,多看、多听、多写、多记、多参加各类学术活动等。

(2) 交流激励:它包括的范围比较广。研讨、争论首先能振奋人的精神,可以激发人们探索未知领域的积极性,增强人们的创新意识;其次可以开阔视野、丰富知识,使人的思维更加活跃;最后,研讨和争论可以帮助创造者发现问题、深化认识。

化学史上关于燃素说的长期争论,地质学中水成论与火成论的激烈争论等,都对科学技术的发展起过积极的推动作用。

爱因斯坦在1903—1905年的三年中,经常同索洛文、贝索等年轻朋友在瑞士首都伯尔尼的一家咖啡馆聚会并研讨学术问题。爱因斯坦关于狭义相对论的第一篇论文就是在这种讨论中孕育的。交流能帮助创造者走出认识误区,增强信心。

(3) 机制激励:一些有利于人们开发创造力的制度、条例、法规,可以鼓励人们开发自己的创造力。

激励机制在一定意义上属于创造环境的范畴,例如,我国专利法的再次修订以及创新奖励条文的出台,均有利于激发人们创造力的开发。我国国家创新体系的建立,对开发国民的创造力有不可估量的作用,促成了一大批创造成果的问世。

公司的激励机制中,物质激励(如奖金、津贴、福利等)是主要模式,也是目前我国企业内部使用非常普遍的一种激励模式。

2. 开发方法

1) 推广实施创造教育

实践证明,实施创造教育是开发创造力最根本、最有效的一种方法。与传统教育相比,实施创造教育有很大难度,它需要有创造性的教师、创造性的教材、创造性的教学方法和管理方法、创造性的评价标准和考核方式等。由于创造教育是以提高学生创造力为重要目标的一种教育,因而它对于创造力的开发具有特殊的意义。

2) 进行创新思维练习

创造力的核心是创新思维,一个不善于进行创新思维的人,很难发挥自己的创造力。狭义的创新思维,一般指的是发散性思维。从思维的角度分析,现在的大、中、小学生所接受的各种教育和练习,绝大部分都属于集中性思维,学校一般很少培养学生的发散性思维。经常进行发散性思维练习,有利于学生创造力的开发。

创新思维的另一个属性,就是要摆脱习惯性思维,摆脱人们在从众心理支配下的群体思维。为此,有人又将创新思维称为求异思维。

脱离习惯性思维往往会产生新的发现和发明。如对于"用火烧食物时,火在食物的什么方位?"这个问题,习惯性思维是火在下方;然而,火能否放在食物的上方呢? 在这种想法的启示下,人们发明了上方也可以加热的烤鱼器。

3) 加强创造技法学习

无论做什么事情都有一个方法问题。方法对了,可事半功倍;方法不对,则常常事倍功半甚至劳而无功。开发创造力的一个重要途径,就是学习并熟练地运用各种创造技法。事实证明,创造技法的推广和实施是一项开发创造力的有效措施。

4) 培养创造者的创造性人格

爱因斯坦曾说过:"智力上的成就在很大程度上依赖于性格的伟大。这一点往往超出人们通常的认识。"这句话深刻地指出了一个人的性格与其创造力的关系。可见,一个人要想更有效地开发创造力,就应该注意培养自己的创造性人格,如勇敢和献身精神、坚毅和刚强、乐观和幽默等。

3. 开发的影响因素

一个人创造力的大小,标志着其创造力开发的程度。许多事实表明,创造力的大小与很多因素密切相关。研究这些相关因素可促使人们更有效地开发自己的创造力。

影响创造力开发的因素主要有知识因素、能力因素、人格因素和环境因素。

1) 知识因素

(1) 知识的多少与创造力的关系。

知识,是人的各种能力的基础。知识是创造力的重要组成部分,但并不是创造力的全部要素。一个人创造力的大小并不完全由他占有知识的多少来决定。知识多的人,其创造力并不一定强。一个人知识积累多,头脑中的"条条框框"就多,形成的"创造禁区"也多,往往会束缚其创造力的发挥,阻碍其创造活动的开展。

案例 2-5

> **飞机的发明**
>
> 人们很早就梦想在天空中飞行,但一直未成功。19 世纪末,随着科学技术的迅速发展,在世界范围掀起了研制飞机的热潮。当时一些知识渊博的大科学家对此纷纷表示反对。最初,法国数学家勒让德认为,要制造一种比空气重的机械装置到天上去飞行是不可能的。随之,德国电工学家西门子也发表了类似看法。由于他们有崇高威望,因而其观点极大地妨碍了世界制造飞机思想的发展。能量定律发现者之一、德国物理学家赫姆霍兹又从物理学的角度论证了要使机械装置飞上天的想法"纯属空想",这一"科学结论"使德国金融界和工业集团撤销了原先对飞机研制事业的支持。
>
> 然而,1903 年首次把飞机送上天空的是当时名不见经传的美国人莱特兄弟。他们没有上过大学,但他们思想活跃、富于创造,凭着自学成才、勇于探索未知领域的大无畏精神,在科学技术上获得了巨大成功。

日本物理学家汤川秀树讲得好:"知识有一个好处,就是至少在理论上可以有一个发现新事物的基础;但是,它也有一种逐步僵化的效应,不管发生什么都不会令人惊讶,这也就失去了显示创造能力的机会。"

我们也经常看见,现实生活中确有一些知识渊博的科技人员无论对什么新的建议、想法都要找出一些不能干、干不出的理由,以表现他们的"无所不知",从而轻率地否定别人的思想,这实际上也扼杀了他们的创造力。许多事实表明,如果一个人的创造力较差,那么大量的知识反而会使其墨守成规。

中小学生在经过一定的创造力开发后也可以表现出较强的创造能力。宝鸡市小学生韩江涛发明了"墨水一擦净",不仅获得了国家专利,而且使 5 家濒临倒闭的企业起死回生。

李翔,1993 年出生,2005 年进入云阳中学读初一。他爱好发明,作品屡获大奖。2005 年 8

月,李翔获得了"中国青少年科技创新奖"。他10岁时发明的卧床小便器于2006年正式投产,催生百万产业,该发明曾获诸多大奖。

(2) 知识的层次与创造力的关系。

一个人知识的多少并不决定他是否能创造,但知识层次的高低却决定着一个人创造成果的水平及其科技含量。知识层次低的人一般不能从事高层次、高水平、高科技的创造活动。比如,一个高中生能力再强,也无法进行原子弹的研究。

2) 能力因素

创造力是一种后天的社会属性。从创造学的角度考察,开发创造力应加强以下几种能力的培养:自学能力、接受新思想的能力、观察能力、发现能力、想象能力、组织能力、社交能力等。

(1) 自学能力。

自学能力是最基本、最重要的能力,是获得知识的重要手段。在科学技术迅猛发展的今天,对于创造者来说,单靠学校老师传授的知识显然是不够的。所以,为了建立创造某一目标所需要的最佳知识结构,就必须依靠自学。著名教育家叶圣陶先生曾说过:教是为了不需要教。这深刻说明了培养自学能力的重要性。

(2) 接受新思想的能力。

创造者需要善于捕捉、理解和支持新的思想。对于新思想要敏感,要有兴趣,要持积极的态度。新思想虽然经常闪烁着智慧的火花,但并不是每一种新思想都能产生有价值的创造发明,因此在接受新思想之后,还要善于将其改造和加工,使新思想变为自己的东西,以激发自己的创造力。

(3) 观察能力。

观察,是有一定目的的、有组织的、主动的知觉。全面地、正确地、深入地观察事物的能力,称为观察能力。

《福尔摩斯探案集·冒险史》中有这样一段对话:华生不服气地对福尔摩斯说:"我觉得我的眼力并不比你差。"福尔摩斯问他:"门前的楼梯有多少级?"虽然华生走过几百次了,但他并不知道。福尔摩斯说:"因为你没有观察,只是看了一下。我知道有17级,因为我不但看了,而且观察了。"由此可见,看见并不等于观察。

观察能力对于发明创造和科学研究来说,都是一种十分重要的、最基本的能力。有些发明创造就是直接来源于深入细致的观察。

比如,人们所熟知的英国细菌学家弗莱明通过观察发现了青霉素,瑞典化学家诺贝尔通过对砂土吸收硝化甘油现象的认真观察而制成了安全火药,奥地利遗传学家孟德尔因仔细观察分析豌豆杂交试验过程而发现了划时代的遗传规律,英国博物学家达尔文在观察大量动植物后最终发现了著名的物种进化规律……这些案例都说明了观察能力在创造发明中的重要性。

(4) 发现能力。

发现能力对于人们的创造力开发非常重要。一个人观察到一种现象,并不代表他已经发现了它。例如,天文学家勒莫尼亚从1750年到1769年曾先后12次观察到天王星,本可以做出重大发现,但由于他受到"太阳系的范围只到土星为止"的传统知识束缚,这颗星多次"被看见而未被发现"。直到1781年,天王星才由英国的天文学家赫歇尔认定发现。发现能力又可细分为发现问题的能力、发现异同的能力、发现可能的能力和发现关系的能力等四类。

(5) 想象能力。

想象,是人对已有的表象进行加工改造,创造出新形象的思维过程。没有想象就不可能有创造。想象按其是否有意识、有目的,可以分为无意想象和有意想象。

每个人在童年时代都是极富想象力的。鲁迅说过,孩子是可以敬服的,他常常想到星月上的境界,想到地面下的情形,想到花卉的用处,想到昆虫的言语;他想飞上天空,他想钻入蚁穴。正是由于这一点,孩子在创造过程中知识和经验不足的缺陷往往可通过想象力的发挥得到一定补偿。开发人的创造力,从某种意义上讲就是帮助他恢复孩童时代的想象能力。黑格尔说过:最杰出的艺术本领就是想象。

(6) 组织能力。

组织能力是现代科学技术发展的需要。现代科学技术的发展表明,多数重大创造发明可以说是靠集体合作、群体智慧来完成的。例如,晶体三极管的发明就是由美国贝尔实验室的三位科学家(布拉顿、巴丁和肖克莱)多次合作于1947年12月完成的。2013年6月26日我国神舟十号载人飞船历时15天,圆满完成了各项预定任务,航天员进驻天宫一号开展空间科学实验和技术试验、太空授课,这项工程需要成千上万的专家群体攻关完成,展示了中华民族齐心协力的结果。由此可见,要开发创造力、做出重大贡献,就必须具备发挥群体智慧的组织能力。

(7) 社交能力。

20世纪伟大的成功学导师戴尔·卡耐基曾经讲过,一个人的成功,只有15%是由于他的专业技术,而85%则要靠人际关系和他的为人处世能力。创造本来就是有相当难度的社会活动,如果人际关系处理不好,则更是难上加难。卡耐基的85%∶15%之说或许有些夸大其词,但人际关系在一定程度上确实能决定创造活动的成败,因而社交能力也被视为创造力开发的一个重要因素。社交能力也是做好其他工作的重要素质。

3) 人格因素

在心理学上,人格亦称个性,指个人稳定的心理品质。它包括两个方面,即人格倾向性和人格心理特征。前者包括人的需要、动机、兴趣和信念等,决定着人对现实的态度、趋向和选择;后者包括人的能力、气质和性格,决定着人的行为方式。

创造者的人格因素主要包括人的品格、性格和体格等方面。大量事实表明,人格因素对于创造力的开发非常重要。在一些关键时刻,有些人格因素的重要性并不低于知识因素和能力因素。与创造力开发最为密切的人格因素有自信、质疑、勇敢、勤奋、好奇心、兴趣、情感和动机等。

4) 环境因素

创造者自身因素以外的方方面面,一般统称为创造的环境。从哲学角度看,创造者自身的知识、能力和人格因素等构成了创造的内因,而环境因素则属于创造的外因。通常来说,一个人创造力的大小只与其内因有关。但是,有创造力的人是否能够取得创造的成果,还要取决于创造的环境。所以,在创造力一定的情况下,环境越好,创造成果就会越多;相反,如果创造环境越恶劣,那么创造成果就会越少。

4. 开发的实践练习

(1) 图2-4所示的线段,哪一条更长?

(2) 图2-5所示的线段平行吗?

(3) 观察图2-6,你能观察到什么?

(4) 观察图2-7,你能观察到什么?

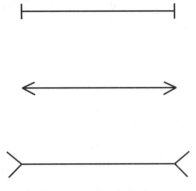

图 2-4　比较线段的长度

图 2-5　线段平行吗

图 2-6　人头与花瓶

图 2-7　是船还是桥

四、创造力的测评

实验表明，创造力的大小可以采用对比的方法进行测量、评价，这方面的工作称为创造力的测评。国外比较流行的测评方法大体上有三大类：创造成果分析、专家评估和创造力测试。其中最常用的是创造力测试，主要有以下三种：

1）个体调查

采用问卷、采访等方法全面调查被测者的情况，然后根据这些情况分析、衡量和推测被测者的创造力水平。国际上比较著名的个体调查有美国创造行为研究所的"阿尔法个案调查"和谢弗的"创造力个案调查"等。

2）人格检测

人格是人的性格、气质、能力等心理特征的总和。人格检测通过分析被测者对一系列问题的选择性答案，来判断其人格特征并推测其创造力的大小。著名的人格检测有美国心理学家托兰斯的"你是哪种人"测验和戈夫制作的"创造个性量表"。

以托兰斯人格检测为例。要求被测者从提供给他们的词汇表上选出符合自己情况的词，然后进行统计分析和评价。实验发现，选择"好奇的""主动的""慷慨的"等词的人创造力较强，而选择"谦恭的""顺从的""殷勤的"等词的人创造力较弱。

3）创造力测验

创造力测验是指采用书面试卷方式，由被测者在规定时间内独立完成，再按照一定标准对答案进行评分,并根据得分情况来衡量创造力的大小。它在形式上类似于心理学中的智力测验。近年来比较流行的创造力测验有吉尔福特的创造力测验和托兰斯的创新思维测验。

2.4 创造的基本原理

创造既是一个宏伟的社会实践过程,又是一个微观的心理反应过程,如果没有正确的原理指导、原则规范和过程提示,创造活动有可能陷入毫无头绪的境地。

创造原理,就是人们根据创新思维的发展规律和创造性行为的实施特点,总结出来并用以指导发明创造活动的带有普遍意义的道理。它是创造技法得以产生和发展的基础。

创造原则,就是人们开展发明创造活动所依据的法则和评判发明创造构思所凭借的标准。它对创造技法的实施具有方向性和指导性的意义。

创造技法,就是人们根据创造原理解决发明创造问题的创意,是促使发明创造活动完成的具体方法和实施技巧。它是创造原理融会贯通以及具体运用的结果。

创造技法是从创造原理中最终派生出来并与实践密切结合的可操作的具体程序或步骤。创造原理是创造技法之母。目前创造技法虽然多达数百种,但创造原理主要有以下十种。

1. 综合原理

所谓综合原理,是指在思维过程中,人们应将研究对象的各个部分、各个方面结合和统一起来加以研究,从而在整体上把握研究对象的本质属性和内在规律。

综合原理并不是将事物的各要素、各部分、各方面进行简单的相加,如图 2-8 所示,其基本特点和最高宗旨是根据事物各部分的本质特征和发展规律,全面加以概括和总结、精练和提升,进而在思维中真实地再现事物的整体。

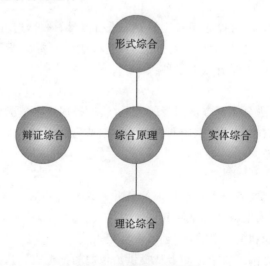

图 2-8 综合原理的模型

中西医的结合就是一种综合。中西医结合并不是把中医和西医简单地叠加在一起,而是经过仔细分析后取中、西医中的合理和适用部分加以组合的。

可见,综合是在科学分析的基础上择优进行的组合。

案例 2-6

"阿波罗"登月计划

众所周知的美国"阿波罗"登月计划,可以说是大型的各种行业、各种学科、各种技术、各种方法、各种思想的辩证综合物。参加该计划研究的有 120 多所大学,20 000 多家大、中、小型公司和科研机构,总共投入了 450 000 名科技人员。"阿波罗"飞船有 7 000 000 个零件,仅科研课题就有 50 000 多项,它是人类历史上规模宏大的计划之一。它是复杂系统工程的光辉典范,也是人类综合能力的最好体现,因为"阿波罗"宇宙飞船的技术没有一项是新的突破,都是现有的技术。

综合已有的科学原理,可以创立新的科学原理。如爱因斯坦综合万有引力理论与狭义相对论,创立了广义相对论。综合已有的事实规律,可以发现新的事实规律。如门捷列夫综合化学元素分类法和化学元素原子量递增顺序,发现了化学元素周期律。综合已有的科学方法,可以创建新的科学方法。如笛卡尔将几何学与代数方法综合,产生了新的解析几何方法。综合已有的产品实物,可以建造新的先进产品。如日本松下电器公司综合了世界各先进国家不同机电产品的技术特长,创造出誉满全球的松下电器。

21 世纪世界上的重大发明创造中,属于日本的很少,但日本人善于在别国先进技术的基础上进行综合,因而创造出许多世界一流的新技术和新产品。"综合就是创造"在实践中已产生巨大的效应。

2. 组合原理

所谓组合原理,是指将两种或两种以上的学说、技术、产品的一部分或全部进行适当叠加和组合,用以形成新学说、新技术、新产品的创造原理。

从思维特征和操作形式来看,组合不同于综合。组合既可以是自然组合,也可以是人工组合;既可以是技术组合,也可以是方法组合。同是碳原子,以不同方式、不同晶格组合,便可得到坚硬而昂贵的金刚石或脆弱而平常的石墨。组合原理有着广阔的用武之地。

组合就是创造。我们常用的多用柜、两用笔、组合文具盒等,都是利用组合原理创造的体现。组合法是现代技术发明的一条重要途径。我们周围的事物,有许多是由两个或两个以上的技术因素组合在一起的。例如大家都很熟悉的彩色电视机的发明,它所采用的多项技术在当时都是已经非常成熟的,但是经过科学的组合,电视机从黑白显示到彩色显示,产生了一个质的飞跃。

在 20 世纪 70 年代初期,X 射线成像技术和电子计算机技术都已经非常成熟了,诺贝尔生理医学奖获得者豪斯菲尔德把这两项技术结合在一起,发明了 CT 扫描仪。其实这里面并没有原理上的突破,只是原有技术经过组合产生了全新的效果,诞生了一项重大的发明。

根据参与组合的组合因子的性质和主次关系以及组合方式的不同,组合的类型大体可分为四种,如图 2-9 所示。

1) 同类组合

同类组合,又叫同类自组,是指两个或两个以上相同或近于相同的事物的简单叠合。同类

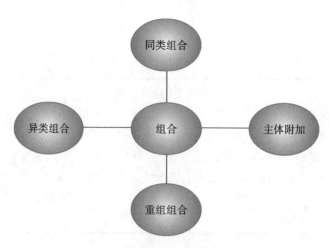

图 2-9　组合的类型

组合是在保持事物原有功能或原有意义的前提下,通过数量的增加弥补功能上的不足或求取新的功能。

比如,一般的直升机只有一个旋翼,把八个旋翼组合在一起,就发明了载重量达 160 吨的八旋翼直升机;用几百个易拉罐组成求生筏;发射人造卫星的多级火箭,其原理可被视为几枚火箭的同类组合;子母灯、双向拉链等。这些都是同类组合成功的范例。

2) 异类组合

异类组合,是指来自不同领域的两种或两种以上不同类型的事物进行的叠合,如日历笔架、日历圆珠笔等就是异类组合的创造产物。在异类组合中,被组合的因子来自不同的方面,各因子彼此一般没有明显的主次之分,参与组合的因子可以从意义、原则、构造、成分、功能等任何一方面或多方面互相渗透,从而使组合后的整体发生变化。

比如,汽车就是发动机、离合器和传动机构等因子组合创造而成的一种交通工具。针线、日历和圆珠笔虽不属于同一类产品,但是其组合的结果产生了带针线包的圆珠笔和内藏日历的圆珠笔。

3) 主体附加

主体附加,是指在原有的事物中补充新的内容,在原有的物质产品上增添新的功能附件。如早期的自行车没有车铃,后来加上了车铃。

在主体附加创造中,主体事物的性能基本上保持不变,附加物只是对主体起补充、完善或充分利用主体功能的作用。印有导游图的折扇很畅销,折扇上的导游图就是一种附加物。

 案例 2-7

带橡皮擦的铅笔

有一天,穷困的画家律蒲曼正专心致志地绘画,要修改时却找不到橡皮擦。好不容易找到一块擦去了需要修改的画面后,又不知道把铅笔放到何处了。他从中吸取教训,把橡皮擦与铅笔用丝线缚在一起,这样可以避免两者分离难找。但这种方法不牢固,使用一会儿橡皮擦就掉下来了,很不方便。他不甘心,于是剪下一块薄铁片,把橡皮擦和铅笔末端绕包起来,再压两道浅渠,使用时再也不会掉下来。他想:如果铅笔都能带着橡皮擦,定会受画家、广大学生的欢迎。于是,律蒲曼向亲戚借来几十美元到专利局办理申请手续,很快得到确认,不久雷巴铅笔公司买了这项专利。原本生活潦倒的律蒲曼获得了55万美元的专利费。

4) 重组组合

重组组合,是指在同一个事物的不同层次上分解原来的事物或组合,然后以新的方式重新组合起来。

战国时期田忌赛马的故事可以生动地说明重组组合的创造思想。现在,人们把这一原理应用到某些体育比赛中,如乒乓球团体赛等,取得了较好的成果。目前,在企业中大力开展的资产重组,实际上也是一种组合创造与创新。在这一原理的引发下,可产生许许多多重组的方法。

3. 移植原理

移植原理是指在同一研究领域的不同载体或在不同研究领域之间的原理借用,从而产生新的成果。19世纪末,人们对于电影机的研究虽已取得很大进展,但仍有一个关键性问题未能解决,即如何使影片以每秒24幅的速度做动、停、动的间歇运动,使影片经过片面时每秒动24次、停24次。许多研究者对于这个复杂的问题均束手无策。法国科学家卢米埃尔兄弟看到缝纫机的机针插入布里时布料不动,当针向上提起时布料向前挪动一下,然后又是停、动、停。他们把这种原理移植到电影机中,很快便解决了上述的难题。通过普通的缝纫机动作启示解决了电影机放映中的大难题,充分体现了移植原理的运用和成果。

移植又可以分为原理移植、结构移植、方法移植和材料移植四种。如解析几何学和物理化学的诞生就是原理移植的结果。结构移植是将彼事物的结构形式或特征移植到此事物中,以产生新事物的方法。结构移植大有用武之地。例如,人们移植积木结构开发出模板机床、拼装式家具;移植出土文物金缕玉衣,发明出空心保健凉席等。方法移植是指将某种新方法移植到各种科研和技术创新之中,以使其能启迪和促使新成果的产生。材料移植是指新产品研制过程中,用某种材料替代原来惯用的材料,使新移植的材料发挥更好的创造作用。许多产品是通过材料的更换实现创新的。

4. 还原原理

还原原理强调在发明创造过程中,回到研究对象的起点,将最主要、最基本和最关键的因素抽取出来并集中精力研究其解决的方法和手段,以取得发明创造的最佳成果。创造方法学中的还原原理旨在鼓励人们要善于回归、还原到研究对象的本质上。

洗衣的本质是"洗",即还原衣物的"本来面貌";而衣物变脏的原因是灰尘、油污、汗渍等对衣物的吸附与渗透,所以洗净衣物的关键是使污物与衣物分离开。我们可以突破传统的洗衣方式,广泛考虑各种各样的分离方法,如机械分离法、物理分离法、化学分离法等,于是就发明创造出不同工作原理的各种洗衣机。如:超声波洗衣机通过超声波在衣物之间不断产生微小的真空泡,真空泡破裂时会产生冲击波,将衣物上的污垢从衣物上分离下来,起到去污作用;电磁去污洗衣机,在洗涤头上装有电磁圈,通电后发出微振去污;活性氧去污洗衣机,利用电解水产生的活性氧来分解衣物上的污垢;臭氧洗衣机,将臭氧泵放在洗衣机中,分解污渍,使其溶于水中;离子洗衣机,在洗衣机内安装离子水发生器,把普通自来水分解为离子水,渗透分解污渍。

案例 2-8

打 火 机

各种类型打火机的研制成功即是还原原理具体应用的典型事例。取火采用钻木、火镰、火柴等,火柴盒有大有小,也可有各种不同的形状,火柴棒可长可短,但无论火柴棒和火柴盒如何变化,追溯到原点,其主要功能都是发火(产生火源)。

于是把"发火"抽象出来,经发散思维,便可构思出各种可燃性气体发火、电火花打火以及不同的液体燃烧起火等。显然,这样做易于突破原有火柴知识的桎梏,拓展创新者的思维视角,从而发明出各种类型的打火机。

5. 逆反原理

所谓逆反原理,是指在发明创造过程中,人们沿着与常规思路相反的方向寻求问题解法的一种思维原理,逆反可以分为四种类型,如图 2-10 所示。

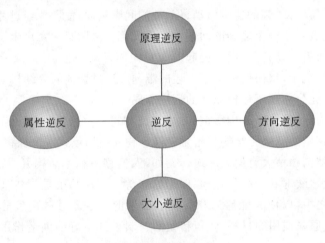

图 2-10 逆反的类型

案例 2-9

搬运图书的妙法

苏格兰有一家图书馆要迁往新址,其图书搬运工作量十分巨大。按照以前的做法雇请搬运工来完成这项任务,支付的酬金相当可观,给经济本来就不宽裕的图书馆造成一定压力。图书馆负责人开动脑筋,采用了违反惯例的做法,发出了取消借书数量的限制。

结果在短期内大量图书外借,而还书时则还到新址,由读者完成了大部分图书的搬运工作,既节省了搬运费用,又满足了读者的求知欲望,皆大欢喜。

1) 原理逆反

将事物的基本原理,如机械的工作原理、自然现象的规律等有意识地颠倒过来,往往会产生新的原理、新的方法、新的认识和新的成果,从而实现创造。

德国青年摄影师莫泽尔·梅蒂乌斯研究了电影的原理,并用逆反的方式在地铁中实行,在与车窗等高处的地铁通道墙壁上挂出一幅幅连续变化的图片,当列车运行时,图片正好以每秒 24 幅的速度映入乘客眼帘,于是乘客就能看见墙壁上的"电影"了。

2) 属性逆反

事物的属性是丰富多样的,有许多属性是彼此对立的或者是成对的,比如,软与硬、干与湿、直与曲、柔与刚、空心与实心等。属性逆反,就是有意地以与某一属性相反的属性去尝试取代已有的属性,即逆反已有的属性,从而进行创造活动。

1924 年,德国青年马歇尔·布鲁尔产生了用空心材料替代实心材料做家具的思想,并率先用空心钢管制成了名叫"瓦西里"的椅子,在社会上产生轰动并一直风靡至今。从那以后,马歇尔·布鲁尔又用这一空心取代实心的属性逆反原理完成了包括日内瓦联合国教科文组织大厦在内的许多著名设计,终于成为新型建筑师和产品设计师的杰出代表。

3) 方向逆反

完全颠倒已有事物的构成顺序、排列位置、安装方向、操纵方向、旋转方向,完全颠倒处理问题的方法等,都属于创造的方向逆反原理范畴。

第二次世界大战期间,H.凯泽曾根据上下方向颠倒的原理改革了原来从下向上建造船舶的工艺,使用了自上而下建造船舶的相反操作程序,这样,电焊工在建造各层甲板时就不必再仰头工作了,大大提高了工效。方向逆反一般可从事物的外部表现出来,其直观性强,因而是发明和革新的一个重要原理。例如,逆反电风扇的安装方向可使电风扇变成换气扇。

4) 大小逆反

对现有的事物单纯地进行大小尺寸上的扩大或缩小,结果也常常能使其性能、用途等发生变化或转移,从而实现某种程度上的创造。

比如,四川有名的乐山大佛,其名气多源于其尺寸的庞大。近年来出现的像乒乓球大的葡萄,其创造性也就在其"大"上。在一粒米上刻一首唐诗,虽然仅仅是缩小而已,却也是一种创新。

6. 换元原理

所谓换元原理,是指人们在发明创造过程中采用替换的思想或方法,使研究对象的表象不断剥离、本质不断暴露、内容不断展开、研究不断深入、思路不断更新的发明创造原理。

换元原理和移植原理在思路和方法上有所不同:换元原理强调在解决创造问题时,应采用替代或更换的做法,使问题具有新的特点和新的意义,便于人们寻求新的创造成果;移植原理强调在解决创造问题时,应采用移植或引进的做法,使对象具有新的起点和新的优势,便于人们实现新的创造目标。

换元原理通常包含以下两个含义:

第一个含义是指,在发明创造过程中,人们可以有目的、有意识地去寻找替代物。如果能找到性能更好、价格更低的替代品,这本身就是一种创造。比如,在制造火柴时以废纸代木,可以节省大量宝贵的木材资源;在制造游艇时以玻璃钢替代金属,可以减轻重量、改善性能、提高航速。

第二个含义是指，人们在发明创造和科学探索的过程中，往往要用一事物替代另一事物。通过对替代物的研究来解决被替代物的问题，从而使矛盾集中化和明朗化，以利于人们创新思维的发挥。

7．完满原理

完满原理是"完满充分利用原理"的简称。在我国企业界广泛开展的"合理化建议"活动中，有不少发明和新成果与创造的完满原理有关。

人们总是希望能在时间上和空间上充分又完满地利用某一事物或产品的一切属性，因此，凡是在理论上未被充分利用的事物，都可以成为人们创造的目标，这是提出完满原理的主要根据。

一般说来，创造发明的最终目标都离不开满足人们的需要，也就是说，对于创造发明的成果应尽量从中索取最多和最大的用处。因此，对人类最有用处的创造发明是最好的创造发明，最好的创造发明应该是最合理的创造发明，最合理的创造发明就应该最大限度地符合完满原理。

1）整体完满充分利用分析

整体完满充分利用分析，是指对一个事物或产品的整体利用来进行分析，了解该事物或产品是否在时间上和空间上均被充分利用了。

例如床，床的功能主要是供人睡觉休息，而人不可能一天24小时都睡觉，一般人一天只有三分之一的时间在床上度过（即8小时睡眠）。可见，床的时间利用率实际只有30%左右，即一般情况下人的70%的时间是不需要床的。由此人们便发明了折叠沙发床，让它在70%的时间里作为沙发使用，既节约了空间，又充分利用了床的功能。

2）部分完满充分利用分析

对事物的部分进行分析，也可以产生新的创造。墙壁是房屋的一部分，房屋墙壁的作用是什么？它的功能被充分利用了吗？正是基于这样一种对于房屋墙壁的充分利用分析，美国太阳能设计协会将能使太阳能转变成电能的半导体嵌入墙壁，推出可发电的"墙壁"，测算其成本较低，发出的电亦可满足室内的用电需要。

又比如，鞋子可以分解为鞋底和鞋帮两部分，它们的磨损程度不一样，一般鞋底容易磨损，可采取提高鞋底质量或及时更换鞋底、降低鞋帮质量的方式进行创造。

当汽车报废后，并不意味着其所有的组成部分都不再有利用价值。德国宝马公司经过详细研究后发现，宝马汽车报废后其中还有75%的金属零部件完全可以使用。于是，该公司开辟了废旧汽车回收业务，以便把75%的金属部件卸下来重新使用。

8．迂回原理

所谓迂回原理，是指人们在发明创造活动中，针对认识上所出现的暂时性障碍采用迂回、包抄的方式，克服思维盲点，从而改变思维角度、加快思维进程、强化思维效果。

9．分离原理

所谓分离原理，是对研究对象进行科学的分解或离散，使研究对象的本质属性和发展规律从复杂现象中暴露出来，从而使研究者能够理清研究思路，抓住主要矛盾，以获得发明创造的成果。

1900年，根据红细胞所含凝集原的不同，兰德斯坦纳把人类血液区分为四种基本类型，即O型、A型、B型、AB型。凡是红细胞中含A凝集原者，为A型；含B凝集原者，为B型；含A

和 B 两种凝集原者,为 AB 型;两种凝集原都没有者为 O 型。兰德斯坦纳也因此获得了 1903 年诺贝尔生理学及医学奖。

 案例 2-10

> **活字印刷术**
>
> 自从汉朝蔡伦发明纸以后,书写材料比起过去用的甲骨、简牍、金石和缣帛要轻便、经济多了,但是抄写书籍还是非常费工的,远远不能适应社会的需要。
>
> 大约在公元 600 年前后的隋朝,人们从刻印章中得到启发,在人类历史上最早发明了雕版印刷术。到了宋朝,雕版印刷事业发展到全盛时期。雕版印刷对文化的传播起了重大作用,但是也存在明显缺点:第一,刻版费时费工费料;第二,大批书版存放不便;第三,有错字不容易更正。
>
> 北宋平民发明家毕昇发明了活字印刷术,活字制版正好避免了雕版的不足,只要事先准备好足够的单个活字,就可随时拼版,大大地缩短了制版时间。活字版印完后,可以拆版,活字可重复使用,且活字比雕版占用的空间小,容易存储和保管。这样活字印刷的优越性就表现出来了。

10. 群体原理

所谓群体原理,是指在大型或复杂的发明创造活动中,依靠群体智慧聚集和学科知识互补的优势,使发明创造活动实现由个体行为向集体行为的转化,以适应现代发明创造活动对学科综合、知识融合和人才聚合的需要。

目前,整个科学界正显示出一种既高度分化又相互渗透,既高度综合又纵横交错,既高度深化又大量繁生的景象。在这种新形势下,要想"单枪匹马,独闯天下",去完成像人造卫星、宇宙飞船、空间试验室和海底实验室等大型高科技项目的开发设计工作,显然是不可能的。因此,需要利用群体原理开展创造活动。

2.5 发明创造的原则

在发明创造活动中,通过各种创造思维的启发作用和各种创造原理的引导作用,人们就有可能在自己的头脑里形成一个关于发明创造对象的新构思或新设想,然后按照发明创造的原则对其进行有意识、有目的的分析和判断,以及酝酿和改善,使之成为真正可供实施的创造性方案。

发明创造的原则就是人们开展发明创造活动所依据的法则和评判发明创造构思所凭借的标准,主要有以下几个基本原则。

1. 遵守科学原则

任何发明创造都必须遵循科学原理,不得违反科学规律,任何违背科学技术原理的发明创造都是不能获得成功的。

在进行发明创造构思时,必须做到以下几点。

(1) 对发明创造设想进行科学原理相容性检查。

如果某一研究问题的初步设想与人们已经发现并已获得实践检验证明的科学原理不相容,则不会产生任何有价值的发明创造成果。例如,有人力图发明一种既不消耗任何能量,又可源源不断对外做功的"永动机",但无论他们的构思多么巧妙,方案如何周密,结果都逃脱不了失败的命运。因为他们的发明创造设想违背了"能量守恒"的科学原理。

(2) 对发明创造设想进行技术方法可行性检查。

人体所能发出的功率同体重相比实在是太小了。一名体重 75 千克的青年男子,能在 10 分钟持续时间内发出 0.35 马力(1 马力=735 瓦)的功率,每千克体重仅能发出 0.5% 马力的功率。而一只鸽子,每千克体重能产生 7.5% 马力的功率。此外,鸟的胸肌发达,骨骼轻巧,也非人类所能比拟。因此,扑翼式人力飞机无法实现。

(3) 对发明创造设想进行功能方案合理性检查。

案例 2-11

特殊礼帽及特殊火车

有人设计出一种特殊的礼帽,戴在头上,当你俯首向别人行礼时,它会自动升高,使你免除举手之劳。不难想象,没有多少人会因"自动升高的功能"而去购买这种机关复杂、价格不菲的特殊礼帽。

还有人设想出一种避免火车相撞的特殊办法,在每列火车的前后及顶部都装上铁轨,使之连接贯通。当两列火车迎面相遇时,一列火车可以沿另一列火车前部的铁轨爬上车顶,再顺车后铁轨平安落下。这样一来,既不会撞车,又不用铺设双轨,可谓"一举两得"。但该设想没有考虑,火车彼此爬来爬去,里面的乘客是否受得了,因此其功能合理性很差,不能成为一项具有使用价值的创造性设想。

2. 市场评价原则

市场评价原则又称为效益效率原则,是指创新成果除了接受基础科学的评价之外,还要接受市场的检验和评估。

爱迪生曾说:"我不打算发明任何卖不出去的东西,因为不能卖出去的东西都没有达到成功的顶点。能销售出去才证明了它的实用性,而实用性就是成功。"所以,发明创造的成果要经受市场的考验。根据以下几个评价事物使用性能最基本的标准,仔细讨论做出切合实际的判断和结论。

(1) 解决问题的迫切程度。
(2) 功能结构的优化程度。
(3) 使用操作的可靠程度。
(4) 维修保养的方便程度。
(5) 美化生活的欣赏程度。

3. 相对最优原则

发明创造可使人们的思维质量更高、工作质量更优、生活质量更好,但这并不是说,发明创造就是十全十美的。

在发明创造活动中,为了解决某个研究问题,人们利用创造方法学的原理和技法,获得了许多创造性设想,它们各有千秋、难分伯仲。这时人们就需要按相对最优原则,对各种设想进行分析、判断和选择。

(1) 从发明创造技术先进性上进行比较选择。

(2) 从发明创造经济合理性上进行比较选择。

(3) 从发明创造整体效果上进行比较选择。

 案例 2-12

> **苏格拉底让学生摘果子的故事**
>
> 几个学生向苏格拉底请教人生的真谛。苏格拉底把他们带到一片果林边,这时正是果实成熟的季节,树枝上挂满了沉甸甸的果子。
>
> "你们各顺着一行果树,从林子的这头走到那头,每人摘一枚自己认为最大最好的果子。不许走回头路,不许做第二次选择。"苏格拉底吩咐。
>
> 学生们出发了,在穿过果林的整个路程中,他们都十分认真地进行着选择。等他们到达另一端时,老师已在那里等着他们了。
>
> "你们是否都选择到了自己满意的果子?"苏格拉底问。学生们你看看我,我看看你,都不肯回答。
>
> "怎么啦,孩子们,你们对自己的选择满意吗?"苏格拉底再次问。
>
> "老师,让我们再选择一次吧,"一个学生请求说,"我刚走进果林时,就发现了一个很大很好的果子。但是,我还想找一个更大更好的。当我走到林子的尽头时,才发现第一次看见的那枚果子就是最大最好的。"
>
> 另一个学生紧接着说:"我和师兄恰好相反。我走进果林不久就摘下了一枚我认为最大最好的果子。可是,之后我发现,果林里比我摘下的这枚更大更好的果子多的是。老师,请让我再选择一次吧。"
>
> "老师,让我们再选择一次吧。"其他学生一起请求。
>
> 苏格拉底坚定地摇了摇头:"孩子们,没有第二次选择,人生就是如此。"

我们可以从案例 2-12 中得到启发:在做事情的时候,如果一味地去追求最优的、最好的,我们很可能就贻误了时机;如果有比较满意的方法可以解决问题,我们就要立刻付诸行动。

4. 机理简单原则

有些人认为,发明创造事物的原理和结构越复杂,其水平就越高,价值就越大。这其实是一种误解。因为,在现有科学水平和技术条件下,如不限制实现发明创造方式和手段的复杂性,则几乎所有的创造目标都可以实现。但其付出的代价可能远远超出合理范围,使得发明创造的结果丧失了实用价值。因此,在发明创造过程中,要始终贯彻机理简单原则,可从以下几个方面进行检查。

(1) 发明创造事物所依据的原理是否重叠,超出应有范围。

(2) 发明创造事物所拥有的结构是否复杂,超出应有程度。

(3) 发明创造事物所具备的功能是否冗余,超出应有数量。

5. 构思独特原则

创造贵在独特,创造也需要独特。因为发明创造的最高境界是创立独具特色的事物,而不是对现有事物进行简单的修缮或改良。在创造活动中,关于发明创造对象的构思是否独特可以从以下几个方面进行考察。

(1) 发明创造构思的新颖性。

(2) 发明创造构思的开创性。

(3) 发明创造构思的特色性。

案例 2-13

独具特色的牛仔裤

李维斯牛仔裤(Levi's)已经有一百多年的历史,是由德国移民李维·施特劳斯创立的。其所设计的牛仔裤开始是作为淘金者专用的抗磨损工作服。牛仔裤采用了西班牙牧童短裆瘦腿裤的款式,缝制过程中用走明线、钉铜锌合金扣的方式加工,并在口袋四角钉铆钉,在重要部位用皮革镶边,在显眼位置钉金属亮片,既增加了裤子的耐磨性,又增加了裤子的装饰性,独具特色,卓越不凡,在漫长的时间里长盛不衰。其主要原因就是保持了自己的风格,又在款式、面料、饰物和制法上不断增添新的特色,所以李维斯的牛仔裤独领风骚百年。

---

6. 不轻易否定、不简单比较原则

在分析评价各种产品的创新创意方案时,应注意避免习惯性思维,避免依据经验、逻辑等轻易否定的倾向。我们应在尽量避免盲目地、过高或过低地估计自己的设想的同时,也要关注别人的创意和构思。

7. 创造原理实践练习

(1) 换元原理设计方法(个人练习):根据下列题目进行换元设计,将所产生的构思记录下来(每次 20～30 分钟)。

①设计一座合理的桥,使河水猛涨、洪水暴发时,也不会把桥梁冲垮。

②设计一种不用节食,就能达到减肥效果的方法。

(2) 逆反原理设计方法(个人或集体练习):根据下列题目进行逆反原理设计,将所产生的设想都记录下来(每次 15 分钟)。

①将电风扇变成排风扇。

②设计新型的上热下冷式冰箱。

(3) 组合原理设计方法(个人练习):根据下列题目,分别进行组合设计,将所产生的设想都记录下来(每次 20 分钟)。

①设计电话与电视的组合。

②设计一个新型的带有记录剃须次数的计数器的剃须刀。

③设计一支"龙凤"笔。
④设计一种新型的多头听诊器。
(4) 仔细分析图 2-11 和图 2-12,其发明创造使用了哪些创造原理?

图 2-11 折叠椅

图 2-12 载人火箭

第 3 章　创新思维与实践

> **知识目标**
>
> (1) 掌握创新思维的标准与特征；
> (2) 明确常用的创新思维方法；
> (3) 通过练习讨论提高用创新思维进行创新设计的能力。

创新思维就是有创见的思维，即通过思维不仅能揭示事物的本质，还能在此基础上提出新的有建设性的设想和意见。创新思维与一般性思维相比，其特点是思维方向的求异性、思维结构的灵活性、思维进程的飞跃性、思维效果的整体性、思维表达的新颖性等。

物理学家卢瑟福有一次问他的学生："你今天上午准备做什么？"学生回答："做实验。"又问："下午呢？"答曰："做实验。"再问："晚上做什么？"学生仍旧回答："做实验。"卢瑟福遂不满地问道："你整天都做实验，那么你用什么时间进行思考呢？"

正如巴尔扎克所说，"思维是打开一切宝库的钥匙"，创新、创造既是一个宏伟的社会实践过程，又是一个微观的心理反应过程，是整个创新活动体系的中流砥柱，是创新能力的核心。同时，创新思维能力是可以通过专门的训练获得的。

3.1　创新思维概述

创新思维是一种具有开创意义的思维活动，即开拓人类认识新领域、开创人类认识新成果的思维活动。创新思维是以感知、记忆、思考、联想、理解等能力为基础，以综合性、探索性和求新性为特征的高级心理活动，是需要人们艰苦付出的脑力劳动。一项创新思维成果，往往要经过长期的探索、刻苦的钻研，甚至多次的挫折之后才能取得，而创新思维能力也要经过长期的知识积累、素质磨砺才能具备。创新思维的过程，离不开繁多的推理、想象、联想、直觉等思维活动。

案例 3-1

> **"人"字形铁路的设计**
>
> 京张铁路 1905 年 9 月 4 日开工，1909 年 8 月 11 日建成。这是完全由中国人自己主持设计、自己施工修建的第一条干线铁路，当时的清政府委派詹天佑为京张铁路局总工程师。

京张铁路工程最为人所熟知的是青龙桥车站的"人"字形铁路,如图3-1所示。

京张铁路从南口北上要穿过崇山峻岭,坡度很大,按照国际的一般设计施工方法,铁路每升高1米,就要经过100米的斜坡,这样的话坡道长达10多公里。外国媒体说:"能在北京到张家口建造铁路的中国工程师还没出世呢。"为了缩短线路、降低费用,詹天佑大胆创新,设计了"人"字形铁路线路,为了安全、平稳,北上的火车到了南口以后,就用两个火车头,一个前面拉,一个在后面推,火车向东北方向前进,进入

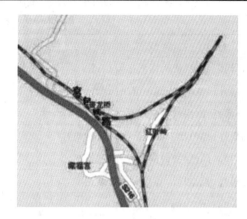

图 3-1　"人"字形铁路

"人"字形铁路线路的岔道口后,就倒过来,原先推的火车头改成拉,而原先拉的火车头又改成推,使火车向西北前进,这样一来火车上山爬坡就容易多了。在20世纪初,如此大胆的设计,在中国铁路建筑史上是一个不小的创举。这种以新颖、独特的方式解决铁路修建中坡度和动力难题的思维就属于创新思维。

一、思维及其分类

1. 思维

思维,就是有顺序地想和思考,是人脑对客观事物间接的和概括的反映,是在表象、概念的基础上进行分析、综合、判断、推理等理性认识的过程。我们通常把这一过程的产物即理性认识称为思维。

就其本质而言,思维是对问题或情景的内部表征。比如,在做某件事之前会提前想好每一步要做什么。需要运用思维的基本构成:表象、概念、语言来完成这一过程。表象:人的头脑中,似乎能看到真实物体的效果,具有图画般特点的心理特征。概念:对某类事物的概括。语言:生活中我们每时每刻都在使用,包括用于思维和交流的词、符号,以及将词或符号联系起来的规则。

国际象棋大师卡斯帕罗夫,可以蒙着眼睛下棋。他是怎么做到的呢?他便是运用表象、概念和语言这三种思维基本构成进行思考的。在走盲棋的时候,头脑中会浮现出不同的表象,利用技法概念来辅助下棋。

人的大脑由两个半球组成,两个半球由胼胝体连接起来。当一个人演奏小提琴时,双手协调运动要求大脑的左右两个半球必须飞快地传递信息。因此,早期的音乐训练是可以改变胼胝体的大小的。

人的左右脑按照一种很有趣的方式分工合作。人的左半脑主要从事逻辑性、条理性的思维;右半脑主要从事形象思维,是创造力的源泉,是艺术和经验学习的中枢。例如,语言的工作一般由左半脑负责,右半脑只对一些简单的语言和数字有反应。在相当长的一段时间内,人们总以为右半脑是次要的脑半球,但现在我们知道,右半脑在知觉技能方面的功能超过左半脑,对

模式、面孔、音调、情绪识别等方面起着重要作用。左右脑模式详见表3-1。

表3-1　左右脑模式

左 脑 模 式	右 脑 模 式
词汇性的(使用词汇进行描述)	词汇性的(例如图片)
分析性(有步骤地解决问题)	综合性(把事物整合为一个整体)
象征性(用符号象征某些事物)	真实性(涉及事物当时的原样)
抽象性(抽象出少量的信息代表事物)	类似性(看到事物相同的地方)
时间性(按时间完成任务)	非时间性(没有时间概念)
理性(根据理由和事实得出结论)	非理性(不需要以理由与事实为基础)
数字性(用数字进行计算)	空间立体(看到事物与其他事物之间的联系,组成整体)
逻辑性(把事物按逻辑进行排列)	直觉性(根据不完整的规律、感觉洞察事物真相)
线性(连贯性思维)	非线性(思维不连贯,比较跳跃)

2. 思维的分类

根据不同的目的,适应不同的需要,可以从不同的角度出发对思维进行分类。

(1) 从抽象性来分,思维可以分为以下几种。

①直观行动思维:直接与物质活动相联系的思维,又叫感知运动思维。孩子最初的思维往往是直观行动思维。运动员对技能和技巧的掌握也需要直观行动思维做基础。这种思维主要是协调感知和动作,在直接接触外界事物时产生直观行动的初步概括,感知和动作中断,思维也就终止了。

②具体形象思维:以具体表象为材料的思维,是一般形象思维的初级阶段。它借助鲜明、生动的表象和语言,在文艺创作中经常运用。

③抽象逻辑思维:以抽象概念为形式的思维,是人类思维的核心形态。它主要依靠概念、判断和推理进行思维,是人类最基本也是运用最广泛的思维方式。一切正常的人都具备抽象逻辑思维能力。

(2) 从目的性来看,思维可以分为几个几种。

①个别性思维:以实践所提供的个别经验为起点,把个别经验上升为普遍性的认识。个别性思维大多来自日常的生活体验,过于直接和个性化,因而不具有普遍的指导意义,其真实性有待实践检验,最终上升为普遍性认识。

②求解性思维:围绕问题展开思维,依靠已有的知识去寻找与当前现状的联系,从而使问题得到解决。如解答数学题,先分析已知条件,再看问题,最后寻找已知条件与问题之间的联系。

③决断性思维:以规范未来的实验过程或预测其效果为中心的思维。遵循具体性、发展转化、综合平衡三条原则。

(3) 从智力品质上划分,思维可以分为以下几种。

①再现思维:依靠过去的记忆而进行的思维。把已经学过的知识原封不动地照搬套用,就属于这一种思维。

②创造思维:依赖过去的经验和知识,将它们综合组织形成全新的东西。如把已经学过的几个数学公式综合起来解决某个具体的问题。那些有发明天赋的人,就是善于进行这种创造思

维的人。

(4) 从思维技巧上看,思维还可以分为归纳思维、演绎思维、批判思维、集中思维、侧向思维、求异思维、求证思维、逆向思维、横向思维、递进思维、想象思维、分解思维、推理思维、对比思维、交叉思维、转化思维、跳跃思维、直觉思维、渗透思维、统摄思维、幻想思维、灵感思维、平行思维、组合思维、辩证思维、综合思维等。

从理论上说,分类越详尽越好。但有些思维方式在训练与应用的过程中并不需要严格区分,一是很多思维方式总是共同起作用,二是有些思维方式统一在某种思维方式之中。

二、创新思维及其特点

1. 创新思维

创新思维是人类在探索未知领域过程中,能够打破常规,积极向上,寻求获得新成果的思维活动。创新思维是人类思维活动的精髓。

从定义上可以看出,创新思维是运用独特的方式方法,积极主动去解决问题的思维活动,能够打破常规,运用独特的方式方法去提出问题和解决问题,这就是创新思维的非常规性,是创新思维最显著的一个特征。

案例 3-2

火箭中的方向舵

通常,在火箭箭体的下面都安装有方向舵,以稳定火箭在大气中飞行的姿态。然而,在火箭起飞时,初速度等于零,没有气流吹在方向舵上,因而它不能起到控制作用。怎么解决这个问题?

科学家们自然想到要控制火箭喷射出燃气流的方向,以稳定火箭使其在起飞时不会倾翻。解决的方法是:在高温高压的燃气流中安装一个控制舵,常规的思维方法是采用能耐高温高压的材料来制成控制舵。但问题又出现了,火箭起飞后,有了速度,方向舵能够起作用了,如何除掉控制舵,防止它添乱,又使科学家们大伤脑筋,最后只好请教发明家了。

发明家提出了一个出乎大家意料的方案,采用易燃烧的木舵来代替耐高温高压的控制舵。在火箭起飞的瞬间,木舵还没有燃烧或者还没被烧蚀完时,它可以起控制作用,当火箭有了速度,不需要木舵时,它也烧蚀完了。

案例 3-3

茅台酒参加商品展览会

参加商品展览会的商家都非常爱惜自己的展品,却有人反其道而行。1915 年,在巴拿马万国博览会上,我国贵州的茅台酒也参加了展出,评委们都被琳琅满目的洋酒吸引过去了,外观粗糙的茅台酒无人问津。怎么办呢?

> 参展的茅台酒商家把装有茅台酒的酒瓶摔在地上,哗啦一声,瓶碎酒流。响声倒没有惊动多少评委,扑鼻的酒香却把众多评委们招引过来,一尝,好酒!茅台酒博得好评,最终获得博览会金奖。

案例3-2和案例3-3都说明,创新思维的特征除了非常规性外,还有积极主动性。要创造新的事物、新的方法,必须具有积极主动和进取的心态,否则就不能"思人之所未思",无法创造性地解决问题。而且,在创造的过程中困难重重,需要创造者以大无畏的精神全身心地投入,去敏锐观察,发挥想象,活跃灵感,标新立异,把一个人全部的积极的心理品质都调动起来。进行创新,不能沿老路走,必须积极主动地开辟一条新路。

2. 创新思维的特点

1) 思维的敏感性

创新思维具有敏锐感知客观世界变化的特性。人们通过各种器官直接感知客观世界,但要理性地认识客观世界,就需要敏感的思维。

一叶知秋,从一片树叶的凋落,知道秋天的到来,就是通过个别的、细微的迹象,可以看到整个形势的发展趋向与结果,反映了秋天来临黄叶飘落的自然规律,也显示了这个成语创造者思维的敏感性。

1820年,丹麦科学家奥斯特发现通电导线会引起磁针的偏转,英国科学家法拉第敏锐地预见其科学意义,大胆探索,开辟了电磁学的新天地。

2) 思维的独特性

创新思维的独特性是指按照与众不同的思路展开思维,达到标新立异的效果,体现个性。创造性成果必须具有新颖性,创新思维的思路是独特的,不同于一般思维。

例如,用图画表示以下两句诗的意境:"野渡无人舟自横""踏花归来马蹄香"。前一句诗,很多人画了冷清无人的渡口和停在水面上的空船;有一位学生则别出心裁,在船头添了一只小鸟。后一句诗,很多人画了踏青归来骑马的游人,至多在马蹄上画几片沾着的花瓣;而有一位学生则在马蹄四周添了几只紧追不舍的蜜蜂。创新思维的独特性在这里得到了充分的体现。

3) 思维的流畅性

创新思维的流畅性是指能够迅速产生大量设想,思维速度较快的性质。流畅性是对速度的一种评价,反应敏捷,表达流畅。

创新思维无疑是流畅性思维。人们常用"才思泉涌"来形容思维敏捷的科学家的风貌,用"一气呵成"来描述才华横溢的文学家的工作状态。一个"涌"字,一个"呵"字,充分体现了创新思维的高速度特征。德国数学家高斯上小学时就崭露才华。一次,老师要大家计算从1到100之间所有自然数的和,话音刚落,高斯就算出了正确答案。原来,他想出了创造性的方法,把100个数组合成1加100、2加99……直至50加51这样50个组,每组的和都是101,然后乘以组数50,立即就得出了正确答案。高斯的算法便是创新思维流畅性的范例。

流畅性训练:

(1) 词汇流畅:在3分钟内,尽可能多地写出包含"木"的汉字。

(2) 表达流畅:以大家最为熟悉的讲台为例进行表述。

(3) 图形流畅:在规定时间(5分钟)内,尽可能多地画出包含特定结构(如圆形、三角形、T

形)的事物并注明其名称。

4) 思维的灵活性

创新思维思路开阔,善于从全方位思考,思路若遇难题受阻,不拘泥于一种模式;能灵活变换,从新角度去思考,调整思路,从一个思路到另一个思路,从一个意境到另一个意境;善于巧妙地转变思维方向,随机应变,产生合适的办法。创新思维善于寻优,选择最佳方案,机动灵活、富有成效地解决问题。

灵活性训练:

(1) 一词多解:解释下列词组并分别造句(每题3分钟)。

①包袱;②差两分。

(2) 同音不同义:根据下列各组汉语拼音,尽可能多地用汉字写出同音(四声可变化)不同义的词组(每题3分钟)。

hua yuan　da shu　yi yi　shi shi

(3) 殊途同归:用下列各组数字通过四则运算分别求出指定数24,每个数字只能使用一次(每题不超过半分钟)。

①3 3 3 3　②4 4 4 4　③5 5 5 5　④6 6 6 6

5) 思维的精确性

创新思维的精确性是指能周密思考、精确地满足详尽要求的性质。随着科技的不断发展,客观事物的复杂性要求人们细心观察、周密思考。

精确性训练:

(1) 详尽数图:仔细数出图3-2中包含的三角形的总数(1分钟)。

(2) 对联:根据给出的上联,按照对仗原则拟出对应的下联(每题4分钟)。

①五月黄梅天;

②无锡锡山山无锡;

③风吹马尾千条线;

④此木为柴山山出。

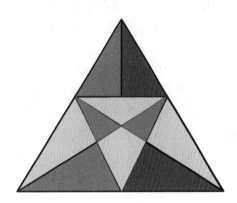

图3-2　精确性训练

6) 思维的变通性

创新思维的变通性是指运用不同于常规的方式对已有事物重新定义或重新理解的性质。打破常规,克服思维障碍,找到突破口。曹冲称象、司马光砸缸等故事便是创新思维的变通性的范例。

 案例3-4

风靡世界的饮料——咖啡

1000多年前,非洲埃塞俄比亚一个叫"凯夫"的小镇有个聪明的牧童。他对自己的羊了如指掌,羊也非常听他的话。有一天,他把羊赶到了周围有一片灌木的草地上吃草。到了晚上,发生了奇怪的事,羊不听话了。他费了好大劲才把羊赶进了围栏,羊进栏后,还是很兴奋得挤来挤去。

第二天,他又把羊赶到那片草地上去。他看到,羊除了吃青草外,还吃了灌木上的小白花、小浆果和叶子。到了晚上,他的羊和前一天一样不听指挥。

为了证明是不是羊吃了灌木叶和果实出现了反常的现象,第三天,他把羊赶到了另一片草地上,只让羊吃青草。当晚羊群恢复了常态。

问题出在灌木上。小牧童拔了几棵灌木回家,他尝了尝灌木毛茸茸的叶子,有点苦,又尝了尝果子,又苦又涩。他把果实放在火里烧一烧,发出浓郁的香味,再把烧过的果实放在水里泡着喝,味道好极了。当天晚上,小牧童也兴奋得彻夜未眠。小牧童反复试了几次,每次都得到了同样的结果。

于是,他把这种香喷喷的东西当作饮料,招待镇子里的人。此后,一种新的饮料诞生了。这就是咖啡,也就是非洲小镇"凯夫"的谐音。

分析案例3-4中小牧童发现咖啡的过程,可以看出创新思维的多种特征。

①好奇心:我的羊怎么变得这么奇怪?
②敏感性:羊是不是吃了灌木叶引起的变化?
③观察力:羊不仅吃了灌木叶,还吃了花和果实。
④联想能力:叶子和果实中有特殊的东西,人能不能吃?
⑤探究性:拔一些灌木回家去看个究竟。
⑥冒险性:我来尝一尝。
⑦灵活性:有点苦,烧一烧会怎么样?泡水喝是不是更好?
⑧健康的品质:如果小牧童自私一点,自己偷偷享用咖啡豆,那咖啡便成不了风靡世界的饮料。

3.2 创新思维的障碍

思维是一种复杂的心理现象,是人脑的一种能力。思维是人脑对客观事物的概括的、间接的反映。思就是思考,维就是方向或次序,思维可以理解为沿着一定方向、按照一定次序的思考。客观事物是复杂的,而人的大脑思维有一个特点,就是一旦沿着一定方向、按照一定次序思考,久而久之就形成了一种惯性。遇到类似的问题或表面看起来相同的问题,会不由自主地沿着之前的思考方向或次序去解决,这叫思维惯性。多次以思维惯性来对待客观事物,就容易形成固定的思维模式,即思维定式。思维惯性和思维定式可以合称为思维障碍。

显然,思维障碍阻碍了我们创造性地解决问题,对于创新是非常不利的。我们要进行创新思维,必须首先突破思维障碍。

1. 习惯型思维障碍

习惯型思维障碍是人们不由自主地经常犯的一种错误,但并不总是有害的。对于有些简单的问题,如日常生活中的小事,按照习惯去思考、去行事,可以节省时间或者少费脑筋。

人的思维不仅有惯性,还有惰性,对于比较复杂的问题也如法炮制,往往会使我们犯错误,或者面对新问题时一筹莫展。

2. 直线型思维障碍

人们在解决简单问题时只需要用一就是一、二就是二,或 A＝B,B＝C,则 A＝C 这样的直线型思维方式就可以奏效,往往在解决复杂问题时也是如此。

在学习时,虽然会遇到稍微复杂的数学问题、物理问题,但多数情况下可以把类似的例题拿来照搬;对待需要认真分析、全面考虑的社会问题、历史问题或文学艺术方面的课题,经常是死记硬背现成的答案。这样,就养成了直线思维的习惯,不善于从侧面、反面或迂回地去思考问题。如果没有破除直线型思维障碍的训练和实践,即使是比较有经验的人也难免陷入思维的误区。

 案例 3-5

> **寻找犯罪嫌疑人**
>
> 1985 年,某厂有 35 000 元被窃,厂方和市公安局出动了大批力量来破案。
>
> 他们的思路:进行排查,找出嫌疑人,再通过审查破案。嫌疑人应当是有前科的,经济上支出明显超过收入的。结果找到了一个年轻工人,平时吊儿郎当,工资较低,恰好又刚买了一辆摩托车。于是,这个年轻工人便成了重点怀疑对象,被审查了好几个月,结果却搞错了。实际上作案的是另一个平时看着很老实的职工。

3. 权威型思维障碍

在长期的学习、工作和生活中,人们逐渐形成了对权威的尊敬甚至崇拜。然而,权威的意见只是在一定时间、一定范围是正确的,实践才是检验真理的唯一标准。

当普通的自行车工莱特兄弟想要发明飞机时,许多有名的物理学家都提出了否定的意见,他们认为想让机械装置在空气中浮起来是不可能的事情。然而,莱特兄弟不迷信权威,经过多次实验,终于让世界上第一架飞机飞上了蓝天。权威人物被自己的知识和经验限制了,自己给自己设置了思维上的障碍。而不为权威的意见所限制,没有任何条条框框,反而能够取得成功。

著名哲学家罗素有一次来中国讲学,他在讲台上首先提出了一个问题:2＋2＝? 台下都以为罗素会说出奇特的答案来,听课的几百人面面相觑,无人回答。罗素笑着说:"2 加 2 等于 4 嘛,你们为什么不敢回答呢?无非是以为我的答案与常识不一样,你们千万不要迷信权威。"

英国皇家学会的会徽上就镶嵌着一行耐人寻味的字:"不要迷信权威,人云亦云。"我国著名画家齐白石曾说过:"学我者生,似我者死。"

这就告诉我们,对于权威,应当学习他们的长处,以他们的理论或学说作为基础和起点,但不可一味顺从和模仿。

4. 从众型思维障碍

从众心理,就是不带头,不冒尖,一切都随大流的心理状态。

现实生活中,大多数人都可能因从众心理而陷入盲目,明明稍加独立思考就能正确决策的事,偏偏跟着大家走弯路。

一位心理学家做了这样一个实验:让一个人跟着另外四个人走进实验室,地上画着四条长度不等但相差不多的线段 a、b、c、d,让大家判断线段 a 与 b、c、d 中哪条线段的长度最接近。前面四个人都回答是 c,后面那个人看了一会儿,认为是 b(实际上这个答案是对的),刚想回答,心理学家说:"请再想一想,到底是哪一条?"他又想了一会儿,回答说:"是 c。"

为什么后面那个人一开始的判断是正确的,后来却改口了呢?原来,当心理学家让他再想一想的时候,他想,难道其他四个人都错了,就我一个人是对的吗?不可能吧?这就是典型的从众型思维障碍。

  案例 3-6

富尔顿错失重要发现

物理学家富尔顿,出于研究工作的需要,测量了固体氦的热传导系数,采用的是一种新的测量方法,测出的数值比过去公认的理论计算出来的数值高出 500 倍。他迟疑了一阵,决定把这个结果束之高阁,没有告诉别人,也没有继续研究下去。

没多久,一位年轻的美国科学家在实验中也测出了相同的结果,且把结果公布了出去,同时在此基础上发明了一种新的测量热传导系数的方法。由于这位科学家的数据和方法真实准确,科学界很快就给予了承认,还纷纷赞扬他的创新精神。

富尔顿听说此事后追悔莫及。

5. 书本型思维障碍

书本型思维障碍是指对书本知识过分相信而不能突破和创新的思维。

有人认为,一个人的书本知识多了,就必然有很强的创新能力。还有的人认为,书本上写的都是正确的,遇到难题先查书,如果自己发现的情况与书本上不一样,那就是自己错了。

在这种认识的指导下,人会变得:书上没有说的不敢做,书上说不能做的更不敢做;对读书比自己多的人说的话百分之百相信,一点儿也不敢怀疑。这种对于书本的迷信阻碍了人们去纠正前人的失误,去探索新的领域。

  案例 3-7

人体的染色体数目是多少?

20 世纪 50 年代,美籍华裔生物学家徐道觉错过了一次重大的发现。

徐道觉的一位助手在配制用来冲洗培养组织的平衡盐溶液时,不小心配成了低渗溶液。低渗溶液是很容易使细胞胀破的。徐道觉把这种溶液倒进胚胎组织时,在显微镜下无意中发现,染色体的数目清晰可见。

这本来是发现人类染色体确切数目的大好时机。可是,徐先生想起美国著名遗传学家潘特在书上写过:由于大猩猩、黑猩猩的染色体都是 48 个,可以推断出人类的染色体也是 48 个。既然书上已经断定了,还研究什么呢?他便放弃了进一步的研究。

过了几年,另一位美籍华裔生物学家蒋有兴也采用了低渗处理技术,但他没有盲目相信书上的说法而是认真观察研究,终于发现,人类的染色体不是 48 个,而是 46 个。

案例 3-8

一个向书本挑战取得成功的故事

20 世纪 50 年代,美国某军事科研部门研制了一种高频放大管。研制了很长时间后仍没有进展,主要是因为科研人员被能不能使用玻璃管的问题难住了。

后来,由发明家贝利负责的研制小组承担了这一任务。上级主管部门为了让他们放开手脚、大胆创新,下了一个很特殊的命令:不许查阅有关书籍。贝利小组经过努力,终于研制成了一种频率达到 100 个计算单位的高频放大管。

事后,小组成员查阅了有关书籍,上面是这样写的:如果采用玻璃管,高频放大的极限频率是 25 个计算单位。他们终于明白了上级下达特殊命令的苦心。

贝利感慨地说:"如果我们当时查了书,一定会对研制这样的高频放大管产生怀疑,从而没有信心去研制!"

古话说,尽信书不如无书。书本知识是重要的,但是,书本知识毕竟是经验的总结,时代发展了,情况变化了,书本知识也可能过时。

诺贝尔物理学奖的获得者、美国物理学家温伯格说过一段值得我们深思的话:"不要安于书本上给你的答案,要去尝试下一步,尝试发现有什么与书本上不同的东西。这种素质可能比智力更重要,往往成为最好的学生和次好的学生的分水岭。"

正确的态度应当是:既要学习书本知识,接受书本知识的理论指导,又要避免书本知识可能包含的缺陷、错误或落后于现实的局限性。

爱因斯坦曾说:"我从不记书本上找得到的知识,在书本上找得到的知识,根本用不着上大学去学,人们解决问题依靠的是大脑的思维能力和智慧而不是照搬书本。"在从事创新活动时,要对所应用的书本知识进行严格检验,而检验的唯一标准是实践。

6. 经验型思维障碍

通常情况下,经验对于我们处理日常问题是有好处的。特别是一些技术和管理方面的工作,就需要有丰富的经验。

经验是相对稳定的东西,也可能导致人们过分依赖乃至崇拜,形成固定的思维模式,这样就会降低人们的创新思维能力。

案例 3-9

> **多余的减速器**
>
> 美国早期设计的飞船上都装了一个小小的减速器,用来降低太阳能发射板的开启速度。科学家嫌这种减速器太笨重,而且容易沾上油污,多次改进后仍不满意。
>
> 正当研制小组几乎绝望的时候,有位科学家突破经验型思维障碍,提出可以不用这个减速器。最终的实验证明这个建议完全正确,也就是说这个减速器从一开始就是多余的。

在日常生活中,离不开经验,但又不能全靠经验,单纯从狭隘的经验出发思考问题,不顾事物之间的差异,将一时一地的成功经验盲目推广,往往会事与愿违。

7. 其他类型的思维障碍

还有一些思维障碍,不同的人表现的程度不同。例如:自卑型思维障碍、麻木型思维障碍、偏执型思维障碍等。

3.3 方向性思维与实践

将人们思考时的趋势或思路比作思维方向,然后将按趋势和思路来开展的思维统称为方向性思维。它包括发散思维和收敛思维、正向思维和逆向思维、侧向思维和转向思维等。

一、发散思维和收敛思维

 案例 3-10

> **洛杉矶成功举办奥运会**
>
> 举世闻名的世界奥林匹克运动会到第 22 届(1980 年)时,因耗资巨大面临着难以继续办下去的危机。1976 年,加拿大的蒙特利尔市承办第 21 届奥运会,花费了 35 亿美元,亏损达 10 亿美元,数额如此庞大的支出,怎能不令人望而生畏。
>
> 而 1984 年洛杉矶奥运会通过采取改造已有体育场地(尽量少建新馆)、利用假期大学生宿舍办奥运村、选择赞助厂商、出售转播权与火炬传递接力权、专卖专利商品等节流开源措施,使这届奥运会不但没有负债,而且赢利 2 亿美元,创造了震惊世界的奇迹。后来,尤伯罗斯说,这要归功于他尝试运用了发散思维去运筹帷幄。

1. 发散思维

1) 发散思维的含义

发散思维,又称辐射思维、放射思维、扩散思维或求异思维,是指大脑在思维时呈现一种扩散状态的思维模式,它表现为思维视野广阔,思维呈现出多维发散状。如一题多解、一物多用等方式,可以培养发散思维能力。不少心理学家认为,发散思维是创新思维最主要的特点,是测定创造力的主要标志之一。

发散思维的客观依据是,由于事物的内部及其所处客观环境的复杂性,事物的发展往往不是单一的,而是包含多种可能性,其中每一种可能性都可以作为设计一个解决方法的依据。

发散思维作为一种极具创造力的思维活动,使人们在思维过程中不受条条框框的限制,充分发挥探索性和想象力;从标新立异出发,突破已知领域,无一定方向和范围,从一点向四面八方想开来,从已知的领域探索未知的境界,从而找出更多更新的可能方案、设想或解决办法。

2) 发散思维的特点

发散思维能力的强弱决定了创新思维能力的强弱。发散思维具有流畅性、变通性和独特性三大特点。

(1) 流畅性。

流畅性是指在短时间内迅速做出众多反应的能力,体现了发散思维在数量方面的特点。

美国大发明家爱迪生就是一个思维非常敏捷的人。在发明白炽灯时,为了找到灯丝最佳材料,他提出了近千种方案,使用多种发散途径和方法,终于找到了适用的材料和方法。

曾有人请教爱因斯坦:他与普通人的区别是什么?爱因斯坦答道:如果让一个普通人在一个干草垛里寻找一根针,那个人在找到一根针之后就会停下来,而他则会把整个草垛掀开,把可能散落在草里的针全都找出来。

(2) 变通性。

变通性也叫灵活性,是指思维能触类旁通、随机应变,不受思维定式的影响,能够提出新概念。变通过程就是克服人们头脑中某种僵化的思维框架,按照新方向来思索问题的过程。变通性比流畅性要求更高。

案例 3-11

苯胺紫的发明

19世纪中叶,欧洲疟疾流行,天然奎宁不够,著名化学家霍夫曼提议用化学方法合成。他的学生18岁的帕金按照老师的意图积极进行这方面的试验,但一次又一次地失败了。一天,溶液呈现出鲜艳的紫红色。帕金灵机一动:虽然奎宁没有制作成功,可现在纺织工业缺染料,这不是很好的染料吗?他进一步试验、加工,制成了苯胺紫,申请了专利,办起了有史以来第一家合成染料工厂,开辟了人造染料的新工业部门。帕金的成就得益于思维的变通性。

(3) 独特性。

独特性指人们在发散思维中做出不同寻常的异于他人的新奇反应的能力。这一能力可以使思维突破常规和经验的束缚,获得新颖的、独特的创造成果。

案例 3-12

> **无线电通信的发明**
>
> 德国的物理学家赫兹于1888年成功地进行了电磁波的发生和接收实验,他的独创性思维使他成为电磁波的报春人。可是当别人提出利用电磁波进行无线电通信的设想时,他断定这是不可能的:若要利用电磁波进行无线电通信,必须有一面和欧洲大陆面积差不多大的巨型反射镜才行。这种主观武断的想法,使他中止了原有基础上的独创性实验。可是几年后,物理学家马可尼等人凭借独创性思维发明了无线电通信,获得了诺贝尔物理学奖。

发散思维的三个特点是相互关联的,思维的流畅性是产生其他两个特征的前提,变通性则是提出具有独特性新设想的关键。独特性是发散思维的最高目标,是在流畅性和变通性基础上形成的。没有发散思维的流畅性和变通性,也就没有独特性。

例如,在回答"红砖头有什么用"时,两人均在两分钟内说出10种用途。A说可以造房子、造围墙、造猪圈、造羊圈、造狗窝、造鸡窝、造兔窝、造鸭窝、铺路、造台阶等;而B说可以造房子、铺路、练气功、练举重、做涂料、写字、做武器、下象棋、防台风和放在车轮下防滑等。比较而言,B所涉及的类别较多,A只局限于做建筑材料,故B的发散思维变通性比A强。若有人说"红砖头可以当作多米诺骨牌,作为比赛用具",可以认为他的发散思维独特性较强。

3)发散思维的常见形式

(1)多路思维。

多路思维就是根据研究对象的特征,人为地分成若干思路,然后一条一条地考虑,以取得更多解决方案的发散思维。

 案例 3-13

> **维修女神像的垃圾是怎样变废为宝的?**
>
> 美国的一座有百年历史的自由女神铜像被翻新以后,在现场留下200多吨废料,这些废料既不能就地焚化,也不能挖坑深埋,清理装运到相距甚远的垃圾场,运费又十分昂贵。这时,一个名叫斯塔克的人自告奋勇地承包了这件苦差事。
>
> 他对废料进行分类利用,把废铜皮铸成纪念币,把废铝做成纪念尺,把水泥块做成小石碑……

(2)立体思维。

立体思维就是考虑问题时突破点、线、面的限制,从上下左右、四面八方去思考问题,即在三维空间解决问题。立体思维在日常生活和生产中是非常有用的。

例如,在养鱼业中,根据鱼类的习性,合理搭配饲养的鱼种,就可以充分利用鱼塘的空间,提高单位面积产量;在农业生产中,利用立体空间,可以采取间作、套种等多种措施。

案例 3-14

运用发散思维取得成功的战例

古今中外有不少运用发散思维取得成功的战例。1945年4月的柏林战役,是第二次世界大战苏德战争中最后一次大规模战役,德军沿柏林方向构筑了三条防御地带,动用了85个师的兵力,计100万人左右,其中有4个坦克师,10个摩托化师,1500辆坦克,10 400门大炮,意图把苏军阻挡在奥德河一线,以保卫柏林。苏军的战役计划是彻底歼灭德军防御集团,迫使德国投降,并推进到易北河一带。苏军统帅朱可夫元帅面对重兵压境的严峻形势,在发散思维指导下,想出了一条常人难以想象的奇谋妙计。他决定苏军在黎明前发动进攻。他立即组织了140部探照灯,加上成批坦克与卡车的车灯同时打开,如此高强度的光线集中射向德军阵地,照射得敌人眼花目眩,晕头转向,惊恐万分,不知苏军用的是什么新式武器,接着数千门迫击炮、火箭炮向德军阵地猛烈射击;同时苏军步兵在坦克的掩护下,协同作战,展开冲击。德军来不及招架还击,在一片惊恐慌乱中,苏军顺利地通过了德军的坚固防线。

试想,如果朱可夫元帅不是运用了穷尽一切可能的发散思维,怎么会想到利用极为普通的照明灯具,充当神奇的制敌武器,成功地导演了一场有声有色的心理战呢?

怎样才能更好地进行发散思维呢?丰富的知识是发散思维的翅膀,如果没有知识,对某一事物不了解,那就不可能有能力展开发散思维。

2. 收敛思维

收敛思维也叫集合思维,它是相对于发散思维而言的。它与发散思维的特点正好相反,它的特点是以某个思考对象为中心,尽可能运用已有的经验和知识,将各种信息重新进行组织,从不同的方面和角度,将思维集中指向中心点,从而达到解决问题的目的。

例如洗衣机的发明:首先围绕"洗"这个关键问题,列出各种各样的洗涤方法,如用洗衣板搓洗、用刷子刷洗、用棒槌敲打、在河中漂洗、用流水冲洗、用脚踩洗等,然后进行收敛思维,对各种洗涤方法进行分析和综合,充分吸收各种方法的优点,结合现有的技术条件,制订出设计方案,再不断改进,最终获得成功。

1) 收敛思维的特点

(1) 唯一性。

尽管解决问题存在多种多样的方法,但最终总是要根据需要,从各种不同的方法中选取解决问题的最佳方法。

收敛思维是寻找唯一确定的答案,不允许含糊其词、模棱两可。一旦选择不当,就可能造成难以弥补的损失。

(2) 逻辑性。

收敛思维强调严密的逻辑性,需要冷静的科学分析。它不仅要进行定性分析,还要进行定量分析,要善于对已有信息进行加工,由表及里,去伪存真,仔细分析可能产生什么样的后果以及应采取的对策。

（3）比较性。

在收敛思维的过程中，对现有的各种方案进行比较才能确定优劣。比较时要考虑单项因素，更要考虑总体效果。

有的研究者曾认为，收敛思维可能对创造活动有阻碍作用，还认为中国人习惯收敛思维，不如西方人善于使用发散思维，因此创新能力不如西方人。其实，收敛思维对创新活动的作用是正面的、积极的，和发散思维一样是创新思维不可缺少的。这两种思维方式运用得当，都会对创新活动起促进作用；使用不当，就不能发挥应有的作用。

但我们国家在很长一段时间里，在教育上忽视了发散思维，这对创新能力的培养是不利的，需要改变这种教育方式，但是不能因此归罪于收敛思维。

杨振宁教授在谈中美两国教育哲学的差异时，得到的结论是：如果你讨论的是一个美国学生，就要鼓励他多进行一些有规则的训练；如果讨论的是一个亚洲的学生，他的教育是从亚洲开始的，那么就鼓励他去挑战权威，以免他永远胆怯。

2）收敛思维的运用

（1）目标识别。

我们在思考问题时，要善于观察，发现事实和看法，并从中找出关键的现象，对其加以关注和定向思维。德波诺认为，这个方法就是要求"搜寻思维的某些现象和模式"，其要点是，确定搜寻目标（注意目标），进行观察并判断。通过不断的训练，促进思维识别能力的提高，学会在纷繁复杂的环境中发现目标。

案例 3-15

小猫毁掉司令部

第一次世界大战期间，法国曾和德国交战。法军一个旅司令部在前线构筑了一个极其隐蔽的地下指挥部，不幸的是，他们只注意了人员的隐蔽，而忽略了某位长官养的一只猫。当时，德军的一个参谋人员在观察战场时发现：每天早上八九点钟，都有一只小猫在法军阵地后的一座坟包上晒太阳。他立刻向高级指挥官做了汇报。高级指挥官召开了高级参谋会议，会议的参加人中有几个人认为这里大有文章，但另一名高级指挥官认为这是小题大做，为一只猫进行会议讨论不值得，他发言后，其他人便什么都不说了。主持会议的高级指挥官没有办法，只好让参加会议的人都写下自己的看法，他将这些书面材料整理出来。最终做出了如下判断：(1) 这只猫不是野猫，野猫白天不出来，更不会在炮火隆隆的阵地上出没；(2) 猫的栖身处就在坟包附近，那里很可能是一个地下掩蔽部，因为周围没有人居住；(3) 这只猫是相当名贵的波斯品种，在打仗时还有条件养这种猫的绝不会是普通的下级军官。据此，他断定这是一个地下掩蔽部，而且一定是法军的高级指挥所。随后，德军集中 6 个炮兵营的火力，对那里实施了突袭。

事后查明，德军的判断完全正确，这个法军地下高级指挥所的人员全部阵亡。

（2）间接注意。

间接注意是指用一种间接手段去寻找关键技术或目标，达到另一个真正的目的。也就是说,把东西分类,在分类的过程中产生另一种结果;对被分类的东西进行仔细考察,评估每一种相关的价值,这是使用间接注意的真实意图。

案例 3-16

农夫分苹果

一个农夫叫懒惰的儿子把一堆苹果按照大小分装进两个篓子里。傍晚农夫回到家,看见儿子已经把苹果分开装进篓子。而且,鸟啄虫蛀的烂苹果也被挑出来堆在一边了。农夫谢过儿子,夸他干得漂亮。然后他取出袋子,把两个篓子里的苹果又混装在一起。儿子气坏了,他认为父亲在耍花招,故意让他干活,反正父亲要把苹果混在一起的,为什么要他把苹果分开呢?这是白费劲呀!

农夫告诉儿子,这不是什么花招。原来他是想要儿子检查每一个苹果,把烂苹果扔掉。分装两个篓子只不过是一个间接手段,他的目的是让儿子非常仔细地检查每一个苹果。如果直截了当地叫儿子把烂苹果扔掉,那么儿子就会急急忙忙地把苹果翻检一下,只寻出那些一望而知已经坏透了的烂苹果,而不会去检查那些貌似完好其实已坏的烂苹果了。

(3) 层层剥笋。

我们在思考问题时,最初认识的仅仅是问题的表层,也是很肤浅的认识,然后,层层分析,向问题的核心一步一步逼近,抛弃那些非本质的、繁杂的特征,最终揭示隐蔽在事物表面现象下的深层本质。

(4) 聚焦法。

聚焦法,就是人们常说的"沉思、再思、三思",是指在思考问题时,有意识、有目的地将思维过程停顿下来,并将前后思维领域浓缩和聚拢起来,以便帮助我们更有效地审视和判断某一事件、某一问题、某一片断信息。

由于聚焦法带有强制性指令色彩,因而它会对人的思维产生双重作用。其一,可通过反复训练,培养我们的定向、定点思维的习惯,形成思维的纵向深度和强大穿透力,犹如用放大镜把太阳光持续地聚焦在某一点上,就可以形成高热。其二,由于经常对某一事件、某一问题、某一片断信息进行有意识的聚焦思维,自然会积淀对这些事件、问题、信息的强大透视力、理解力,以便最后顺利解决问题。

隐形飞机的制造是一种多目标聚焦的结果。要制造一种使敌方的雷达探测不到、红外及热辐射仪等追踪不到的飞机,就需要分别达到雷达隐身、红外隐身、可见光隐身、声波隐身四个目标,每个目标中还有许多具体的小目标,通过具体地解决一个个小目标、分目标,最终制造出隐形飞机。

3. 发散思维与收敛思维的关系

作为两种思维方式,发散思维与收敛思维是有显著区别的。从思维方向上来讲,二者恰好相反,发散思维的方向是由中心向四面八方扩散,收敛思维的方向是由四面八方向中心集中;从作用上讲,发散思维更有利于提高人们思维的广阔性、开放性,使人的思维尽量放宽,更有利于思维在空间上的拓展和时间上的延伸,而收敛思维有利于从各种思路中选取精华,有利于取得突破性进展。从一个相对完整的思维过程的角度来说,发散思维与收敛思维又是创造过程中相辅相成的统一体,缺一不可,如图3-3所示。

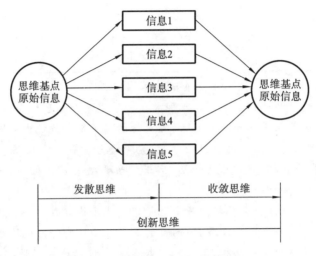

图3-3 发散思维与收敛思维的关系

二、正向思维和逆向思维

1. 正向思维

所谓正向思维,就是人们在创新思维活动中,沿袭某些常规去分析问题,按事物发展的进程进行思考、推测,是一种从已知到未知,通过已知来揭示事物本质的思维方法。这种方法一般只限于对一种事物的思考。

例如,某地区为振兴和发展地方经济,决定向国外银行长期贷款,其主观要求是利息越低越好,客观条件是有五家银行愿意提供此种款项。最后,决策者做出了向利率较低的两家银行贷款的决定,这就是运用的正向思维。

发现天王星之后的几十年里,人们又发现天王星的实测轨道同理论数据存在偏差,表现出轨道上下摆动的现象。有的天文学家大胆地推测,天王星的外边还有一颗未发现的行星。19世纪40年代,英国的亚当斯花费了近两年时间,终于用万有引力定律和天王星实测数据推算出这颗尚未被发现的新星的轨道。几乎与亚当斯同时,法国天文学家勒威耶也用艰难的数学方法推算出这颗新星的可能位置。1846年9月23日,柏林天文台台长加勒果然按勒威耶推算的位置方向找到了一颗未列入星表的八等小星,即海王星。80多年之后,天文学家们又通过类似的推理演绎方法在海王星外发现了冥王星(矮行星)。这些太阳系行星的发现均是正向思维的结果。

另外,我国古代的"月晕而风,础润而雨""朝霞不出门,晚霞行千里""空中鱼鳞天,不雨也'风'颠"之类预报天气的谚语,也都体现了正向思维。

2. 逆向思维

1) 逆向思维的含义

逆向思维也称为逆反思维或反向思维。它是相对于正向思维而言的一种思维方式。正向思维是人们习以为常、合情合理的思维方式,而逆向思维则与正向思维背道而驰,朝着相反方向去想,常常有违常理。

创造学中的逆向思维是指为了更好地想出解决问题的办法,有意识地从正向思维的反方向去思考问题的思维。平常所说的"反过来想一想、看一看""唱反调""推不行,拉拉看"等都属于逆向思维。

案例 3-17

逆 向 思 维

我国古代有这样一个故事。一位母亲有两个儿子,大儿子开染布作坊,小儿子做雨伞生意。每天,这位老母亲都愁眉苦脸,下雨了怕大儿子染的布没法晒干,天晴了又怕小儿子做的伞没有人买。

一位邻居开导她,叫她反过来想:雨天,小儿子的生意红火;晴天,大儿子染的布很快就能晒干。逆向思维终于使这位老母亲眉开眼笑,活力再现。

在发明创造的路上,更需要逆向思维,逆向思维可以创造出许多意想不到的事物。例如,发电机的诞生:电能生磁——电动机,磁能生电——发电机。双向旋转发电机:发电机定子不动,转子转动;如果定子也转动,发电效率比普通发电机提高了几倍,形成双向旋转发电机。

逆向思维作为一种思维方法是有其客观依据的。辩证唯物法的对立统一规律揭示了:任何事物或过程,都包含着相互对立的因素,都是相反的对立面的统一体。

2)逆向思维的分类

逆向思维可分为六类,即结构逆向思维、功能逆向思维、状态逆向思维、原理逆向思维、序位逆向思维和方法逆向思维。

(1)结构逆向思维。

结构逆向思维就是从已有事物的结构形式出发所进行的逆向思维,通过结构位置的颠倒、置换等技巧,使该事物产生新的性能。

案例 3-18

反向画面电视机

日本索尼公司的总工程师井深大有一天去理发,一边理发,一边通过镜子看电视。但是他看到的电视图像正好相反,眼睛不舒服,心里很别扭。突然,他计上心来:如果设计一种反向画面电视机,那么就能在镜子里看到正向画面。于是,他回到公司,利用既有的设计、生产、经营正向电视机的独家优势,设计、生产、经营反向画面的索尼电视机,生意非常兴隆。

(2)功能逆向思维。

功能逆向思维是指在原有事物功能的基础上进行逆向思维,以解决问题,获得新的创造发明的思维方法。

例如，人们写字都想写得清晰，字保留的时间长，但也有人想把写出来的字擦去。据此，河南省一家圆珠笔厂采用南京理工大学王卫东发明的可擦圆珠笔油墨配方，大量生产可擦圆珠笔，投放市场后一炮打响，现在已经大量出口。

人们常说"以毒攻毒"，其实这也是一种典型的功能逆向思维。

例如，采取一种反常规治疗措施，把风湿病患者放到冰天雪地的恶劣条件中，运用人所独具的高强的适应能力，运用以毒攻毒的原理，增强患者肌体的抵抗力。通过治疗，许多患者疼痛症状完全消失，肌体功能恢复正常，少部分患者虽然没有完全恢复，但症状均明显减轻。从事这项试验的主治医生也因此独创了风湿病的"冷治疗法"。

(3) 状态逆向思维。

状态逆向思维是指根据事物某一状态的反面来认识事物，从中找到解决问题的方案的思维方法。

例如，过去木匠用木工锯来加工木料，都是木料不动而工具动，实际上是人在动，因此人的体力消耗大，质量还得不到保证。为了改变这种状态，人们将工作状态反过来，让工具不动而木料动，设计发明了电锯，从而大大提高了效率和工艺水平，减轻了劳动量。木工锯和电锯如图3-4所示。

图3-4 木工锯和电锯

案例3-19

电晶体现象的发现

20世纪60年代中期，索尼公司以江崎博士为核心，全力投入新型电子管的研制。为了造出高灵敏度的电子管，人们一直在提高锗的纯度上下功夫，当时锗的纯度已达到99.999 999 99%，如果再提高一步，比登天还难。

一天，一位屡屡出错的黑田小姐发牢骚似的对江崎说："看来，我才疏学浅，难以胜任提纯锗的研究工作，如果让我干往锗里掺杂的事，可能要干得好一些。"黑田的话突然提醒了江崎，他想，如果反过来往锗里加其他物质，不知会有什么结果。

于是，江崎真的安排黑田小姐每天朝着相反的方向做实验。当黑田把杂质的含量增加到一千倍(锗的纯度降到原来的一半)时，测定仪上出现了大弧度的曲线，几乎令人认为测定仪出了故障。江崎重复了多次这种掺杂实验，终于发现了鲜为人知的电晶体现象，并在此基础上发明出震动电子技术领域的电子新元件(晶体管)。

使用这种电晶体技术,电子计算机的体积缩小到原来的十分之一,运算速度却提高了10多倍。江崎由此荣获诺贝尔物理学奖。

(4) 原理逆向思维。

原理逆向思维是指从相反的方面或相反的途径对原理及其运用进行思考的思维方法。

1800年,意大利物理学家伏特发明了伏特电池,第一次将化学能转换成电能。英国化学家戴维想,既然化学能可以转换成电能,那么,电能是否也可以反过来转化为化学能呢?他做了电解化学的实验而获得成功。通过电解各种物质,1807年他发现了钾(K)和钠(Na),1808年又发现了钙(Ca)、锶(Sr)、镁(Mg)、钡(Ba)、硼(B)5种元素。迄今人类发现的化学元素中,他一个人竟发现了7种。戴维由化学能转换为电能而反向求索,成功试验了电解化学并接连发现了7种元素,就是运用原理逆向思维取得了重大的发现。

(5) 序位逆向思维。

序位是指顺序和方位。顺序又指时序或程序,方位又指方向和位置。序位逆向思维是指对事物的顺序和方位逆向变动,以产生新效果的思维。

从时序上进行逆向思维:近年来,一些农民非常重视"时间差"的利用。原本"种菜种瓜要抢先,迟了不值钱"这条谚语提醒人们,种菜种瓜一定要讲究一个"早"字,但是现在偏在"迟"字上大做文章,以迟取胜。结果产生了反季节瓜果,物以稀为贵,这些反季节瓜果给农民带来了良好的经济效益。

从程序上进行逆向思维:在工厂,上一道工序为下一道工序提供零件是常规,后来,日本本田公司经理本田宗一郎却用逆向思维提出"三及时"的思想,即下一道工序在需要时向上一道工序索要所需数量的合格零件,提出要做到三及时,即"及时的时刻""及时的数量""及时的零件"。事实证明,这样做的结果是减少了大量在制品的库存,减少了在制品资金的积压,加速了资金周转,增加了经济效益。

从方向上进行逆向思维:火箭是往天上飞的,能否向地下飞?苏联工程师米海依尔于1968年研制成的钻井火箭,能穿透土壤、冰层、冻土、岩石,每分钟钻进10米,重量只有普通钻机的1/17,耗能减少了2/3,效率提高5至8倍,引起了钻井、打桩手段的革命。

案例 3-20

小八路顺利过关

有一个小八路,运用逆向思维成功地闯过了敌人的种种关卡,把重要情报送到了目的地。事情是这样的:在抗日战争时期,有一次,敌人把一个村庄包围了,不让村里的任何人出去,派了伪军在村子通向外界的唯一通道——一座小桥上把守。正巧村里有一个重要情报要报告给村外的八路军领导人,在敌人看守如此严密的情况下,怎样才能把情报顺利又

> 安全地送出去呢？村里的一个小八路勇敢地担当起这个任务，这个小八路趁着夜色悄悄来到了小桥旁边的芦苇地，躲藏了起来。他认真地观察小桥上发生的一切，他注意到守关卡的敌人打起了瞌睡，凡是村外的来人，他总是头也不抬就说："回去，回去，村里不让进。"如此几次，小八路心里有了主意，于是他钻出了芦苇地，悄悄接近并上了小桥，就在敌人抬头发话之前他突然转身向村庄的方向走来，并且故意把脚步声弄得挺大，敌人看到后说："回去，回去，村里不让进。"结果小八路顺利过关把情报安全地送了出去，为部队打胜仗立下了汗马功劳。

(6) 方法逆向思维。

方法逆向思维是指在解决问题时，采用与惯用方法截然相反的方法。

在意大利有一个琴德餐馆别出心裁地想出一个由顾客自定价格的经营方式。店主将餐馆经营的菜肴、点心、饮料等分成套餐，每种套餐分别规定五种价格，由顾客自己认付。据店主介绍，大部分顾客都付二等价格，因为顾客认为自定的价格太低有失体面。只有当顾客对餐馆的菜肴感到不合胃口或质量不好，才赌气付三等价格。店主认为，让顾客自定价格，一方面可招揽顾客，另一方面可以根据顾客付款情况来反馈自己的服务质量，以便改进经营，提高菜肴的制作水平。

3）逆向思维的方法

(1) 怀疑法。

有一种敢于怀疑的精神，打破习惯，反过来思考一下。这种精神越强烈越好，习惯性做法并不总是对的，对一切事物都抱有怀疑态度是逆向思维所需要的。

(2) 对立互补法。

对立互补法以把握思维对象的对立统一为目标，要求人们在处理问题时既看到事物之间的差异，也看到事物之间因差异的存在而带来的互补性。

(3) 悖论法。

悖论法就是对一个概念、一个假设或一种学说，积极主动从正反两方面进行思考，以求找出其中的悖论之处。

(4) 批判法。

批判法是指对言论、行为进行分辨、评断、剖析，以见正理。

(5) 反事实法。

反事实法是在心理上对已经发生的事件进行否定，并表征其原本可能出现而实际未出现的结果，是人类意识的一个重要特征。

三、侧向思维和转向思维

1. 侧向思维

侧向思维又称"旁通思维"，是发散思维的一种形式，这种思维的思路、方向不同于正向思维、多向思维或逆向思维，它是沿着正向思维旁侧开拓出新思路的一种创造性思维。通俗地讲，侧向思维就是利用其他领域里的知识，从侧向迂回地解决问题的一种思维形式。

案例 3-21

深山藏古寺

宋徽宗时的一次科举考试,主考官出了一个画题——深山藏古寺。

画师们经过构思,有的在山腰间画座古寺,有的把古寺画在丛林深处。寺呢?有的画得完整,有的画出寺的一角或寺的一段残墙断壁……

主考官连看几幅均不满意,原因是这些画均体现了半藏而不是全藏,与画题无法吻合,正当主考官失望之际,有一幅画深深吸引了他。在崇山之中,一股清泉飞流直下,跳珠溅玉,泉边有一个老态龙钟的和尚,正一瓢一瓢地舀水倒进桶里。仅这么一个挑水的老和尚,就把"深山藏古寺"表现得含蓄深邃、淋漓尽致:和尚挑水,不是浇菜煮饭,就是洗衣浆衫,那么附近一定有寺;和尚年纪老迈,还得自己挑水,可见寺之破败,可见寺一定藏在深山之中。画面尽管看不到寺,观者却深知寺是全藏在深山之中。

这位画师的高明之处就在于他运用了侧向思维,选择了和尚挑水的新颖角度来表现主题。

世界万物是彼此联系的,从别的领域寻求启发,可以突破思维定式,打破专业障碍,从而解决问题,或者对问题做出新颖的解释。

1) 侧向思维的特点

侧向思维的特点是思路活泼多变,善于联想推导,随机应变。

美国著名科学家贝尔说过,有时需要离开常走的大道,潜入森林,就会发现前所未见的东西。

18 世纪,奥地利的医生奥恩布鲁格,想解决怎样检查人的胸腔积水这个问题,他想来想去,想到了自己的父亲,他的父亲是酒商,在经营酒业时,只要用手敲一敲酒桶,凭叩击声,就能知道桶内有多少酒,奥恩布鲁格想:人的胸腔和酒桶相似,如果用手敲一敲胸腔,凭声音,不也能诊断出胸腔中积水的情况吗?"叩诊"的方法就这样被发明出来了。

2) 侧向思维的应用

跳出本专业、本行业的范围,摆脱惯性思维,侧视其他方向,将注意力引向更广阔的领域;或者将其他领域已成熟的、较好的技术方法、原理等直接移植过来加以利用;或者从其他领域事物的特征、属性、机理中得到启发,形成对原来思考问题的新设想。例如,为了减小摩擦,人们一直在不断地改进轴承。但思路无非是改变滚珠形状、轴承结构或加入润滑剂等,都不能带来大的突破。后来,有人把视野转到其他方向,想到高压空气可以使气垫船漂浮,而磁性材料会相互排斥并保持一定的距离,将这些新设想移入轴承设计中,发明了不用滚珠和润滑剂,只需向轴套中吹入高压空气,使旋转轴呈悬浮状的空气轴承,或用磁性材料制成的磁性轴承。

一人想过河,便大声问:"哪位船老大会游泳?"话音刚落,好几位船老大围了过来,只有一位没有过来,他便问那人:"你水性好吗?"那人回答:"对不起,我不会游泳!"他说:"好,我坐你的船!"人们要问:为什么偏选择不会游泳的船老大呢?原来,他运用了侧向思维:船老大不会游泳,必然会小心划船,更加安全。

2. 转向思维

转向思维是指在一个思维方向受阻时，便转向另一个思维方向，经过多次思维转向而达到解决问题的目的。

善用转向思维的人，可以在各种思路变换中迂回前进，越来越接近解决问题的目标，直至最后取得成功。

例如在商务谈判中，买方前后找了五家公司，与第一家谈不成，就转向第二家，直到与最后一家大公司谈，结果也未谈成。在这种情况下，买方又把前面一家情况较好的公司请来谈。最后，双方洽谈达成协议，协议对双方都有利，因此，双方都感到满意。

四、方向性思维实践练习

训练要点：注意使用方向性思维的恰当时机；把握好方向性思维的度；在收敛思维和发散思维之间保持适度的张力；善于积累和运用知识与经验。

(1) 一群小偷商量如何分偷来的布：如果每人分六匹，就剩下五匹；分七匹却又少八匹。请问共有几匹布，几个小偷？

(2) 有一口井深十五米，一只蜗牛从井底往上爬，它每天爬三米，同时又下滑一米，问蜗牛爬出井口需要多少天？

(3) 有一位南方乡镇企业的厂长，在东北买了两车木材，准备运回去制造纺织用的木梭子，但运输紧张，几个月后才能排上，他等了一个月，连回去的路费都不够了，你能帮他想个好办法吗？

(4) 以下每组词，哪一个与众不同？
①房屋　冰屋　平房　办公室　茅舍
②沙丁鱼　鲸鱼　鳕鱼　鲨鱼　鳗鱼

(5) 某院校选美大赛经几轮淘汰后只剩下四名佳丽，她们参加最后一轮串故事的智力角逐。主持人给出引句："今晚的月亮很好……"A小姐接过话筒信口而来："演出结束后，我独自走在回家的路上，忽然身后传来一声枪响……"话筒传到B小姐手上，她接道："我慌忙回头，只见一个警察在追逐一个持枪的歹徒……"C小姐接过话筒："几经搏斗后，警察终于将歹徒制服。"故事到此似乎已无话可说，请同学们为D小姐支招。

3.4　形象思维与实践

形象思维是用直观形象和表象解决问题的思维，是人们在认识世界的过程中，对事物表象进行取舍时形成的用直观形象和表象来解决问题的思维方法。形象思维是在对形象信息传递的客观形象体系进行感受、储存的基础上，结合主观的认识和情感进行识别（包括审美判断和科学判断等），并用一定的形式、手段和工具（包括文学语言、绘画线条色彩、音响节奏旋律及操作工具等）创造和描述形象（包括艺术形象和科学形象）的一种基本的思维形式。人类的一切感性的社会实践都要用到形象思维。如物理学家识别和描述光和电的物理现象；化学家想象设计分子模型；天文学家观测夜空；工程师构思设计建筑或机械模型等。形象思维又可以具体分为联想思维、直觉思维、灵感思维、想象思维等形式。

一、联想思维

1. 联想思维的含义

联想是从一事物、概念、方法、形象想到另一事物、概念、方法和形象,由此及彼、由表及里的思维方式。

案例 3-22

"孪生姐妹"

一家美国玩具公司,从"克隆羊"多利的故事得到启示,推出新业务,取名为"孪生姐妹";顾客只要将一张女儿的彩照和一份反映女儿特征的表格寄给公司,该公司便会制作一个和照片一模一样的玩具娃娃。该业务十分火爆。

这家玩具公司的做法得益于联想思维,许多新创造都来自人们的联想。从红铅笔到蓝铅笔,从写到画,从圆柱到筷子等。联想可以很快从记忆里追寻到需要的信息,构成一条联想链,通过事物的接近、对比、同化等条件,把许多事物联系起来思考,开阔了思路,加深了对事物之间联系的认识,并由此形成创造构想和方案。

案例 3-23

隐 身 衣

苏联卫国战争期间,彼得格勒遭到德军的包围,经常受到敌机的轰炸。一次,苏军伊万诺夫将军视察战地,看见几只蝴蝶飞在花丛中,时隐时现,令人眼花缭乱。这位将军随即产生联想,并请来昆虫学家施万维奇,让他设计出一套蝴蝶式防空迷彩伪装方案。施万维奇参照蝴蝶翅膀花纹的色彩和构图,结合防护、变形和仿照三种伪装方法,将活动的军事目标涂抹成与地形相似的巨大多色斑点,并且在遮障物上印染了与背景相似的彩色图案。就这样,使苏军数百个军事目标披上了神奇的"隐身衣",大大降低了重要目标的损伤率,有效地防止了德军飞机的轰炸。

案例 3-24

飞 机 除 霜

英国北部两地间架设的电话线在冬天容易结霜,使通话困难,需要尽快除霜恢复通话,该怎么办呢?为此,有关部门召开了会议,与会成员提出了许多方案,当"给飞机捆上扫帚飞上天去扫"的方案被提出时,引起了哄堂大笑。但正是这个设想对解决问题起到了至关重要的作用。后来进一步提出了"让直升机飞近电话线,用它转翼的风力把霜除掉"的方案。事实证明这是最佳方案,以最低的成本解决了最困难的问题。

案例 3-25

消肿解毒良药

我国东汉末年医学家华佗,有一次看到蜘蛛被马蜂蜇后,落在一片绿苔上打了几个滚儿,便消肿了。他由此联想到绿苔可以用来为人治病。通过试验,消肿解毒良药便问世了。

 案例 3-26

微波炉的发明

美国工程师斯潘塞在做雷达起振实验时,发现口袋里的巧克力融化了,原来是雷达电波造成的。由此,他联想到可以用电波来加热食品,进而发明了微波炉。

由此可见,联想作为探索未知领域的一种创新思维活动,它是关于事物之间存在普遍联系观点的具体体现和实际运用。没有存在于事物之间的客观联系,联想就很难发生,离开了事物之间客观联系的联想只是幻想。所以,要想提高联想能力,获取丰富的联想,就要广泛地参加实践,接触和了解世界,然后,将各种实际经验、知识信息储存在大脑里,一旦需要联想时,大脑就会把各种信息调动起来,建立起各种各样的联系,由此产生丰富的联想,进行创新思维活动。

联想是开启人们思路、升华人们思想的催化剂,没有广泛而丰富的联想,就无法促进科学技术的巨大飞跃。研究和实践证明,联想能力的跨度是很大的,两个风马牛不相及的事物,只要在它们之间加上几个环节,就能联系起来。这种大跨度的联想思维能力,往往具有很强的创造力。因此,联想对于人们开阔新思路、寻求新对策、谋求新突破是大有帮助的。

联想是打开记忆之门的钥匙。人的头脑中都储存着大量的信息,它原本可以应付各种各样的问题,但是随着时间的推移,这些信息会渐渐被人们淡忘,变得模糊杂乱、支离破碎,甚至回忆不起来,自然就很难利用。联想能帮助我们挖掘出潜意识深处的种种信息,把它们之间的联系在头脑中再现出来。

2. 联想思维的特点

联想就是思维的翅膀,帮助我们驰骋万里。

1)连续性

联想思维是连续不断进行的,往往会形成一条清晰的联想链,将事物串联起来。

 案例 3-27

赫鲁晓夫在苏共二十大批判斯大林时,台下有人递纸条上去,纸条上写着:"当时你在干什么?"赫鲁晓夫当场宣读了纸条的内容,然后问:"这是谁写的,请你站出来!"连问三次,台下一直没有人站出来。于是赫鲁晓夫说:"现在让我来回答你吧,当时我就坐在你的位置上。"

2) 形象性

联想思维是形象思维的具体化,其基本的思维操作单元是表象,所以联想思维十分生动,具有鲜明的形象。

3) 概括性

联想思维可以很快地把联想到的思维结果呈现出来,而不顾及其细节如何,是一种整体把握的思维操作活动,因此可以说有很强的概括性。

培养和训练联想能力一般采用"概念联想法"的方式进行。概念是事物本质属性的反映,是人们经常使用的思维单元,而概念和概念之间的关系反映了客观事物之间的联系,这就为开展概念联想创造了条件。

苏联心理学家哥洛万斯和斯塔林茨,曾用实验证明,任何两个概念词语都可以经过四五个阶段,建立起联想的关系。例如木头和皮球是两个风马牛不相及的概念,但可以通过联想使它们发生联系:木头—树林—田野—足球场—皮球。又如天空和茶:天空—土地—水—喝—茶。因为每个词语可以同将近 10 个词直接发生联想关系,那么第一步就有 10 次联想的机会(即有 10 个词语可供选择),第二步就有 100 次机会,第三步就有 1000 次机会,第四步就有 10 000 次机会……所以联想有广泛的基础,它为我们的思维运行提供了无限广阔的天地。

3. 联想思维的分类

1) 接近联想

接近联想是指在时间上和空间上相互接近的事物之间形成的联想。例如,桌子的上面有书本,下面有椅子;闪电—雷鸣—下雨—滴答声。

发明者在时间、空间上联想到比较接近的事物,从而设计新的发明项目,这就是接近联想。例如:小球运动—生产小足球。

案例 3-28

成功的推销

国外有家公司既经营鲜牛奶,又经营面包、蛋糕等食品。这家公司出售的牛奶质优价廉,每天都能在天亮以前将牛奶送到订户门前的小木箱内。牛奶的订户不断增多,公司获利越来越大,可是这家公司经营的面包、蛋糕等食品,虽然也质优价廉,但由于门店所在的位置较偏僻,来往的行人不多,营业额一直不高。

公司很多人建议通过电视台和报纸做广告来扩大影响,可老板却想出这样一个办法:设计、印刷一种精美的小卡片,正面印各种面包、蛋糕的名称和价格,卡片的背面是订单,可填写需要的品种、数量和送货时间以及顾客的签名。每天把它挂在牛奶瓶上送给订户,第二天再由送奶人收走,第三天便能将所订的面包和蛋糕等食品随牛奶一起送到订户家中。结果,该公司的面包、蛋糕等食品销量大增。

2) 相似联想

相似联想也叫类似联想,是指在形式上、性质上或意义上相似的事物之间所形成的联想。例如,语文书—数学书,钢笔—铅笔。这种联想也可运用到发明创造的过程中来。

案例 3-29

听诊器的发明

埃拉内克医生想发明一种能够诊断病人胸腔里健康状况的听诊设备。一天,他到公园散步,看见小孩在玩游戏,一个小孩用石块在跷跷板一头摩擦,另一个小孩用耳朵贴在跷跷板的另一头就能听到声音。埃拉内克医生就联想到可以听病人胸腔内心脏跳动、肺呼吸的声音。于是,他用竹笛来当听诊器。后来,经过不断改进,就有了今天的听诊器。

 案例 3-30

鲁班发明锯子

我国古代的能工巧匠鲁班,从手指被边缘呈细齿状的茅草划破,联想到可以把片状钢条的边缘打磨成细齿,用来锯木头。于是,他发明了锯子。

 案例 3-31

学了就用

某旅游团出发后,导游小姐向大家传授购物知识:走这条旅游路线,买东西不能对方要多少就给多少,一定要砍价,而且至少要砍一半的价。旅游团的成员们按这位导游小姐所说的办,果然屡试不爽,省了不少钱。旅游结束时,导游小姐对大家说:"每人需交导游费200元。"一位团员听了马上大声嚷道:"你说200元,我们只给100元!"

 案例 3-32

贝尔发明电话

在贝尔发明电话以前,虽然已有人在研究电话了,但声音不清楚无法使用。贝尔决心致力于电话研究,使电话成为可以使用的通信工具。一次实验中,贝尔发现把音叉的端部放在带铁芯的线圈前,如使音叉振动,线圈会产生感应电流,通过电线把电流送至另一个线圈,该线圈前的音叉也会振动,发出跟那边音叉振动一样的声音。他由此联想到能像音叉一样振动的金属簧片,用金属簧片代替音叉,线圈也能产生感应电流,使另一端簧片振动发声,这样金属簧片就能"说话"了。通过反复试制和完善,贝尔发明了世界上第一部电话。

3）对比联想

对比联想也叫相反联想,是指由某一事物的感知和回忆引起跟它具有相反特点的事物的联想。例如,黑与白;写与擦;大与小;水与火;黑暗与光明;温暖与寒冷。对比联想又可分为下列几种:

（1）从性质属性的对立角度进行对比联想。

（2）从优缺点的角度进行对比联想。

发明者在从事发明设计时,既要看到优点,看到长处,又要想到缺点,想到短处。

案例 3-33

铜的氢脆现象

铜在500度左右处于还原性气体中时,铜中的氧化物被氢脆,使铜器产生缝隙。人们想方设法去克服这个缺点。可是有人却偏偏把它看成优点加以利用,从而发明了铜粉的制造技术。以前用机械粉碎的方法制作铜粉相当困难,在粉碎铜时,铜屑总是变成箔状。如果把铜置于氢气流中,加热到500~600度,时间为1~2小时,使铜充分氢脆,再经研磨机粉碎,合格铜粉就制成了。

（3）从结构颠倒的角度进行对比联想。

从空间考虑,前后、左右、上下、大小的结构,颠倒着进行联想。例如,中国的数学家史丰收就是运用此种对比联想创造了史丰收速算法。一般人进行数学运算都是从右至左、从小到大进行运算,史丰收运用对比联想,反其道而行,从左至右、从大到小来进行运算,运算速度大大加快。再如,日本索尼公司的工程师,由大彩电进行对比联想,制成薄型袖珍电视机,显像管只有16.5毫米。

（4）从物态变化的角度进行对比联想。

看到事物从一种状态变为另一种状态时,联想到与之相反的状态变化。

案例 3-34

石墨变金刚石

18世纪,拉瓦把金刚石煅烧成CO_2的实验,证明了金刚石的成分是碳。1799年,摩尔沃成功地把金刚石转化为石墨。金刚石既然能够转变为石墨,用对比联想来考虑,那么石墨能不能转变成金刚石呢?后来,科学家终于用石墨制成了金刚石。

4）因果关系联想

因果关系联想是指由两个事物间的因果关系所形成的联想。比如,铅笔—铅,橡皮—擦除。

案例 3-35

> **"劳力士"手表广告**
>
> "劳力士"手表是瑞士生产的一种高档名表,专供富有的上层人士佩戴。厂家选择了全世界公认的最优秀的登山健将莱因霍尔德·梅斯纳尔来做广告。1978年,梅斯纳尔令人难以置信地不用氧气瓶登上了海拔8848米的世界最高峰——珠穆朗玛峰。莱因霍尔德·梅斯纳尔在广告中向世界宣称:我可以不带氧气筒,但我决不会不戴我的劳力士手表去登山。登山者不戴上一块可以信赖的、走时准确的手表,简直是不可思议的。当时,莱因霍尔德·梅斯纳尔已成功地登上6座海拔8000米以上的山峰,选他佩戴劳力士手表做广告,可以令人信服劳力士手表的优良性能。

4. 联想思维的训练

联想力的高低主要表现在两个方面,一是联想的速度,二是联想的数量。人人都会产生联想,但高联想力并不是人人都具备的。只有经常进行专门的联想训练,才会不断提高联想力,为创新思维打下良好的基础。

(1) 提高联想速度的训练:给定两个词或两个物,通过联想在最短时间内由一个词或物想到另一个词或物。如:天空—地面—湖、海—鱼;钢笔—书桌—窗帘—月亮。

训练题:

① 猫、老鼠;

② 人、机器;

③ 茅草、高粱;

④ 西瓜、篮球;

⑤ 算盘、计算机;

⑥ 地球、月亮。

(2) 提高联想数量的训练:给定一个词或物,然后由这个词或物联想到更多的词或物,在规定的时间内,想得越多越好。

(3) 请在1分钟内说出家电产品的名称;请在1分钟内尽可能多地说出形容"美"的词。

(4) "举头望明月,低头思故乡。"是诗人描写异乡客触景生情、思念家乡的思维活动,判断诗人使用了什么联想方式。

(5) 人们见到火车,就会想到火车是开往某个城市去的,车厢里有旅客、司机、列车长、服务员。这属于何种联想方式?

二、直觉思维

1. 直觉思维的含义

直觉思维是指人在现有知识、经验的基础上,凭感觉直观地把握事物的本质和规律,迅速解决问题或对问题做出某种猜想或判断的思维活动。

直觉是一种人们没有意识到的对信息的加工活动,是在潜意识中酝酿问题然后与显意识突然沟通,于是一下子得到了问题的答案。直觉思维是一种心理现象,它在创新思维活动的关键阶段起着极为重要的作用。直觉思维是可以有意识地加以训练和培养的。

直觉思维也称非逻辑思维,它是一种没有完整的分析过程与逻辑程序,依靠灵感或顿悟迅速理解并做出判断和结论的思维。这是一种直接的领悟性的思维,具有直接性、敏捷性、简缩性、跳跃性等特点,可以认为它是逻辑思维的凝聚或简缩。科学家对某些突然出现的现象提出猜想和假说就属于直觉思维。阿基米德在浴缸里洗澡时突然发现浮力定律,魏格纳在看地图时突然闪现出"大陆漂移"观念等,这些都是直觉思维的典型例证。直觉思维的发生与灵感密切相关。

2. 直觉思维的特点

直觉思维具有自由性、灵活性、自发性、偶然性、不可靠性等特点,从培养直觉思维的必要性来看,直觉思维有以下三个主要特点。

1) 简约性

直觉思维是对思维对象从整体上进行考察,调动全部知识经验,通过丰富的想象做出敏锐而迅速的假设、猜想或判断,它省去了一步一步分析推理的中间环节,采取了"跳跃式"的形式。它是一瞬间的思维火花,是长期积累基础上的一种升华,是思维者的灵感和顿悟,是思维过程的高度简化,但是它往往能清晰地触及事物的本质。

2) 创造性

现代社会需要创造性的人才,我国在人才培养方面长期借鉴国外的经验,过多地注重培养逻辑思维,培养的人才大多数习惯于按部就班、墨守成规,缺乏创造能力和开拓精神。直觉思维是对研究对象整体上的把握,不专注于细节的推敲,是思维的大手笔。正是由于思维的无意识性,它的想象才是丰富的、发散的,使人的认知结构向外无限扩展,因而具有反常规的创造性。

3) 自信力

成功可以增强一个人的自信,直觉发现伴随着很强的"自信心"。相比其他物质奖励和情感激励,这种自信力更稳定、更持久。当一个问题不用通过逻辑证明的形式而是通过直觉获得,那么成功带来的震撼是巨大的,创造者的内心将会产生一股强大的学习钻研动力,从而更加相信自己的能力。

3. 直觉思维的作用

直觉出现的时机,是在大脑功能处于最佳状态的时候,形成大脑皮层的优势兴奋中心,使出现的种种自然联想顺利而迅速地接通。因此,直觉在创造活动中有着非常积极的作用。其作用体现在以下两个方面。

1) 帮助人们迅速优化选择

直觉往往偏爱知识渊博、经验丰富的人,只有他们才能在难以分辨优劣的情况下快速优化选择。

例如,当普朗克提出量子假说以后,物理学就出现了分歧:究竟是通过修改来维护经典物理理论,还是进行革命创新的量子物理呢?爱因斯坦凭借他非凡的直觉能力,选择了一条革命的道路,创立"光量子假说",对量子论做出了重大的贡献。

2) 帮助人们产生创造性的预见

17世纪法国著名哲学家笛卡儿认为,通过直觉可以发现作为推理的起点。亚里士多德干脆说:"直觉就是科学知识的创始性根源。"

英国物理学家卢瑟福在原子物理学和原子核物理学方面做出了一系列重大的开创性贡献。他曾非常诚挚地表示,他感到大惑不解的是,为什么其他物理学家没有发现应当去研究原子核。他凭借直觉发现了原子核的存在,提出了原子结构的行星模型,并沿着这条道路做出了大量重要的发现。

4. 直觉思维的强化

直觉思维的强化可从以下几个方面进行。

1) 获取广博的知识和丰富的生活经验

直觉的产生不是无缘无故、毫无根基的,它是凭借人们已有的知识和经验才得以出现的,因此,直觉往往比较偏爱知识渊博、经验丰富的人。从这种意义上说,获取广博的知识和丰富的生活经验是强化直觉思维的基础。

2) 学会倾听直觉的呼声

直觉思维凭的是"直接的感觉",但又不是感性认识。人们平常说的"跟着感觉走",其中除去表面的成分以外,剩下的就是直觉的因素。直觉需要细心体会、领悟,去倾听它的信息、呼声。当直觉出现时,不必迟疑,更不能压抑,要顺其自然、顺水推舟,做出判断、得出结论。

3) 培养敏锐的观察力和洞察力

直觉思维的突出特点是其观察力和洞察力,因此,直觉与人们的观察力及视角息息相关,观察敏锐的人,其直觉出现的概率更高,直抵事物本质的效果更强。因此,要有意识地培养自己的观察力,特别是提高对那些不太明显的软事实,如印象、感觉、趋势、情绪等无形事物的观察力。

4) 真诚、客观地对待直觉

直觉虽然是凭借人们已有的知识及经验,凭"直接的感觉"产生,但是常常会受到客观环境的影响及个人情感的干扰。特别是后者,当一个人处在某种情感,如猜忌、埋怨、愤怒等的困扰中时,对直觉的判断就有可能失去客观性。因此,我们要真诚地对待直觉,要尽量排除各种影响和干扰,出现直觉以后,要冷静分析其客观性。

5. 直觉思维的训练

一个人的数学思维、判断能力的高低主要取决于直觉思维能力的高低。徐利治教授指出,数学直觉是可以后天培养的,实际上每个人的数学直觉也是不断提高的。所以,直觉思维能力是可以通过训练提高的。

1) 扎实的基础是产生直觉的源泉

直觉不是靠"机遇",直觉的获得虽然具有偶然性,但绝不是无缘无故地凭空臆想,而是以扎实的知识为基础。若没有深厚的功底,是不会迸发出思维的火花的。一旦你真正感到弄懂一样东西,而且通过大量例子以及通过与其他东西的联系取得了处理那个问题的足够多的经验.对此你就会产生一种关于正在发展的过程是怎么回事以及什么结论应该是正确的直觉。

2) 渗透数学的哲学观点及审美观念

直觉的产生基于对研究对象整体的把握,而哲学观点有利于高屋建瓴地把握事物的本质。这些哲学观点包括普遍存在的对立统一、运动变化、相互转化、对称性等。美感和美的意识是直觉思维的本质,提高审美能力有利于培养事物间所有存在着的和谐关系及秩序的直觉意识,审美能力越强,则直觉能力也越强。狄拉克于1931年从数学对称的角度考虑,大胆提出了反物质的假说,他认为真空中的反电子就是正电子。他还对麦克斯韦方程组提出质疑,他曾说,如果一个物理方程在数学上看上去不美,那么这个方程的正确性是可疑的。

3）重视实践训练

选择适当的实践项目进行练习,有利于培养和提升直觉思维能力。实施开放性问题教学,也是培养直觉思维的有效方法。开放性问题的条件或结论不够明确,可以让学生从多个角度由果寻因、由因索果,提出猜想,答案的发散性,有利于直觉思维能力的培养。

案例 3-36

直觉思维

青年数学家阿普顿刚到爱迪生的研究所工作时,爱迪生想考考他的能力,于是给了他一只实验用的灯泡,叫他计算灯泡的容积。一个小时过去了,爱迪生回来检查,发现阿普顿仍然忙着测量和计算。爱迪生说:"要是我,就往灯泡里灌水,将水倒入量杯,就知道灯泡的容积了。"毫无疑问,身为数学家的阿普顿,他的计算才能及逻辑思维能力是令人钦佩的,然而,这个问题表明,他所缺少的恰恰是像爱迪生那样的直觉思维能力。

美籍华裔物理学家丁肇中在谈到"J"粒子的发现时写道:"1972年,我感到很可能存在许多有光的而又比较重的粒子,然而理论上并没有预言这些粒子的存在。我直观上感到没有理由认为这种较重的发光的粒子(简称重光子)一定比质子轻。"这就是直觉,正是在这种直觉的驱使下,丁肇中决定研究重光子,终于发现了"J"粒子,并因此获得了诺贝尔物理学奖。

居里夫人在深入研究铀射线的过程中,凭直觉感到,铀射线是一种原子的特性,除铀外,还会有别的物质也具有这种特性。她马上放下对铀的研究,决定检查所有已知的化学物质,不久就发现另外一种物质——钍也能自发发出射线,与铀射线相似。居里夫人提议把这种特性叫作放射性,铀和钍这些有这种特性的元素就叫作放射性元素。这种放射性使居里夫人着了迷,她检查全部的已知元素,发现只有铀和钍有放射性。她又开始测量矿物的放射性,突然她在一种不含铀和钍的矿物中测量到了新的放射性,而且这种放射性比铀和钍的放射性要强得多。凭直觉,她大胆地假定:这些矿物中一定含有一种放射性元素,它是当时还不知道的一种化学元素。有一天,她对姐姐布罗妮雅说:"你知道,我不能解释的那种辐射,是由一种未知的化学元素产生的……这种元素一定存在,只要找出来就行了!我确信它存在!我对一些物理学家谈到过,他们都以为是试验的错误,并且劝我们谨慎。但是我深信我没有弄错。"在这种信念的驱使下,居里夫人终于和她丈夫一起发现了新的放射性元素:钋和镭。居里夫人以她出色的工作两次荣获诺贝尔奖。

三、灵感思维

1. 灵感思维的含义

灵感思维是指经过长期的苦思冥想后,突然产生新设想,瞬间解决问题的思维活动。灵感思维是突如其来的、瞬间产生的,是一种顿悟,是思维过程中的一种短暂的最佳状态。灵感思维的出现往往带有神秘感,具有不可知性,但它是可以开发的,是可以通过勤奋思考获得的。

2. 灵感思维的特点

1) 累积性

没有"踏破铁鞋"的苦苦寻觅,就不会有"得来全不费功夫"的兴奋与愉悦,没有"99%的汗水",就不会有"1%的灵感"。

2) 偶然性

灵感什么时候获得,怎样获得是偶然的、不可思议的、不可预知的。

3) 易逝性

灵感是瞬间的一闪念,是思维活动的最高潮,它是短暂的、易逝的。

4) 兴奋性

当灵感突然来临时,人会异常兴奋,这时候,有人会痛哭,有人会歌唱,甚至有人会疯狂。

5) 突破性

当一个人专注于一个问题时,常规思维会发挥到极致而得到升华,从而会在内因或外因的刺激作用下开辟新的思路。

案例 3-37

推 销 绝 招

法国作家鲁古兰写了一部小说,无人问津,他很苦恼,但他是一个爱动脑筋的人,一连想了好几天,终于来了灵感,突破常规思维解决了问题。他在报上登了一则广告,一天之内他的书便被少女们抢购一空,其广告内容如下:本书作者鲁古兰是百万富翁,未婚,他所希望的对象,就是本小说中描写的女主人公!

3. 灵感思维的作用

(1) 灵感是科学研究的突破口。在科学研究中,许多重大难题、课题、难关的攻克往往是从灵感的获得开始的。

(2) 灵感在文学、艺术创作中具有神奇的作用。灵感是文学、艺术作品创作中的点睛之笔、神来之笔。

4. 灵感思维的类型

1) 自发灵感

自发灵感是指经过长时间的思考,灵感在脑中自发闪现。

案例 3-38

"联合国"名称的由来

"联合国"一词,最早是美国总统罗斯福提出的。1942年1月1日,美、苏、中、英等26个国家为了建立统一战线,共同打败法西斯强盗,聚会华盛顿,准备签署发表一个共同宣言。但是,一时没有合适的名称。

美国总统罗斯福和英国首相丘吉尔多次讨论名称问题,但都没有找到一个完美的答案。为此,他们苦思冥想。因为"同盟"这个词,已被"神圣同盟""反法西斯同盟"等用滥了。一天早晨,罗斯福起床更衣,突然叫到:"我想起来了!"他兴奋地对丘吉尔说:"我想出了一个名字,叫'联合国'。你看如何?""太好了!"丘吉尔高兴地说。这样,"联合国"一词诞生了。

到了1944年8月,英、美、苏三国代表在华盛顿的敦巴顿橡树园举行会议,讨论起草关于建立战后国际组织的具体方案。在谈到这个国际组织的名称时,三国代表都同意沿用1942年"共同宣言"所用过的"联合国"一词,把未来的国际组织命名为"联合国"。

2)诱发灵感

诱发灵感是指受到外部事物或情景的启发获得灵感。

案例 3-39

书法家郑板桥

相传我国著名书法家郑板桥,未成名时,成天琢磨前辈书法大家的字体,总想写得与前辈大家一模一样。一天晚上睡觉,他用手指在自己身上练字,朦胧之中手指写到了妻子身上,妻子被惊醒,生气地说:"我有我体,你有你体,你为何写我体。"他从妻子的话中得到启示:应该写自己的字体,不能一味学他人。在这个思想的作用下,他刻苦用功,朝夕揣摩,终于成了一代书法名家。

3)触发灵感

触发灵感是指在苦思冥想过程中,接触相似或相关事物时,在头脑中突然闪现出所思考问题的答案。

案例 3-40

耐克鞋的诞生

一天早上,比尔·鲍尔曼正在吃妻子为他做的威化饼。味道很好,吃着,吃着,他被触动了:为什么不按照威化饼的花样做成一种鞋底呢?它对脚有缓冲作用,与地面有较大的摩擦力……他从餐桌旁站起来,拿起妻子做威化饼的特制铁锅躲进办公室开始琢磨起来,终于制成第一双鞋样,这就是耐克鞋的雏形。

4)激发灵感

激发灵感是指面临紧急情况时,大脑处于高度的积极思维状态,急中生智,所思考问题的答案或启示在头脑中突然闪现。

案例 3-41

灵 感 棒

相传,当年渔夫用智慧将被他不慎放出的妖怪重新收回到瓶子里后,许多人都嘲笑他在吹牛,说他不能将看似比容器大的物体放进小的空间中。为了证明自己的清白,渔夫发明了一个玩具,你只有掌握了一定的方法,反复尝试,最终才能把长短不一的小圆棒整齐地放在一个小盒子里。你也许尝试了很多遍,都不能完成这个游戏,但这正是灵感棒令人着迷之处。

5. 对灵感的捕捉

(1) 长期的思想活动准备。

(2) 兴趣和知识的准备。

(3) 智力的准备。

(4) 乐观镇静的情绪。

(5) 注意摆脱习惯思维的束缚。

(6) 珍惜最佳时机和环境。

(7) 及时抓住灵感的精神准备和及时记录灵感的物质准备。

6. 灵感思维的训练

(1) 假如……

①假如外星人真的存在,想象一下它的样子。

②假如世界上只剩下你一个人了,想象一下你的生活会怎样。

③假如将来地球不适合人类居住了,想象一下人类可能的生活环境。

④假如你能够穿越时空回到唐朝,想象一下那里的情景。

⑤假如汽车由你设计,想象一下它的外观、性能。

(2) 试想一下"千手观音"是什么样的。你能进一步想象出类似的事物吗?

(3) 一个轮子置于平面上,轮子边缘有一黑点,使轮子在平面上滚动,想象并画出黑点在轮子滚动时留下的轨迹。

(4) 电话铃突然响起,在接听之前,运用直觉思维,预测一下是谁打来的。

(5) 在大街上遇到一个陌生人,运用直觉思维,猜测一下他(她)的年龄、职业或家庭状况。

(6) 下面是电影里的经典台词,你可以从中得到什么启示?

①《玻璃樽》:星星在哪里都是很亮的,就看你有没有抬头去看它们。

②《饮食男女》:人生不能像做菜,把所有的料都准备好了才下锅。

③《半生缘》:我要你知道,这个世界上有一个人会永远等着你。无论什么时候,无论你在什么地方,反正你知道总会有这样一个人。

④《教父》:别跟我说你是无辜的,这让我愤怒,因为它侮辱了我的智慧。

⑤《简·爱》:你以为我穷,不漂亮,就没有感情吗?如果上帝赐给我美貌和财富,我也会让你难以离开我的!就像我现在难以离开你一样!

四、想象思维

1. 想象思维的含义

想象思维是人脑通过形象化的概括,对已有的记忆表象进行加工、改造或重组的思维活动。想象思维可以说是形象思维的具体化,是人脑借助表象进行加工操作的最主要形式,是人类进行创新活动十分重要的思维形式。

想象思维有再造想象思维和创造想象思维之分。再造想象思维是指主体在经验记忆的基础上,在头脑中再现客观事物的表象;创造想象思维则不仅再现现成事物,而且创造出全新的形象。文学创作中的艺术想象属于创造想象思维,是形象思维的主要形式,存在于整个创作过程之中。即作家根据一定的指导思想,调动自己积累的生活经验,进行创造性的加工,进而形成新的完整的艺术形象。

案例 3-42

相对论的诞生

正是想象力赋予了爱因斯坦相对论以生命。爱因斯坦认为,从牛顿以来对空间、时间、引力三者的相互关系及运动规律永恒不变的理论有失偏颇,他感到似乎有一种新的理论体系可以推翻这个论断。1895 年夏天,16 岁的爱因斯坦信步而行,登上一座小山,找到一处理想的地方躺下,他半眯着眼睛,仰望天空。他好奇地想象:"如果骑在一束光上去旅行,那将是什么样子呢?如果这时在出发地有一个时钟,从我所处的位置看,它的时间会怎样流逝呢?我能同时看到过去、现在和未来吗?"于是,他的智慧在想象中闪光,为日后相对论的提出奠定了基础。

2. 想象思维的特点

形象性:想象思维的基本操作活动单元是表象,是一些画面,静止的画面像照片,活动的画面像电影。

概括性:想象思维实质上是一种思维的并行操作,即一方面反映已有的记忆表象,同时把已有的表象变换、组合成新的图像,实现对外部事物的整体把握,所以概括性很强。

超越性:想象思维最宝贵的特性是可以超越已有的记忆表象产生许多新的表象,这正是人脑的创造活动最重要的表现。这方面的例子是很多的,特别是一些重大的发明创造,都离不开超越性的想象思维。

3. 想象思维的分类

(1) 实有性的想象思维,指思维的结果是以现实生活中存在的东西为依据的。

(2) 可能性的想象思维,指思维的结果在现实生活中不是确实存在而是可能存在的。

例如:"在马路上吐一口痰,也许会使许多人得病,甚至染上肺结核。"(《蛇与庄稼》)这种想象思维不能脱离生活凭空臆造。

(3) 幻想性的想象思维,指思维的结果在现实生活中既不存在,也不可能存在,将来也不可能产生。

例如:"……以为他们是像仙人那样腾云驾雾赶上来的。"(《挑山工》)腾云驾雾的仙人永远不可能出现在现实生活中。

(4) 比拟性的想象思维,指思维的结果不是思维对象本身所具有的东西,而是与所思维的事物具有相关性的东西。

例如:"老牛……分明像一个老人在那里怀念过去的事。"(《老牛》)这种思维一般有物拟人、物拟物、人拟物和人拟人等形式。

(5) 假定性的想象思维,指思维的结果是作者假定的东西。

例如:"孩子只要一失足,直摔到甲板上就没命了。"(《跳水》)这种思维方式常用"如果、倘若、假如、要是"等词语来表示假定性。

(6) 夸张性的想象思维,指思维的结果是把事物的有关部分加以夸张。

例如:"飞流直下三千尺"(《望庐山瀑布》);"野旷天低树"(《宿建德江》)。诗句中"三千尺"和"天低树"是一种夸张性的说法。

(7) 单一性的想象思维,指思维的结果着重于事物属性的一个方面。

例如:"那溅着的水花,晶莹而多芒,远望去,像一朵朵小小的白梅。"(《梅雨潭》)这里仅指"水花"的颜色和形状与白梅相似,而白梅的"傲霜、忍寒"等属性,水花是不具有的。

(8) 多重性的想象思维,指思维的结果放在了事物属性的两个或两个以上的方面。

例如:"这喷泉,这杏花,给旅客们带来了温暖的春意。"(《小站》)喷泉和杏花一方面使旅客们看到了温暖的春天,另一方面又使旅客们感受到了小站工作人员热情、周到的服务,似有春天般的温暖。

4. 想象思维的作用

(1) 想象思维在创新中的主干作用。

爱因斯坦说:"想象比知识更重要,因为知识是有限的,而想象力概括着世界上的一切,推动着进步,并且是知识进化的源泉,严格地说,想象力是科学研究中的实在因素。"

著名物理学家普朗克说:"每一种假设都是想象力发挥作用的产物。"

列宁说:"有人认为,只有诗人才需要幻想,这是没有理由的……甚至数学也是需要幻想的……没有它就不可能发明微积分。"

巴甫洛夫说:"鸟儿要飞翔,必须借助于空气与翅膀,科学家要有所创造则必须占有事实和开展想象。"

创新思维要产生具有新颖性的结果,但这一结果并不是凭空产生的,要在已有的记忆表象的基础上进行加工、改组或改造。创造性活动中经常出现的灵感或顿悟,也离不开想象思维。

(2) 想象思维在人的精神文化生活中的灵魂作用。

人的精神文化生活丰富多彩,主要靠的是想象思维。作家、艺术家创作出优美的、震人心魄的作品,需要发挥想象力,读者、观众欣赏作品,也需要借助想象力。

(3) 想象思维在发明创造中的主导作用。

大哲学家康德说过:"想象力是一个创造性的认识功能,它能从真实的自然界中创造一个相似的自然界。"

在无数发明创造中,都可以看到想象思维的主导作用。发明一件新的产品,一般都要在头脑中想象出新的功能或外形,而这种新的功能或外形都是人的头脑调动已有的记忆表象,然后加以扩展或改造形成的。

案例 3-43

布帛上的千军万马

韩信是我国历史上有名的将领。有一天,刘邦想试一试韩信的智谋。他拿出一块五寸见方的布帛,对韩信说:"给你一天的时间,你在这上面尽量画士兵。你能画多少,我就让你带多少兵。"站在一旁的萧何想:这一小块布帛,能画几个兵?急得他暗暗叫苦。不想韩信毫不迟疑地接过布帛就走。第二天,韩信按时交上布帛,上面虽然画了些东西,但一个士兵也没有。刘邦看了却大吃一惊,心想韩信的确是一个胸有兵马千万的人才,于是把兵权交给了他。那么,韩信在布帛上究竟画了些什么呢?原来,韩信在布帛上画了一座城楼,城门口战马露出头来,一面"帅"字旗斜出。虽没见一兵一卒,却可想象到千军万马。

那么,如何发挥自己的想象力呢?德国的一位学者曾经说过这样的话:"眺望风景,仰望天空,观察云彩,常常坐着或躺着,什么事也不做。只有静下来思考,让想象力毫无拘束地奔驰,才会有冲动。否则任何工作都会失去目标,变得烦琐空洞。谁若每天不给自己一点儿做梦的机会,那颗引领他工作和生活的明星就会暗淡下来。"

5. 想象思维训练的注意事项

(1) 克服抑制想象思维的障碍。

想象思维的障碍主要包括环境方面的障碍、内部心理障碍和内部智能障碍。环境方面的障碍包括人际关系的不协调、学习思考环境的恶劣等。心理状态如果处在积极、愉快、兴奋的情况,人就容易进行想象思维;如果处于消极、压抑,甚至悲观、沮丧的状况,那就很难进行良好的想象思维。但是,人的心理状态是可以调整的。内部智能障碍主要是指思维方法的僵化,也就是思维模式的固定化,即所谓的思维定式或习惯性思维。

(2) 培养想象思维能力的途径。

①强化创新意识。人的需要系统决定了人的思维积极性和活跃性。

②学习。包括从书本上学习,也包括从实践中学习,还包括向一切有知识、有经验的人学习。

③静思。人有时需要交往,需要热闹,需要和别人产生思维碰撞,但有时也需要孤独,需要沉静地思考。诸葛亮说:"非淡泊无以明志,非宁静无以致远。"

案例 3-44

解读家书

有个商人在外做生意。他的同乡要回家,于是他就托同乡带 100 两银子和一封家书给妻子。同乡在路上打开信一看,原来是一幅画,上面画着一棵大树,树上有八只八哥和四只斑鸠。同乡大喜:"信上没写多少银子,我留下 50 两,她也不知。"

> 　　同乡将书信和银子交给商人妻子:"你丈夫捎给你50两银子和一封家书,你收下吧!"商人妻子拆信看过后说:"我丈夫让你捎带100两银子,怎么成了50两?"那同乡见被识破,忙道:"我是想试试弟媳聪明不聪明。"忙把那50两银子送还商人妻子。你知道商人妻子是怎么知道是100两银子的吗?
>
> 　　商人写信不用文字而用图画,商人妻子读信不是认字而是解画,他们两人使用的就是再造想象思维。

3.5　动态性思维与实践

一、动态思维与超前思维

1. 动态思维

动态思维是一种运动的、调整性的、不断优化的思维活动。具体地讲,它会根据不断变化的环境、条件来改变自己的思维程序、思维方向,对事物进行调整、控制,从而达到优化的思维目标。动态思维的逻辑表现是辩证逻辑,并以变动性、协调性作为自己的思维特色。动态思维的模式为:收集新资料—制定新方案—实施—反馈—调整新方案。经过这些动态的步骤之后,思维的目标差就会缩小,使人们对客观事物的控制和改造更为有效。要使思维符合动态性的要求,必须具备以下四个要素:

(1) 信息要素。信息要素就是指信息、情报、资料、情况。信息要素是动态思维的指示器和方向盘,动态思维往哪个方向运动,如何抓住问题的症结,都依靠所获取的信息而定。没有信息,动态思维就是盲目的思维。

(2) 反馈要素。输出的信息,其结果如何必须收集回来,为下一步行动方案的确定提供依据,这就是反馈。反馈要素要求不断总结经验,不断校正自己的思想偏差,从而使思维不断地逼近目标。没有反馈要素,思维就只是单方向的运动,其结果是符合思维目标还是偏离思维目标,便无从得知。如果是偏离目标,则会出现"南辕北辙"的局面。

(3) 控制要素。控制要素是信息要素和反馈要素结合而成的。动态思维通过信息的输入、输出和反馈,不断修正和调整自己的行为、方法和措施,控制周围环境的变化,使自己获得主动权。在整个控制过程中,系统对外达到了自己认识世界、改造客体的目的,对内调整了自己已有的思维和行为程序,提高了自身思维的有序性。

(4) 变动要素。动态思维总是处于不断的变动之中,不断调整自己各方面的关系,使其与环境产生一种适应性,以便在各种不同的情况下做出相应的反应。

总之,动态思维是上述四个要素构成的,它们以一定的方式结合起来就构成了现实的思维动态过程。

案例 3-45

动态思维的谈判

在一场设备进口谈判中,原先我方与对方一直在补偿贸易的基础上进行谈判,但随着谈判的深入,各方面的情况逐步展开,对方突然提出因产品销售有困难,希望我方用现汇的方式进行支付,即由补偿贸易改为现汇贸易。这一要求的提出,必然打乱了我方对原有谈判因素关系的分析和谈判目标的设想。面对这种情况,我方就应该迅速调整思维,考虑由补偿贸易改为现汇贸易的可能性(有无外汇支付能力)、对我方的利与弊;如果可能,应考虑我方在新的支付条件下应该考虑哪些因素(货币的币种、外汇的汇率等)、各因素之间的关系和目标等。如果我方仍然抱着补偿贸易条件对各因素和关系的分析不放,不研究新的问题,势必会在谈判过程中吃亏。

2. 超前思维

1) 超前思维的含义

超前思维也称预测性思维。它是根据对事物发展进行预见性的推理,进而对将要发生的情况做出科学预测,并调整对眼前事物认识的一种思维。

2) 超前思维的作用

超前思维是一种以将来可能出现的情况而对现实进行弹性调整的思维。它的作用表现在如下几个方面:

(1) 它可以对创造前景进行预测性的思考。

马克思曾经说过:"蜘蛛的活动与织工的活动相似,但是最蹩脚的建筑师从一开始就比最灵巧的蜜蜂有高明的地方,是他在用蜂蜡建筑蜂房以前,已经在自己头脑中把它建成了。"这就是超前思维的作用,也是人的高明之处。超前思维是人通过大脑对事物发展的趋势进行的推断和估计,是对未来的一种展望。

(2) 它可以帮助我们调整现实事物的发展方向。

以卫星发射为例,对现有的发射技术、发射系统进行调整,加强与国外的联系,争取获得更多的发射机会,既可以扩大我们的影响,又可以通过发射来达到"自我造血"的目的。

(3) 它可以帮助我们制定正确的计划、目标,形成正确的决策。

超前思维如果正确,它就能为我们实施正确的决策提供依据和保证。美国《时代》周刊预测:2010 年,受程序控制的机器人宠物能够辨认主人的声音和面孔;2015 年,所有疾病的基因根源都已查明;2017 年,人类在火星上着陆;2020 年,新式飞机能装载 1000 名乘客,以 900 千米/时的速度持续飞 10 个小时;2025 年,与大脑相连的计算机能够识别思维,不必再手动输入数据和指令;2030 年,在人造肺、肾和肝脏问世后,医生能够创造出人造腿和功能完全的人造眼;2040 年,核聚变用于发电;2044 年,在火星上建立固定的居住区。日本学者也对 100 年后的世界进行了预测,他们认为 100 年后将出现星际载人飞行;交通工具将成为"游玩的媒介";非矿物能源比重将大大增加;技术的发展使人们可以更加自由地发挥自己的创造力。如果这些预测正确,那么它就具有重要的参考价值,可以为我们制定科技政策提供参考。

3）超前思维的培养和训练

（1）要学会从客观事实中找规律。

列宁说过："神奇的预言是神话，科学的预言却是事实。"只有掌握大量的事实，才能通过对事实的分析找出事物的内在规律，我们的超前思维才有客观的依据，否则就是闭门造车、胡思乱想。缺乏事实支撑的超前思维是毫无意义的，有的还是有害的。例如一个算命先生，仅仅根据你的生辰八字，就可以推测出你的一生或你的家人的前途和命运，显然是胡编乱造，稍有一点常识的人都不会受骗上当。

（2）要通过想象来促进超前思维。

我们想创造的事物，一般来说，在现实世界中是没有原型的，但是该事物的各个组成部分却是有可能存在的。我们在进行超前思维时，可以通过想象把它们联系在一起，在头脑中建立这样或那样的模型，然后再逐步去创造。幻想是一种指向未来的特殊想象，但它不是想入非非的"空想"，它也是在已有的经验和材料的基础上，以科学技术的发展为依据，通过人的大脑所表现出来的一种预见能力。如果没有想象和幻想，我们就不会有今天的基本粒子物理学和空间科学，也不会有当代的遗传工程和作为现代技术三大支柱之一的材料科学。

被人们称为"能想象出半个世纪甚至一个世纪以后才能出现的最惊人的科学成就的预言家"凡尔纳，他是19世纪法国著名的科幻作家，他曾幻想过的电视、直升机、潜水艇、导弹、坦克、霓虹灯等，在20世纪都变成了现实。1949年，英国科幻小说家乔治·奥威尔在他的科幻小说《1984》中，预测了137项发明，三十年后，其中的80项已成为现实。

（3）要善于运用逻辑推理的技巧。

 案例 3-46

运用逻辑推理

1794年深秋，拿破仑的老师、法军统帅夏尔·皮什格鲁率领大军进攻荷兰的乌得勒支城。荷军打开了各条运河的闸门，利用洪水来阻止法军的进攻。法军没有办法，只得准备撤军。正在此时，皮什格鲁看到树上的蜘蛛正在大量吐丝结网，他马上命令准备进军攻城。果然，后来法军攻下了乌得勒支城。难道这是天助法军吗？既是也不是。原来皮什格鲁从蜘蛛的异常中捕捉到了天气即将转寒的"征兆"：气候转寒，河水将结冰，江河封冻，部队就能踏冰攻城。正是这一系列的逻辑推理使得法军大获全胜。

事物的发展变化往往有它的延续性，我们可以利用这些事物发展中的现象，抓住事物的发展趋势进行超前思维，也可以抓住事物的因果关系进行超前思维。在现实生活中，事物的因果关系是普遍存在的，只要我们弄清了原因与结果之间的内在联系就能正确地进行超前思维。比如：服装的流行、股票价格的涨落、全球气候的变化等。

二、分离思维与合并思维

1. 分离思维

分离思维又称分解思维，是指一种将研究对象进行科学分离或分解，使研究对象的本质属性和发展规律从复杂现象中暴露出来,从而使研究者能够理清研究思路,抓住主要矛盾,以获得新思路或新成果的思维方法。分离思维的宗旨是分离表象、辨别差异、剖析现象、透视本质,因而它对人们开展发明创造活动具有特别的指导意义。

分离思维具有使用上的简单易行和功能上的独特性,因此它在科学研究、技术创新等方面有着广泛的应用价值。同时,在管理、教育、经济、规划等工作中,分离思维也有特殊的功能。

2. 合并思维

1) 合并思维的含义

合并思维是指将几个思考对象合并在一起进行思考,从而找到一种新事物或解决问题的新方法的思维。合并思维又称"联结思维"或"合向思维",是指把多项貌似不相关的事物通过想象加以连接,从而使它们变成不可分割的新的整体的一种思考方式。

例:电视+电话=可视电话;多媒体=数据+文字+图像+声音;集成电路=电子管+电阻+电容;台秤+电子计算机=电子秤;飞机+飞机库+军舰=航空母舰;自行车+电机+蓄电池=电动自行车。

2) 合并思维的特征

(1) 创新性是最突出的特征。

许多科学家认为,知识体系的不断重新组合是人类知识不断丰富发展的主要途径之一,从这一角度看,近现代科学的三次大创造是由三次大组合所带来的。

第一次大组合是牛顿组合了开普勒天体运行三定律和伽利略的物体垂直运动与水平运动规律,从而创造了经典力学,引起了以蒸汽机为标志的技术革命。

第二次大组合是麦克斯韦组合了法拉第的电磁感应理论和拉格朗日、哈密顿的数学方法,创造了更加完备的电磁理论,因此引发了以发电机、电动机为标志的技术革命。

第三次大组合是狄拉克组合了爱因斯坦的相对论和薛定鄂方程,创造了相对量子力学,引起了以原子能技术和电子计算机技术为标志的新技术革命。

(2) 广泛性是最普遍的特征。

(3) 时代性和继承性是最鲜明的特征。

 案例 3-47

基于合并思维的教学媒体

运用合并思维对教学媒体进行分类,考虑的是教学媒体运用形式这一层面,主要涉及媒体的组合特性。人无完人,教学媒体亦如此,无论哪一种教学媒体都会存在一定的功能与效用上的不足。弥补不足的方法有两个,一是不断完善教学媒体的功能,通过创新设计,不断地提升其性能,包括大小、形状、重量、品质等各个方面,使之具有更强的易用性、实用性。二是把另一种教学媒体拿来与之合并使用,通过另一种教学媒体的介入,填充原先教学媒体功能不足所留下的空白。

---

3. 分离思维与合并思维的关系

分离思维与合并思维往往是不可分割的,是相辅相成的关系。二者往往是连续运用,既可先分离再合并,又可先合并再分离,最后达到思维的目的。如将录音机、话筒、投币机三者合并产生了卡拉 OK 机;从电脑上把光驱分离出来产生了影音光碟(VCD)。

3.6 逻辑性思维与实践

一、逻辑思维

1. 逻辑思维的含义

逻辑思维是人们在认识过程中借助概念、判断、推理反映现实的过程。它与形象思维不同,是用科学的抽象概念、范畴揭示事物的本质,表达认识现实的结果。逻辑思维是一种确定的而不是模棱两可的,前后一贯的而不是自相矛盾的,有条理、有根据的思维。

在逻辑思维中,往往使用否定来堵死某些途径。逻辑思维是人脑的一种理性活动,思维主体把感性认识阶段获得的对于事物认识的信息材料抽象成概念,运用概念进行判断,并按一定逻辑关系进行推理,从而产生新的认识。逻辑思维具有规范、严密、确定和可重复的特点。

2. 逻辑思维的作用

(1) 有助于我们正确认识客观事物。

(2) 可以使我们通过揭露逻辑错误来发现和纠正谬误。

(3) 帮助我们更好地学习知识。

(4) 有助于我们准确地表达思想。

3. 逻辑思维的训练

(1) 在 8 个同样大小的杯中 7 杯盛的是凉开水,1 杯盛的是白糖水。你能否只尝 3 次,就找出盛白糖水的杯子来?

(2) 某药店收到 10 瓶药,每瓶中装有重 100 毫克的药丸 100 粒。后被告知其中一瓶药发错了,错药的形状、颜色及包装均与其他 9 瓶药完全相同,只是每丸药重 110 毫克,你能用天平一次称出错药吗?

二、立体思维

一位心理学家曾经出过这样一个测验题:在一块土地上种植四棵树,使得每两棵树之间的距离都相等。受试的学生在纸上画了一个又一个几何图形:正方形、菱形、梯形、平行四边形……然而,无论什么四边形都不行。这时,心理学家公布了答案:其中一棵树可以种在山顶上!这样,只要其余三棵树与之构成正四面体的话,就能符合题意要求。这些受试的学生考虑了那么长时间却找不到答案,原因在于他们没有学会使用一种创造性的方法——立体思维。

1. 立体思维的含义

立体思维是指跳出点、线、面的限制,从上下左右、四面八方去思考问题的思维方式。立体思维也称"多元思维""全方位思维""整体思维""空间思维""多维型思维"。

例如从空间上考虑产生的空中菜园、屋顶花园、屋顶泳池。

案例 3-48

> **1 美元的贷款**
> 一位富豪到一家银行借 1 美元,借款部经理以为他在试探银行的服务质量,便说:"只要有担保,无论借多少,我们都办。"于是这位富豪从容取出一大堆股票、债券,经理清点后说:"一共 50 万美元,做担保足够了,请办手续吧,年息 6%,只要您付出 6% 的利息,一年后归还借款,我们就把这些股票和债券还给您。"富豪办了手续.站在一旁的行长不明白,一个拥有 50 万美元的人,为什么会到银行借 1 美元?他追问这位富豪,富豪做了回答,行长才恍然大悟。想一想,这位富豪究竟是为了什么?

2. 立体思维的训练

(1) 图 3-5 中,交叉放着 10 枚硬币,纵横皆等距。现在请你移动其中的两枚硬币,使 10 枚硬币恰好组成一个正十字型。

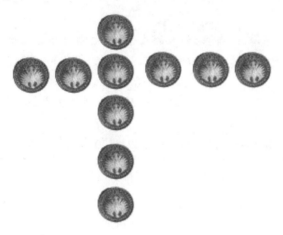

图 3-5　10 枚硬币

(2) 利用软木制成一个瓶塞,要求能适用于三角形、正方形、圆形三种瓶口。
(3) 阅读卖猫的故事,分析工程师、逻辑学家和发明家的思维方式。

 案例 3-49

> 一位工程师和一位逻辑学家是好朋友,两人相约赴埃及参观金字塔。到埃及后,逻辑学家在宾馆写旅行日记,工程师则独自逛街。忽然工程师听到一位老妇人叫喊:"卖猫呀!卖猫呀!"只见老妇人身旁摆着一只黑色的玩具猫,标价 500 美元。老妇人解释说,这是祖传宝物,只因孙子病重,才不得已卖掉,换住院治疗费。工程师用手掂量这只猫,感到猫身很重,看起来像是黑铁铸的。不过,那一对猫眼则是一对珍珠。于是工程师以 300 美元买

下了两只猫眼。他回到宾馆,高兴地对他的朋友说:"我只花了 300 美元竟然买下了两颗硕大的珍珠!"

逻辑学家一看这两颗珍珠至少值上千美元,忙问是怎么回事,待工程师说完缘由,逻辑学家忙问:"那位妇人是否还在原处?"工程师答道:"她还坐在那里,想卖掉那只没有眼睛的黑铁猫。"

听完,逻辑学家忙跑到街上,用 300 美元买下了铁猫。工程师见后,嘲笑道:"你呀,花 300 美元买了一只没眼睛的铁猫!"

逻辑学家不动声色地坐下来摆弄、琢磨这只猫。突然,他明白了什么,于是用小刀刮铁猫的脚,当黑漆脱落之后,露出的是黄灿灿的一道金色的印迹。他高兴地大叫起来:"正如我所料,这猫是纯金的。"

就在工程师听完后悔不已的时候,那位老妇人带着一个年轻人走了进来。一进门,年轻人就说:"对不起,我是她的儿子,刚刚从外地赶回来,有钱给我儿子治病了。这只玩具猫是我家的传家宝,不能卖,我分别给你们 400 美元,要回我的猫。"工程师和逻辑学家一听,虽然有些惋惜,但也只好无奈地把珍珠和铁猫还给老妇人。一出门,老妇人就把组装好的猫交给年轻人。

其实,这位年轻人根本就不是老妇人的儿子,而是刚好路过看到逻辑学家买走铁猫的一位发明家。他一问老妇人缘由,就对老妇人说:"我给你 2000 美元,我假装是你的儿子把这只猫要回来。"

发明家送老妇人回家,了解了一些这只玩具猫的创造历史,临走时又给老妇人留了一些钱。

第二年,这只玩具猫在一个国际拍卖会上以 2000 万美元成交。

第 4 章　创新技法与实践

> ▪ 知识目标 ▪

（1）明确常用的创新技法；
（2）了解各种创新技法的含义；
（3）通过学习创新技法，提高迅速越过各种阻碍发挥创新力的能力，进行科学有效的创新、创造。

发明创新虽难以预测，却有一定的规律和方法可循。人们可以借鉴前人从大量的发明创新实践中总结提炼出来的发明技巧、经验和教训，启发创新思维，激发创新灵感，提高创新能力以及创新成果的实现率。

4.1　创新技法概述

创新技法就是人们根据创新思维发展规律总结出来的创新发明的一些技巧和方法。

无论从事什么工作，都需要有一定的方法，从事创造性活动也不例外。创新技法不仅能指导我们进行发明创新，而且为发明创新找到了成功的捷径。只有掌握了创新技法，并能自觉地运用，才会使我们的创新成为自觉的创新，促使我们不断迸发出创新的火花。人们最欣赏和赞叹的总是创新的成果，从某种意义上讲：

$$创新成果＝创新欲望＋创新思维＋创新技法$$

创新欲望可以激发人的创造力和上进心；创新思维是创新的基础，它可以使人思想活跃、创意迸发；而创新技法是人达到目的的途径和手段。

到目前为止，世界上已开发出三百多种创新技法。这些创新技法作为指导人们进行发明创造的方法，既不是某些天才凭空想象出来的，也不是创新学家有意杜撰出来的。它们的产生既有社会历史原因，又是科学发展的必然，是随社会的发展、人类的进步而产生的；是为了满足社会的需要而产生的，是从以往的社会实践中总结出来的，是随现代科学的发展而发展的。

现在的创新技法，主要是一些非程式化的方法。从整体上看，每个创新技法都离不开如下几个原则。

1. 自由畅想原则

创新技法没有边界，没有禁区，没有权威，没有止境，创新没有任何条条框框。想象力是创新能力的核心，想象也是没有任何条条框框的。因而，使用创新技法也必须破除一切条条框框，鼓励自由畅想，让思维自由驰骋。

2. 信息刺激原则

脱离社会实践,闭门造车,既不能发现问题,也不能解决问题,是无法进行创造的。信息是打开新思路的钥匙,信息越多,则越有利于想象和联想。大量不同领域的信息,更可以启发我们破除习惯性思维从而开拓新思路。而且,许多潜意识也只有在信息的刺激下才会涌现。因而,创新技法必须为充分调动各种信息创造条件。

3. 集思广益原则

"三个臭皮匠,顶个诸葛亮",集体智慧是创新力的源泉,大力开展集体创造,是创新技法的重要原则。

4. 量中求质原则

习惯性思维的思路往往很狭窄,要进行创新必须拓宽思路。因而,各种创新技法都应该利用发散思维和集中思维的形式,先求数量,然后从中寻求最佳解决方案。

5. 同中求异与异中求同原则

世界上的事物千差万别,隔行如隔山,又都殊途同归、隔行不隔理。对于其中既有联系又有区别的情况,从事创新时必须善于从相同中找差异,从不同中找规律,则可发现处处都是创新的天地。

6. 需要导向原则

环境虽是外因,但适宜的环境对创新必有很大的促进作用。因此,环境的需要或造成一定的环境压力则可以促进创新活动的系统工程取得成功。

7. 尊重科学原则

任何创新都不能违背科学原理,否则将一事无成。故敢于创新绝不是乱造,只有尊重科学规律才能取得丰硕的成果。

8. 综合创造原则

将不同而相关的事物或现象综合起来,可以形成无穷的创新演变,综合是创新的重要渠道之一。

9. 实践第一原则

任何创新思维的产生均离不开实践,任何创新技法的应用及效果均需经受实践检验。

自20世纪30年代美国的奥斯本创立智力激励法以来,迄今为止各国开发出来的创新技法已多达数百种,比如组合法、类比法、列举法等。有些学者按照不同的标准对这些技法进行了分类。

(1) 按照思维的类型可分为:发散型创新技法、综合型创新技法和灵感型创新技法。发散型创新技法如类比法、形态分析法等;综合型创新技法如列举法、组合法等;灵感型创新技法如联想法、智力激励法等。

(2) 按照分析事物的途径可分为:列举分析型创新技法、组合思考型创新技法、逻辑推理型创新技法、系统分析型创新技法、检核提示型创新技法、智力激励型创新技法和观察发现型创新技法。

(3) 按照思维方向的不同可分为:逆向型创新技法、侧向型创新技法、多向型创新技法以及交叉型创新技法等。

良好的创新技法能够提升创新力,掌握和运用好创新技法会促进发明创新活动顺利进行,达到甚至超过预期的目标。同时,创新活动是极大地发挥创新思维的工程,开放的思维是创新活动的保证。因此,创新技法在运用时不能死搬硬套,应灵活运用,采用多种技法并用或交替使用往往会产生更好的效果。学习创新技法能够激发人们参与创新的积极性,提出更多的设想,提高技术革新和发明创新的效率。

4.2 智力激励法与实践

1. 智力激励法的含义

智力激励法是一种集体型的创新技法。它是根据一定的规则,运用智力激励会的形式,让大家共同无拘无束地讨论某个具体问题;通过集思广益,在短时间内产生大量的创造性设想的活动。智力激励法是为了产生较多较好的新设想、新方案,通过一定的会议形式,创设能够相互启发、引起联想、发生共振的条件和机会,以激励人们发挥智力。它的前提条件是"合作",为了使人们的合作更有效地进行,并迸发出大量的点子来,创造工程创始人奥斯本发明了这个方法。它是通过集体思考、集体设想的方式开发群体创新力的集体操作型创新技法,也称"头脑风暴法"或"脑力激荡法"。智力激励法的核心是:集智、激智。

案例 4-1

清除电线上的积雪

有一年,美国北方格外严寒,大雪纷飞,电线上积满冰雪,大跨度的电线常被积雪压断,严重影响通信。过去,许多人试图解决这一问题,但都未能如愿以偿。后来,电信公司经理应用奥斯本发明的智力激励法,尝试解决这一难题。他召开了座谈会,参加会议的是不同专业的技术人员,会议要求与会者必须遵守以下原则:

第一,自由思考。即要求与会者尽可能解放思想,无拘无束地思考问题并畅所欲言,不必顾虑自己的想法是否"离经叛道"或"荒唐可笑"。

第二,延迟评判。即要求与会者在会上不要对他人的设想评头论足,不要发表"这主意好极了!""这种想法太离谱了!"之类的"捧杀句"或"扼杀句"。对设想的评判,留在会后组织专人进行。

第三,以量求质。即鼓励与会者尽可能多而广地提出设想,以大量的设想来保证质量较高的设想出现。

第四,结合改善。即鼓励与会者积极进行智力互补,在不断提出设想的同时,注意思考如何把两个或更多的设想结合成一个更完善的设想。

于是,有人提出设计一种专用的电线清雪机;有人想到用电热来化解冰雪;也有人建议用振荡技术来清除积雪;还有人提出能否带上几只大扫帚,乘直升机去清扫电线上的积雪。

2. 智力激励法的类型

(1) 群体激励法。

(2) 小组激励法：奥斯本智力激励法，635默写法。

(3) 个人智力激励法。

3. 奥斯本智力激励法的原则

(1) 自由思考原则：要求与会者自由畅谈。

(2) 延迟评判原则：对别人提出的任何设想，即使是幼稚的、错误的、荒诞的都不许批评。这一原则也要求与会者不能进行肯定的判断。

(3) 以量求质原则：会议强调在有限时间内提出设想的数量越多越好。

(4) 借题发挥原则或结合改善原则：会议鼓励与会者用别人的设想开拓自己的思路，提出更新奇的设想，或是补充他人的设想，或是将他人若干设想综合起来提出新的设想。

(5) 简短精练原则：不要详细论述和展开发言，否则将拉长会议时间。

4. 奥斯本智力激励法的具体做法

奥斯本智力激励法的具体做法如图4-1所示。同时，还需要做到以下几点。

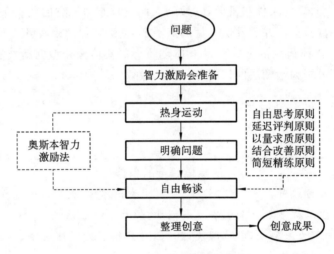

图4-1 奥斯本智力激励法

(1) 选择好会议的主持人。

(2) 选择好会议的记录员。

(3) 确定好会议的主题。

(4) 选择好会议的参加者。

(5) 组织好会议。

 案例4-2

智力激励法的应用实例

中国机械冶金建材工会举办的一次合理化建议和技术革新工作研讨会，运用智力激励法思考"未来的电风扇"，36人在半小时内提出173条新设想。其中典型的设想有：带负离子发生器的电扇、全遥控电扇、智能式电扇、理疗电扇、驱蚊虫电扇、激光幻影式电扇、催眠电扇、变形金刚式电扇、熊猫型儿童电扇、老寿星电扇、解忧愁录音电扇、恋爱气氛电扇、去潮湿电扇、衣服烘干电扇、美容电扇、木叶片仿自然风电扇、解酒电扇、吸尘电扇、笔记本式袖珍电扇、太阳能电扇、床头电扇、台灯电扇等。

5. 653法

653法也称默写式智力激励法,是德国创造学家霍利格根据德意志民族惯于沉思、不喜高谈阔论的性格特点,对智力激励法提出的改进。

653法是指每次会议有6人参加,坐成一圈,要求每人5分钟内在各自的卡片上写出3个设想,故名"635"法,然后由左向右传递给相邻的人继续在卡片上写出设想。

 案例 4-3

653法的应用

德国的戴姆勒-奔驰汽车在国内外市场中一直享有良好的声誉,该汽车公司成功地运用653法展示自己的产品。为了使汽车的质量、造型、功能及维修服务等方面更满足顾客的要求,公司总经理召开了"默写式智力激励会议",会上提出了大量有价值的设想和方案,制定了一条千方百计使质量首屈一指并以此取胜为首要目标的开发与竞争战略。奔驰汽车公司采用"默写式智力激励法"收集设想和方案,对车型工艺进行了大胆创新。先后设计和研制了"纽尔堡480"式8缸8座汽车,布尔柴油发动机轿车,直至"梅赛德斯400""梅赛德斯600"型高级轿车。奔驰公司生产的车辆从一般小轿车到255吨大型载重车共160种、3700种型号。"以创新求发展"是公司上下的流行口号。

6. 卡片整理法(KJ法)

日本文化人类学家川喜田二郎,长年在尼泊尔对喜马拉雅山脉探险,从中积累总结出一种创造技法——KJ法。KJ法是以他姓名的首字母命名的,实施过程如下:

(1) 准备工作:主持人一名,与会者4~8人,准备好卡片和黑板。

(2) 获取设想:按奥斯本智力激励法进行,以获取30~50条信息或设想为宜。

(3) 制作卡片:将搜集到的信息或设想编成两行左右的短语,写到卡片上;每张卡片上写一条信息或设想,这样制作的卡片叫作"基础卡片",每个与会者抄录一份。

(4) 分成小组:让与会者按自己的思路各自进行卡片分组,把内容类似的卡片归为一类,并加一个适当的标题,称为"小组标题卡"。

(5) 并成中组:把每个人所写的小组标题卡放在一起,经与会者共同讨论,再将内容相似的卡片归在一起,再写一个适当的标题,称为"中组标题卡"。

(6) 归成大组:把中组标题卡放在一起,经与会者共同讨论,再次将内容相似的卡片归成大组,再写一个适当的标题,称为"大组标题卡"。

(7) 综合求解:将整理出来的卡片,根据其隶属关系,固定于黑板或贴在大纸上,用线条将有关项目圈连,即可形成综合方案的图解;然后按图解形成文字,表述为比较完整的新设想。

7. 集思广益法

集思广益法借用成语"集思广益"而命名。我国创造学者袁张度先生在1984年出版的《创造与技法》一书中,最先提出集思广益法,是将开调查会的习惯做法,与头脑风暴法、KJ法加以综合后形成的。

1) 小组构成

小组由6~8名有经验的人员组成,其中设一名主持人。主持人需头脑清醒、思维敏捷、善于诱导,并有所准备。

2) 实施步骤

集思广益法以会议形式进行,分为三个阶段,即预写、畅谈、评价阶段。

(1) 预写阶段。

开会前先通知与会者所议的议题,并发给每人两张设想(方案)填写表(见表4-1),要求与会者先进行思考,并在每张表格上填写三种区别较大的设想(方案),然后持表参加会议。主持人宣布会议开始并说明相关注意事项后,与会者将一张表格传给自己右手边的与会者,6分钟内每人在他人的设想启发下,在传来的表格中填写三个补充设想或新设想,直到自己的表格传回来时为止,再用10分钟进行综合联想。

表4-1 设想(方案)填写表

	1	2	3	综合设想(方案)
1				
2				
3				
4				
5				
综合设想(方案)				

(2) 畅谈阶段。

与会者以精练的语言概要地宣读原设想、在传阅过程中产生的新设想或修订方案,并一一记录在黑板上,可以补充但严禁评判。

(3) 评价阶段。

与会者对抄录在黑板上的各种设想(方案)进行分析归纳,并以独创性、可行性和实用性为标准进行评价,从优选择,获取创造性方案。方案选择后,可进行专家测评,以吸取专家意见。

案例 4-4

集思广益法的应用

天津手表厂科协结合手表的外观改造及如何创高附加值的问题举办了一次集思广益讨论会。参加人有主管厂长、四位总工、相关工序及车间代表,厂级教育科、科协主席及成员,市科协领导,局总工、科技处长及担任过创造学课程的教师,共计 20 多人,主持人在介绍问题后,大家先用半小时的时间每人写出 20 多条改进方案。之后,针对两个问题分两组进行畅谈,畅谈大约进行了一个小时,越谈越深入,越谈越具体,会上形成了 100 多条有价值的方案。对有价值的方案,局科技处当场提出要立项,并给予支持,会议进行了两个小时,气氛非常热烈。

8. 智力激励法的训练

(1) 有一则国外著名的获奖影视广告,创意是这样的:某人手拿一只高级照相机照相,突然闪光灯不亮了,取出旧电池……设想一下后面的镜头是怎样的?这到底是什么产品的广告?

(2) 将全体人员分成每组 6 人的若干小组,每组的任务是在 60 秒内尽可能多地想出订书钉的用途(也可以采用其他任何物品或题目);每组指定一人负责记录想法的数量,而不是想法本身;60 秒之后,请各组汇报他们所想到的想法的数量,然后举出其中"疯狂的"或"激进的"想法。

(3) 请写出领带的各种用途。

4.3 列举法与实践

列举法是指人们在创造过程中,先就某一事物的特性或缺点或愿望进行罗列,然后对其进行改革或改造的一种技法。

列举法采用了系统分析的方法,重视需求的分析,使创造过程系统化、程序化。列举法还运用了分解和分析的方法,在详尽分析的基础上进行列举。列举法简单实用,是一种较为直接的创造技法,特别适用于新产品开发、旧产品改造的创造性过程。列举法为创造性解决问题提供了方向和思路,有利于克服惰性,产生新设想,尤其适用于在已有产品的基础上进行新产品开发和革新改造。列举法的类型有特性列举法、缺点列举法、希望点列举法。

一、特性列举法

1. 技法原理

美国内布拉斯加大学克劳福德教授发明提出了特性列举法,对所要发明创造的对象特征进行详细分析,将特征逐一列出,然后探讨能否改革、创新的创造技法。

特性列举法是列举法的典型技法,其要点是首先针对某一事物列举出其重要部分或零件的属性等,然后就所列各项逐一分析是否有改进的必要性或可能性,促使创新的产生。

2. 操作步骤

(1) 对象分解:将对象分解成若干个子系统。

(2) 特性列举:从名词、形容词、动词三个方面列举特性。

(3) 设想开发:仔细推敲每种特性,提出改进设想方案。

(4) 设想处理:对设想方案分别实施、舍弃、再开发。

案例 4-5

新颖水壶的构思

虽然水壶似乎已经不易想到可以改进之处,但运用特性列举法分析它,仍然可以打开思路找到创新点。

1. 名词特性

整体:水壶。

部分:壶嘴、壶把手、壶盖、壶底、蒸汽孔。

材料:铝、铁皮、搪瓷、铜材等。

制作方法:冲压、焊接、烧铸。

根据所列名词特性,可进行如下提问并分析,然后考虑改进:

壶嘴长度是否合适?

壶把手可否改成不烫手的材料?

壶体可否一次成型?

蒸汽孔可否改个位置?制作材料有没有更适用的,等等。

2. 形容词特性

性质:轻或重。

状态:美观、清洁、高或低、大或小等。

颜色:各种颜色、各种图案。

形状:圆形或椭圆形等。

对形容词特性进行列举并分析,也可以找到许多可供改进的地方。如怎样改进更便于清洁,颜色和图案还可以有哪些变化,底部设计成什么形状更利于吸热传热等。

3. 动词特性

功能:烧水、装水、倒水、保温等。

通过对功能的分析,亦可发现可改进之处。如能否在壶体外加保温材料,提高热效率并具有保温性能;在壶嘴上加一汽笛,使水烧沸时就可鸣笛发信号等。

 案例 4-6

尼龙绸折叠花伞的改进

1. 确定对象

尼龙绸折叠花伞。

2. 列举对象的特性

名词特性:伞把、伞架、伞尖、伞面、伞套,弹簧、开关机构,尼龙绸面、铝杆、铁杆。

动词特性:折叠、手举、打开、闭合、握、提、挂、放、按、晒、遮雨。

形容词特性:圆柱形的(伞把)、直的(伞架)、硬的(伞架)、尖的(伞)、花形的(伞面)、圆的(伞面)等。

3．特性变换

将直的、硬的、铁的伞架变换为软的充气管式伞架以便于携带。

将同种材料、不透明的伞面变换为应用两种不同材料的、带透明伞边的伞面,以扩大视线。

将用手举的伞变换为用肩固定的伞、用头固定的伞,以方便骑车者、提物者、抱婴儿者。

4．新产品设想

依变换后的新特性与其他特性组合可得到以下新产品:

(1)硬塑伞把、铝杆、充气式伞架组成的花面折伞。

(2)普通型带透明伞边的伞及充气型带透明伞边的伞。

(3)带在头上的无杆、普通支架、小伞面伞;带在头上的充气型小伞面伞;能固定在肩上的伞。

二、缺点列举法

1．技法原理

缺点列举法是一种通过发散思维,发现和挖掘事物的缺点,并把它的缺点一一列举出来,然后再通过分析,找出主要缺点,据此提出克服缺点的方案的创造性设想。

2．操作步骤

缺点列举法的操作步骤如图4-2所示。

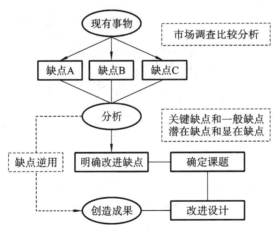

图4-2 缺点列举法的操作步骤

3．缺点列举法的训练

确定某一改革、革新对象:长筒雨靴。尽量列举这一对象事物的缺点和不足:

材料方面:鞋面弯折易开裂;鞋后跟易磨损;

美观方面:颜色单调,样式千篇一律;

功能方面:春寒有雨时穿冻脚,夏天有雨时穿闷脚,潮气重、易患脚气,走路不跟脚、袜子容易掉下来等。

将众多的缺点加以归类整理,针对每一种缺点进行分析,改革或采用缺点逆用法,发明出新产品:

夏天穿闷脚,易患脚气:发明前后有透气孔的雨靴。

鞋后跟容易磨损:浇模时就在脚后跟部位埋进一种鞋钉,发明新式靴子。

三、希望点列举法

1. 技法原理

希望点列举法是在不改变原事物基本作用原理的前提下,针对事物不具备而又有希望改进的方面,将希望点一一罗列,从而进行创新的一种创造技法。

许多东西都是根据人们的希望和需求创造出来的。人们希望像鸟一样飞上天,于是就发明了飞机;人们希望冬暖夏凉,就发明了空调设备;人们希望夜如白昼,就发明了电灯;人们希望打电话时能看到对方的形象,就发明了可视电话;人们希望擦高楼上的玻璃窗不会发生危险,于是发明了磁性双面擦窗器;人们希望夜间楼道的灯能自动亮、自动灭,于是就发明了声光控开关。

希望点列举法提出的希望点有些是从缺点直接转化而来的,对事物某方面的不满,转变为对此改进的希望。但与缺点列举法相比,希望点列举法能从正面、积极的因素出发考虑问题,不受现有事物的约束,可以把旧事物整体看成一个缺点,易产生较大的突破,能够在更大程度上开阔思考问题的空间。

2. 操作步骤

希望点列举法的操作步骤如图 4-3 所示。

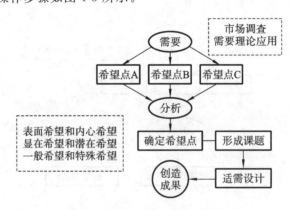

图 4-3 希望点列举法的操作步骤

案例 4-7

派克笔的发明

美国有个叫派克的人,最初只开了一个售卖自来水笔的小铺子,后来,他却以生产"派克笔"而闻名于世。

有一天,他忽然想到:为什么不把作为一个整体的自来水笔分成若干零散的部分来考虑呢?于是,他将自来水笔划分成笔尖、笔帽、笔杆等部分,再对各个部分逐一加以思考。这样一来,果然有许多意想不到的好想法如泉涌出。

例如,制成可划粗线和细线的不同笔尖;用14K金、18K金、白金等不同材料做成不同的笔尖;制作螺纹式笔帽、插入式笔帽;制作流线型笔杆、彩色笔杆,等等。

派克首先选用流线型笔杆和插入式笔帽这两个设想加以深入研究,终于制成了誉满全球的派克钢笔,并由此获得了大量财富。以后派克钢笔又经过许多改进,形成了多种样式,可以称得上是笔中之王了。

3. 希望点列举法的训练

(1) 自来水笔。

①确定革新对象:自来水笔。

②尽量列举这一对象事物的愿望和希望:能出墨水;墨水滴不下来时绝对不刮纸;能够使用两种以上的颜色;往哪个方向写都流畅圆滑;能随意写粗体字或细体字;

③看愿望能否实现,提出新设想。

(2) 纸质教材有什么缺点?

(3) 笔记本电脑有什么特性?

(4) 你希望课堂教学是怎样的?

(5) 试用缺点列举法比较分析老太太与三个小贩的对话,并提出你最希望得到的答复。

老太太离开家门,拎着篮子去楼下的菜市场买水果。她来到第一个小贩的水果摊前,问道:"这李子怎么样?""我的李子又大又甜,特别好吃。"小贩答道。老太太摇了摇头,向另外一个小贩走去。她又向第二个小贩问道:"你的李子好吃吗?"

"我这里有两种李子,您要什么样的李子?"小贩回答。

"我要买酸一点儿的。"

"我这篮李子又大又酸,咬一口就流口水,您要多少?"

"来一斤吧。"

老太太买完水果,又继续在菜市场逛。这时她又看到一个小贩的摊上也有李子,又大又圆,非常抢眼,便问水果摊的小贩:"你的李子好吃吗?"

"您好,我的李子当然好,您要什么样的李子?"

"我要酸一点儿的。"

"一般人买李子都要又大又甜的,您为什么要酸的呢?"

"我儿媳妇怀孕了,想吃酸的。"

"老太太,您对儿媳妇真体贴,您儿媳妇一定能生个大胖小子。前一个月,这附近还有一个人也怀孕了,总来我这里买李子,果然生个小子。您儿媳妇想吃酸的,证明她一定能给您生个大胖孙子。您要多少?"

"我要一斤吧。"

老太太被小贩说得很高兴,便又买了一斤李子。小贩一边称李子,一边向老太太介绍其他水果：

"孕妇特别需要补充维生素。您知道什么水果含维生素最丰富吗？"

"不清楚。"

"猕猴桃有多种维生素，特别有营养，尤其适合孕妇。您要是给您儿媳妇天天吃猕猴桃，她一高兴，说不定能一下生出一对双胞胎。"

"是吗？好，那我就再来一斤猕猴桃。"

"您人真好，谁摊上您这样的婆婆，一定有福气。"

小贩开始给老太太称猕猴桃，嘴里也不闲着。"我每天都在这儿摆摊，水果都是当天从批发市场找新鲜的批发来的，您儿媳妇要是吃好了，您再来。"

"行。"老太太被小贩夸得高兴，提了水果，一边付账一边应承着。

（6）你希望未来的自行车是什么样的？

4.4 设问法与实践

设问法是根据需要选择发明课题，或针对发明创造的对象设计构思，采取系统的设问方式，列出有关问题和试图解决的问题，逐个核对讨论、分析研究的发明技法。设问法主要是围绕现有事物，以书面或口头的形式提出各种问题，通过提问，发现现有事物存在的问题和不足，从而找到要革新的方面，发明出新事物来。设问法中最为典型的技法是奥斯本检核表法，较常用的还有和田十二法、5W2H法、系统提问法等。

大多数人看见美丽的花朵时会发出"多美的花"这样的感叹，只有少数人会继续发问："花为什么会这样红？""为什么花会开在这里？""这是什么花？"并积极地寻求答案。

"问题"正是创造的源泉和起点，是激发思想火花的导火线。所以从根本上说，要发明首先要学会设问，善于设问。实践证明，能发现问题与提出问题就等于成功了一半。可见，巧妙的设问对于创造是十分必要的。

一、检核表法

1. 技法原理

检核表法又称设想提问法或分项检查法，由美国创造学家奥斯本发明，是创造学界最有名、最受欢迎的创造技法。它是针对需要解决的问题或者进行发明创造的对象列出有关问题，对问题进行逐一分析，从中获得解决问题的方法和发明创造的设想。

由于检核表法是先提出问题，再逐一进行分析、检验，所以它不仅有利于全面思考问题，而且有利于新思想的产生。因此，检核表法是一种能够大量开发创造性设想的创造技法。检核表法几乎适用于任何类型与场合的创造活动，因此被称为"创造技法之母"。

2. 操作步骤

（1）确定研究对象。

（2）列表检核：围绕某一问题，把所有可能涉及的方面列成表格，如表4-2所示。

表 4-2　奥斯本检核表

序　号	检核项目	新设想名称	新设想概述
1	能否他用		
2	能否借用		
3	能否改变		
4	能否扩大		
5	能否缩小		
6	能否代用		
7	能否调整		
8	能否颠倒		
9	能否组合		

（3）选择重点，研究解决。

3. 优点

由表 4-2 可知，奥斯本检核表法从九个方向启发我们提出与思考问题，使思路向正向、侧向、逆向、合向发散开来。奥斯本检核表法主要有以下优点：

（1）有助于人们打破各种思维定式，以问题的形式激发人们的想象力。

（2）提醒人们从各个角度去看问题，避免单一化的思维方式。

（3）奥斯本检核表内容丰富，可以应用于各个方面，如开发新产品，进行设计、销售、广告宣传等，它为解决发明创造问题提供了很好的思路。

（4）经常使用奥斯本检核表能提高人们的思维素质，有利于突破不愿提问的心理障碍，使人们善于提问、思考、想象，善于变换思考的角度。

（5）奥斯本检核表法的适应性强，不论对象和专业如何，都可以相应地列出很多检核问题。

4. 检核表法的训练

（1）玻璃杯的革新。

玻璃杯革新的检核表如表 4-3 所示。

表 4-3　玻璃杯革新的检核表

检核项目	发散性设想	初选方案
能否他用	做灯罩、装食品、当量杯、做装饰、当火罐、做乐器、当圆规……	装饰品
能否借用	自热杯、磁疗杯、保温杯、电热杯、防爆杯、音乐杯……	自热磁疗杯
能否代用	纸杯、一次性杯、竹木杯、塑料杯、不锈钢杯、可食质杯……	可食质杯
能否扩大	不倒杯、防碎杯、消防杯、报警杯、过滤杯、多层杯……	多层杯
能否缩小	微型杯、超微型杯、可伸缩杯、扁平杯、轻型杯、勺形杯……	可伸缩杯
能否改变	塔形杯、动物杯、防溢杯、自洁杯、香味杯、密码杯、幻影杯……	香味幻影杯
能否调整	系列装饰杯、系列高脚杯、系列牙杯、酒杯、咖啡杯……	系列高脚杯
能否颠倒	透明/不透明、彩色/非彩色、雕花/非雕花、有嘴/无嘴……	彩雕杯
能否组合	与温度计组合、与香料组合、与中草药组合、与加热器组合……	与加热器组合

(2) 1898年,亨利·丁根将轴承的滚柱改成圆球,发明了滚珠轴承,这一形状的改变,大大提高了轴承的使用寿命,如图4-4所示。

图 4-4　滚柱轴承与滚珠轴承

(3) 用检核法改进手表。

例如:表盘由圆形变为长方形、椭圆形;表盘底色由白色变为蓝色、灰色或带有星光图案等;表内加入能发出声音的元件,可以像闹钟一样使用等。

二、和田十二法

1. 技法原理

和田十二法是我国上海的创造教育工作者许立言、张福奎提出的,是在世界流行检核表的基础上,结合我国小发明、小改革的特点提炼出来的创造技法,原名叫"十二个聪明的办法",是一种有效的发明检核法,有时也称为动词提示检核表法、思路提示法。

2. 提示动词

(1) 加一加:从添加、增加、附加、组合等角度考虑。如将吊灯和电扇组合,形成灯扇,既增加了功能,又节省了空间,一举两得。

(2) 减一减:从删除、减少、减小、拆散、去掉等角度考虑。例如,为使建筑管道安装工人省力、安全和高效率,现在广泛采用了合成树脂制成的水管,这种水管的重量相比原来水管的重量大大减轻。

(3) 扩一扩:从加大、扩充、延长、放大等角度考虑。例如,将彩色照片的版面扩大,这样可以更好地凸显人物和风景,产生一种新的版面风格。

(4) 缩一缩:从缩短、缩小等角度考虑。例如,将大型电子管变为小的晶体管,制成丰富多彩的电器元件。

(5) 变一变:从改变形状、颜色、声音、味道、顺序等角度考虑。例如,最初的电扇都是黑色的,一个职员提出建议,将黑色改为浅色,公司采纳了这个建议,市场上掀起了一股抢购热潮,电扇从此也一改清一色的黑面孔,变得多姿多彩。

(6) 改一改:对原有的事物进行修改,消除它的缺点,变得更方便、更合理、更新颖。例如,以前的饮料大多是玻璃瓶装,运输、保管和使用都不方便,改变一下它的材质,使用塑料、纸制软包装极大地方便了人们的生活。

(7) 联一联:寻找某个事物的因果关系,从事物的联系中找到解决办法或提出新方案。

(8) 学一学:学一学别人的做法,模仿现有事物的形状、结构、原理等。例如,模仿海豚皮肤的特殊结构制成鱼雷的外壳,在航行中将阻力减到最小;模仿蛇的嘴巴能张大到超过自己的头的特征,发明蛇口形晒衣夹。

(9) 代一代:用一事物(材料、零件、方法等)代替另一事物。例如,用激光这把纤细的"手术刀"代替原来的金属手术刀,在电子计算机的控制下对人眼的角膜做矫正近视的手术,获得了极大的成功。

(10) 搬一搬:把一个事物运用到别的地方、别的领域,寻找新用途。

(11) 反一反:把一种东西或事物的正反、上下、左右、前后、横竖、里外等颠倒一下。例如,一般的泡茶方法是,把茶叶从袋子里取出来放到茶碗里,用开水泡开,茶叶在水中四散漂开,喝茶时会不小心喝到茶叶。有人反其道而行:把茶叶留在袋内一块儿泡,发明了茶包。

(12) 定一定:为了解决某一问题或改造某件东西,为了提高学习、工作效率和防止可能发生的事故或疏漏等,需要做出一些规定、提出一些标准和规范。

案例 4-8

用和田十二法创新自行车

用和田十二法创新自行车如表 4-4 所示。

表 4-4 和田十二法创新自行车

序号	检核内容	设想名称	简要说明
1	加一加	自行车反光镜	在自行车龙头上安装折叠式反光镜,可以像摩托车一样看到后面的情况,提高安全性
2	减一减	无链条自行车	取消链条,利用杠杆原理把踏脚由旋转运动改为上下运动
3	扩一扩	水陆两用自行车	在自行车两侧装上四个气囊,充足气后可以浮于水面,车后安装小型螺旋桨
4	缩一缩	折叠式自行车	折叠后缩小体积,便于携带和存放
5	变一变	助动式自行车	安装大型发条,接通电源就可上紧发条,骑车时利用发条助力
6	改一改	龙头可转动自行车	使龙头可以转动90度,便于停车
7	联一联	多功能自行车	可以用自行车抽水,安上自行车拖斗可以运输物品
8	学一学	电动式自行车	安装蓄电池和小电机

续表

序号	检核内容	设想名称	简要说明
9	代一代	塑料式自行车	用碳纤维塑料做成的车架取代原有的金属车架,强度大,重量轻
10	搬一搬	家用健身自行车	用于在家锻炼身体
11	反一反	发电自行车	用自行车带动小型发电机,停电时,可以提供照明用电
12	定一定	自动限速自行车	加上自动限速器,使自行车不可能超速行驶,增强安全性

三、5W2H法

1. 技法原理

第二次世界大战期间,美国陆军兵器维修部用英语中的七个疑问词来进行设问,这七个疑问词的首字母是5个W和2个H,5W2H法因此得名。有人把它称为七问分析法,其中5W是指Why、What、Who、When、Where,2H为How和How Much。

5W2H法是一种思考方法,也可以说是一种创造技法。它是对选定的项目、工序或操作,从原因(何因)、对象(何事)、地点(何地)、时间(何时)、人员(何人)、方法(何法)、价格(何价)等七个方面提出问题进行思考,可使思考进一步深化、科学化。

Why——为什么做这件事?(目的);

What——怎么回事?(对象);

Where——在什么地方执行?(地点);

When——什么时间执行?什么时间完成?(时间);

Who——由谁执行?(人员);

How——怎样执行?采取哪些有效措施?(方法);

How Much——成本是多少?(成本,功率等)。

先将这七个问题列出,得到回答后,再列出一些小问题,再次得到回答后,便可进行取消、合并、重排和简化工作,对问题进行综合分析研究,从而产生创造性设想或决策。

2. 操作步骤

首先,从七个角度对一种现行的方法、产品或初步发现的问题进行分析;

然后,找出关键点及目前不能解决的问题;

最后,对可解的问题寻找改进措施,若不可解则进入下一个过程——问题的变换过程。

案例 4-9

> **某商店因生意清淡需改进**
>
> 利用5W2H法对商店进行改进,具体操作如表4-5所示。

表 4-5　5W2H 法改进商店

提问项目	提问内容	现实情况	改进措施
Why	此处开这个店行不行？	有需求	应保留
What	批发还是零售？百货还是专营？维修、服务项目需要吗？	本地点适合零售	零售为主，增加服务项目
Where	此地离长途车站较近，附近有居民区	旅客路经此处	增加旅客上车前后需要的商品和服务
When	何时购物？旅客在行李寄存后及有所需求时才会来此购物	无行李寄存处	开办行李寄存服务
Who	谁是顾客？居民还是旅客	未把旅客当作主要顾客	附近车站的客运量在增长，主要顾客应是旅客
How	怎样才能招揽更多的旅客作为本店的顾客？	此店不醒目，未引起旅客注意	增设此店购物的招示牌，装饰醒目门面以引起旅客的注意
How much	改进措施需要花费多少？能增加多少收益？	目前尚有一定资金投入能力	装修和扩大服务需投入 1.5 万元；预计改进后营业额将增长 20% 以上
改进后，商店的生意兴隆起来了			

四、系统提问法

1. 技法原理

系统提问法是由庄寿强创建的，以系统发问为先导的创造技法。这种技法从事物的表象出发，找出它具备的所有特性或属性，将它们归纳后形成几类抽象属性，然后再抛开事物已有的特征，进行发散式的想象，得到多种备选属性，最后通过发问的形式找出其中最合理的属性。

2. 操作步骤

（1）列出观察对象的主要特征；

（2）将这些特征上升为一般的属性；

（3）对一般属性进行发散思考，列出无针对性的一系列具体属性；

（4）对观察到的属性和联想到的属性进行"为什么"的提问；

（5）尽可能地寻找答案来回答提问，由此判断哪些属性可以被否定或肯定，将每一个特征对应最佳属性并标记；

（6）将所有标记的最佳属性进行组合，得出多种方案。

案例 4-10

皮鞋的创新

利用系统提问法对皮鞋进行创新改造,具体操作如表 4-6 所示。

表 4-6 系统提问法创新皮鞋

1.已知具体属性	2.上升的抽象属性	3.抽象属性概念的外延列举(未知)	4.发问	5.组合
白色	颜色	灰、黑、棕	对已知的具体属性问为什么?如为什么是白色?	灰色宽圆头麻质,鞋跟为扇形;
尖头	形状	圆头、宽圆头、方头		灰色宽圆头缎面,鞋跟为扇形等
羊皮	材料	牛皮、猪皮、麻布、纸、人造革、缎面	对未知的外延属性问为什么?如为什么不是黑色?	
坡跟	形状	尖跟、平跟、无跟、圆跟、扇形跟		

4.5 组合分解法与实践

一、组合法

1. 技法原理

组合往往能产生创新,人类的许多创造成果都来源于组合。组织得好的石头能成为建筑,组织得好的词汇能成为漂亮文章,组织得好的想象和激情能形成新产品或新设想。据统计,现代技术开发中,组合型成果约占全部发明的 60%~70%。对初学者来说,应用组合法进行发明创造,比较容易入门。

组合型创造技法,是将已知的若干事物合并成一个新事物,使其在性质或功能等方面发生变化,以产生新价值的创造技法。

例如,合金是"组合"概念下的伟大产品,合金是由两种或两种以上的金属或非金属所组成的具有金属特性的物质,如钢铁、铅锡合金、铝合金等。

2. 组合法的分类

(1) 主体添加法:以某事物为主体,再添加另一附属事物,以实现组合创造的技法。如:带闪光灯的照相机,带计数器的跳绳,带车筐、打气筒的自行车。

主体添加法的运用要点:

第一,要明确主体附加的目的,根据附加目的确定附加物。

第二,要使主体的性能增加,而不能使附加物影响主体的性能。

(2) 异类组合法:将两种或两种以上不同种类的事物组合,产生新事物的技法。如:狮身人面像,收录机是收音机和录音机的组合,电吹风与熨斗组合成电吹风熨斗。

异类组合法的特点:

第一,组合对象无明显的主次关系;

第二,整体变化显著;

第三,异类求同,因此其创造性较强。

(3) 同物自组法:将若干相同的事物进行组合,以实现创新的一种创造技法。

同物自组法的特点:

第一,组合对象是同一种物品;

第二,组合方式是数量的变化;

第三,组合后能产生新的意义或性能。

(4) 重组组合法:通过有目的地改变事物内部各个要素的次序,并按照新的方式进行重新组合,以促使事物的功能或性能发生变化的组合方法。

3. 组合的类型

(1) 材料组合:应用各种化学、物理原理,将不同的材料组合起来获得新材料的方法。

例如:

$$棉花+浓硝酸=硝化棉火药$$

$$硝化棉火药+樟脑(增塑剂)=赛璐珞$$

$$甲醛+苯酚=电木$$

$$磁性粉末+橡胶=磁性橡胶$$

$$硝化甘油+硅藻土=安全炸药$$

(2) 元件组合:指一般的零配件装配,同时也包括物品的组合。元件的组合往往具有一体化功能。

例如:

$$鞋+微型光源=发光鞋$$

(3) 现象组合:将物理、化学、生物等不同的现象组合起来形成新技术原理的方法。

例如:

$$电力液压效应+焦点汇集=清除结石的方法$$

电力液压效应:水中两个电极进行高压放电时,产生巨大冲击力,能将坚硬的宝石击碎;另一种现象是在椭球面的一个焦点上发出声波,经反射后会在另一个焦点汇集。

(4) 机器组合:把完成一项工作同时需要的两种机器或完成前后相接操作的两台设备结合在一起,以减少空间,提高效率。

二、分解法

1. 技法原理

将一个整体事物进行分解,使分解出来的部分经过改进完善,成为一个单独的整体,最终形成一个新产品或新事物的创造技法。分解有两种情况:分解而不分立,既分解又分立。

2. 分解法的分类

（1）原功用分解法：将某个整体分解成若干部分或分出某一部分作为新整体，其功能目的同整体原来的功能目的一样。例如活字印刷。

（2）变功用分解法：将某个整体分解成若干部分或分出某一部分作为新整体，其功能目的不同于整体原来的功能目的。

3. 运用要点

分解法中所运用的分解手段并非指一般的简单分解，例如把带橡皮的铅笔分解成橡皮和铅笔，这种对组合的分解没有创造意义。

分解法的分解是指通过分解手段使人们发现更多的创造对象，在既有事物的基础上，做出发明革新。从分解价值角度来看，对于一个整体，只要能分解出异于原先的原理、结构、功能、用途等，或者分解出新的事物，就具有分解创新的意义和价值。

旧产品的分解能产生新创意。鸡贩鉴于有人只吃鸡腿，也有人只吃鸡胸，于是他将鸡腿与鸡胸分开来卖，便产生了卖点。

 案例 4-11

希尔顿饭店的创始

著名的希尔顿酒店创始于 20 世纪 20 年代。当初，创始人希尔顿在达拉斯商业街上漫步，发现这里竟然没有一家像样的酒店，萌生了建一家高级酒店的想法。

希尔顿是一个创造力与行动力都很强的人，想到就去做。他很快就看中一块"风水宝地"。酒店属于典型的服务业，对这个产业，影响最大的因素就是地理位置，选择一个好的地理位置，即使初始投资较大，也会很快在后续的经营中收回。所以，希尔顿决心一定要买下这块风水宝地。

这块地出让价格为 30 万美元，而希尔顿眼下可支付的资金仅有 5000 美元。况且，解决地皮之后，还要筹集大量的建设资金。所以，表面上看，这个项目显然不可行。但他没有放弃，他把这个难题进行了分解。首先，他把 30 万的地皮费用分解到每年每月。他对土地拥有人说："我租用你的土地，首期 90 年，每年给你 3 万美元，按月支付，90 年共支付 270 万美元，一旦我支付不起，你可以拍卖酒店……"对方感到占了个大便宜。

签了土地租赁协议，希尔顿马不停蹄，将自己开酒店的方案以及诱人的经营远景讲给投资商听，很快与一个大投资商达成了协议，合股建设酒店，酒店如期建成，经营效益超出先前预料，获得了巨大成功。从此，希尔顿走上世界级酒店大王之路，一度跻身全球十大富豪之列。

希尔顿以经济为线索，从时间性切入，将租金问题进行了分解法再思考，用现有的资金作为签协议的资本，将未来的项目利润作为履约资本。接着，他又以经济为线索，以结构性和利益性切入，将大量的建设资金进行分解，把自己的协议权放大为股份资本，将建设的资本压力变成另一位投资者的投资动力，解决了建设资本。

4.6 类比法与实践

类比法是一种确定两个以上事物间异同关系的思维过程和方法,即根据一定的标准尺度把彼此有联系的几个相关事物加以对照,通过把握事物的内在联系进行创造。

一、类比形式

1. 直接类比

直接类比是指从自然界或者已有的技术成果中直接寻找与创意对象相类似的东西或事物,从中获得启示,进行类比创意,发明设计出新的项目。

直接类比的例子古今中外比比皆是。我国战国时期墨子制造的"竹鹊",三国时期诸葛亮设计的"木牛流马"等,都是仿生学的直接类比。鲁班发明锯子,也是看到带齿的草叶能把人手划破以及有齿的蝗虫能咬断青草,进行直接类比实现的。

英国工程师布鲁内尔为解决水下施工大伤脑筋,有一次他观察到木虫进入木材的方法,通过类比,他想出了用空心钢柱打入河底,以此为"盾构",边挖掘边延伸,在盾构的保护下施工,这就是著名的"盾构施工法"。这可以说是直接类比法的重大成果。

2. 拟人类比

拟人类比就是使创意对象"拟人化",也称亲身类比、自身类比或人格类比。这种类比就是创意者使自己与创意对象的某种要素认同、一致,自我进入"角色",体现问题,产生共鸣,最终获得创意。

拟人类比在我国的典籍中屡见不鲜。《周易》的"天行健,君子以自强不息",就是一种天人合一、万物一理的拟人类比。文学艺术中的拟人类比随处可见,例如把祖国比作母亲,把鲜花比作美丽的姑娘等。

工业设计中也经常应用拟人类比。著名的薄壳建筑罗马体育馆的设计,就是一个优秀例证。设计师将体育馆的屋顶与人脑头盖骨的结构、性能进行了类比:头盖骨由数块骨片组成,形薄、体轻,但十分坚固,那么,体育馆的屋顶是否可做成头盖骨的形状呢?这种创意获得了巨大成功。于是薄壳建筑风行起来。

3. 象征类比

象征类比是一种借助事物形象或象征符号,表示某种抽象概念或情感的类比,有时也称符号类比。这种类比可使抽象问题形象化、立体化,为问题的解决另辟蹊径。在象征类比中利用客体和非人格化的形象来描述问题,根据富有想象的问题来有效利用这种类比。象征类比是靠直觉感知的,在无意的联想中一旦做出这种类比,它就是一个完整的形象。

唐代大画家吴道子的得意之作多半得益于象征类比,他的佛像图线条流畅、气象万千,就是他观察裴将军静如处子、动如脱兔、转似游龙的剑舞而画出的。唐代书法家张旭从公孙大娘健美的舞姿中深受启发,提高了他的草书艺术,使其草书达到了"龙飞凤舞"的境界;王羲之从"白毛浮绿水"的白鹅戏水中,找到了"红掌拨清波"的美姿与自己的运笔姿势有关,经过象征类比,创造出新的书法技巧。

外国美术史上也不乏同样的事例。大画家米开朗琪罗受命于罗马教皇,以圣经故事绘制教堂壁画。他要用奇伟壮观的布局显示上帝创世时的景象,为此他苦思冥想、废寝忘食,实在没有突破时,他只好暂时放下工作,到深山旷野放松一下。一日清晨,暴风雨过后,云开雾散,旭日东升。他看到两朵白云,状如勇士,从两边奔向初升的太阳,顿时大悟,立即跑回去,把所见景观作为创世纪之布局,绘成杰作。

凯库勒用"环形"表示苯分子结构;马克思把"暴力"比作"孕育着新社会的旧社会的助产婆";毕加索用"鸽子"象征和平。所有这些都是用形象和符号间接地反映事物的本质。

人们建造纪念碑、纪念馆一类的建筑,需要有"宏伟、庄严"之感,于是就在其高度、范围、色彩、造型等创意设计上动脑筋,以实现这种象征意义。又如,设计咖啡馆需要幽雅的格调,茶馆要有民族风格,音乐厅则必须有艺术性,于是就通过具体的造型、色彩、装饰等来表达其中的象征意义。

4. 幻想类比

幻想类比是在创意思维中用超现实的理想、梦幻或完美的事物类比创意对象的创意思维法。当问题在头脑中出现时,有效的做法是,想象最好的可能事物,即一个有帮助的世界,让最能满意的可能见解来引导最漂亮的可能解法。

古代的神话故事,多是不切实际的幻想。在科技迅猛发展的今天,人们利用幻想解决问题已成为现实。众所周知,著名科幻小说之父凡尔纳有非凡的想象力,是一个幻想类比法大师。100多年前还没有收音机,其小说中的人物却看上了电视;在莱特兄弟进行首次飞机试飞前55年,他塑造的人物已乘上直升机翱翔蓝天了。在他的小说中有霓虹灯、可移动的人行道、空调机、摩天大楼、坦克、电子操纵潜艇、导弹,在20世纪,这些东西都逐渐成为现实,凡尔纳在一个多世纪前便从其笔端一一道出,令人难以置信,但是,凡尔纳却充满了自信,他说过,只要前人能做出科学的幻想,后人就能将它们变成现实。

人们普遍认为艺术家利用幻想类比容易,而科技工作者利用它则较难,因为后者常受"已知"的世界秩序和形式逻辑的束缚,易屈服于传统思维习惯,闲置幻想的羽翼。戈登认为科技工作者"应当而且必须给予自己和艺术家同样的自由。他必须恰当地想象关于问题的最好(幻想)解法,而暂时忽视由他的解法的结论所确定的定律,只有以这种方式他才能构造出理想的图像。"

科学中的"理想实验",都包含着许多幻想类比的因素。甚至,古今中外先进思想家关于人类社会种种"理想模式",也包含着许多幻想类比的因素。

5. 因果类比

事物之间可能存在同一种因果关系。因此,可根据一个事物的因果关系,推测出另一事物的因果关系。例如,在合成树脂中加入发泡剂,得到质轻、隔热和隔音性能良好的泡沫塑料,于是有人就用因果类比,在水泥中加入发泡剂,发明了质轻、隔热又隔音的气泡混凝土。

6. 对称类比

自然界中有许多事物都有对称的特点,可以通过对称类比进行创意,产生新事物,例如,一个能量解对应着电子,那么另一个能量解对应的是什么呢?物理学家狄拉克利用对称类比,从描述自由电子运动的方程中,得出正负对称的两个能量解,结果被实践证实了。

7. 仿生类比

人在创新活动中,常将生物的某些特性运用到创意、创造上。如仿鸟类展翅飞翔,造出了具有机翼的飞机;同样,又根据鸟类可直接腾空起飞,不需要跑道,又发明了直升机;当发现蜻蜓的翅膀能承受超过其自重好多倍的重量时,采用仿生类比,试制出超轻的高强度材料,用于航空、航海、车辆以及房屋建筑等。

案例 4-12

驱 蚊 仪

蚊子叮人吸血,那是不是所有蚊子都是"吸血鬼"? 只有交配后怀卵的雌蚊子才叮人。怀卵后的雌蚊子厌恶雄蚊子靠近,一旦雄蚊子飞来,就立即飞逃而去。可以利用这个原理,研制一种能产生与雄蚊子飞翔时翼声的频率相似的装置,就可以驱蚊。

加拿大率先在蒙特利尔市建立了一座"驱蚊电台",发射特殊的电波,经收音机接收播放,产生驱蚊信号,这便是驱蚊仪!

8. 综合类比

事物之间的属性关系虽然很复杂,但可以综合它们相似的特征进行类比。例如,设计一架飞机,先做一个模型放在风洞中进行模拟飞行试验,就是综合了飞机飞行中的许多特征进行类比。同样,各领域的模拟试验,如船舶模型试验、大型机械设备的模拟试验等都是综合类比。现在盛行的各种考试前的模拟考试也是这样,先出一张试卷,其中综合了正式考试中可能出现的题型、知识面、题量和难度,使考生对正式考试有所了解,并能对自己的准备程度做出评价,然后有针对性地做好进一步应考的准备。

综上所述可知,在八种类比中,直接类比是基础,它是生活中常见的类比,在这一基础上,向仿生、拟人、象征化方向发展,就是仿生类比、拟人类比、象征类比;向对称、因果、综合方向发展,即是对称类比、因果类比、综合类比;最后,向理想、幻想、完善方向发展,就是幻想类比。这八种类比各有特点和侧重点,在创意、创造活动中常常相互依存、补充、渗透和转化。

二、类比法的实践

试判断以下事例运用了哪种类比法?

1. 会说话的垃圾桶

德国人发明了一种新型垃圾桶,当游客把垃圾扔进垃圾桶时,它会说"谢谢",因此引起了游客的兴趣,不自觉地起到保护环境卫生的作用。

2. 苍蝇的"眼睛"

苍蝇长着五只眼睛,头顶上的三只较小,是一种"单眼",只能感觉光的强弱。两侧的眼睛才是苍蝇的主要视觉器官,是一种半球形的"复眼"。这两只复眼,是由成千上万只小眼排列在曲面上组成的。

根据苍蝇复眼的结构原理,人类发明了蝇眼照相机,一次就能照出几十、几百、几千张相同或不同的照片,对军事和科研有着特殊的用途;还发明了能使导弹系统的命中精度大大提高的"蝇眼制导系统",以及可以监视整个天空高能宇宙射线的"空气簇射探测器"等。科学家们还在深入探索苍蝇的视觉系统,以寻求研制新型智能计算机的新途径。

3. "千里眼"和"顺风耳"

1879年,俄国科学家波波夫在军舰上进行无线电通信试验,通信突然中断,几分钟后又恢复正常。起初以为是故障,经过检查排除这种可能性,后来经过仔细观察发现每当轮船通过两艘军舰之间,通信就会中断,由此他设想可以利用电波来探测海上目标。

1887年,德国科学家赫兹在证实电磁波的存在时,就已发现电磁波在传播的过程中遇到金属物会被反射回来,就如同用镜子可以反射光一样。这实质上就是雷达的工作原理。

1935年,英国著名的物理学家沃森·瓦特在此基础上发明了一种既能发射无线电波,又能接收反射波的装置,它能在很远的距离就探测到飞机的行动。这就是世界上第一台雷达。

4.7 形态分析法与实践

第二次世界大战期间,美国情报部门探听到德国法西斯正在研制一种新型巡航导弹,但费尽心机也难以获得有关技术情报。然而,火箭专家兹维基博士却在自己的研究室里,轻而易举地搜索出德国法西斯正在研制并严加保密的乃是带脉冲发动机的巡航导弹。

兹维基博士难道有特异功能?没有。他能够坐在研究室里获得技术间谍都难以弄到的技术情报,是因为运用了他称之为"形态分析"的思考方法。

一、形态分析法的定义

形态分析法是一种以系统搜索观念为指导,在对问题进行系统分析和综合的基础上用网络方式集合各因素设想的方法。

二、形态分析法的原理

形态分析法的核心是将研究对象视为一个系统,将系统分解成若干个子系统,每个子系统的功能称为因素,各功能的技术手段称为形态,然后用形态矩阵的方式进行排列组合,以产生解决问题的系统方案或创新设想。

兹维基博士运用此法时,先将导弹分解为若干相互独立的基本因素,这些基本因素的共同作用便构成任何一种导弹的效能,然后针对每种基本因素找出实现其功能要求的所有可能的技术形态。在此基础上进行排列组合,结果共得到576种不同的导弹方案。经过一一过筛分析,在排除了已有的、不可行的和不可靠的导弹方案后,他认为只有几种新方案值得人们开发研究,在这少数的几种方案中,就包含有德国法西斯正在研制的方案。

三、形态分析法的实施方式

发明创造也可以运用形态分析法,以求在对方案"一网打尽"中获得可行的新方案。下面结合新型单缸洗衣机的开发,介绍这种技法的操作方式,如图4-5所示。

首先,对洗衣机进行因素分析,即确定完成洗净衣物所必备的基本因素。对洗衣机这类工业产品来说,最好是用功能来代替因素,以利于形象思考。先确定洗衣机的总体功能,再进行功能分解,就可得到若干分功能,这些分功能就是洗衣机的基本因素。如果我们定义洗衣机的总功能是"洗净衣物",那么以此为目的去寻找其手段,便可得到"盛装衣物""洗涤去污"和"控制洗

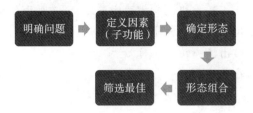

图 4-5　形态分析法的操作方式

涤"等三项分功能。

接着,对各分功能进行形态分析,即确定实现这些功能要求的各种技术手段或功能载体。为此,发明创造者要进行信息检索,广泛思考各种技术手段或方法。对一些新方法还可能进行实验或试验,以了解其应用的适用性和可靠性。在上述三项分功能中,"洗涤去污"是最核心的一项,确定其功能载体时,要针对"分离"二字广思、深思和精思,从机、电、热等技术领域去寻找具有此功能的技术手段。

经过因素与形态分析,即可建立如表 4-7 所示的洗衣机形态分析表。

表 4-7　洗衣机形态分析表

功　能		技术手段			
		1	2	3	4
A	盛装衣服	铝桶	塑料桶	玻璃钢桶	
B	洗涤去污	机械摩擦	电磁振荡	超声波	热胀分离
C	控制时间	人工手控	机械控制	电脑控制	

利用表 4-7,可以进行各功能之间的形态要素的排列组合,从理论上说,能够得到 3×4×3＝36 种方案。

在对 36 种组合的分析中,我们可以发现组合方案 A1-B1-C2 属于普通的波轮式洗衣机。这种洗衣机的工作原理是靠电动机驱动 V 带传动装置,使波轮旋转,产生水与衣物的机械摩擦,配合洗涤剂的作用而使衣物与脏污分离。洗涤的时间由机械定时器控制。它的缺点是衣物磨损严重,耗电量大,洗涤效率低,易发生故障,有没有不用波轮的新型洗衣机呢?经过分析,便可发现组合方案 A1-B2-C3、A1-B3-C2 和 A2-B4-C1 等都属于非机械摩擦式的洗衣机方案。下面对这三种方案作简要的分析。

由 A1-B2-C3 构成的洗衣机可以说是一种电磁振荡式自动洗衣机。它没有波轮,也不用电动机,而是利用电磁振荡可以分离物料的原理来洗涤去污。据国外科研人员试验,按此原理开发的洗衣机具有洗净度高、不易损坏衣物的优点。此外,如果把桶内水排干,还可直接甩干衣物,具有一机两用的特点。

由 A1-B3-C2 构成的洗衣机应该称为超声波洗衣机。它也没有波轮和电动机,设计这种洗衣机的技术关键是要产生 20000 Hz 以上的超声波。这种超声波能产生很强的水压,使衣物纤维振动,使洗涤剂乳化,从而使脏污与衣物分离,达到洗涤去污的作用。在结构上,这种洗衣机离不开气泵、风量调节、送风管道、空气分散器等基本部件。由技术分析和试验可知,超声波洗衣机也具有磨损度低、洗净度高、无噪声、节水、节电等优点。

由 A2-B4-C1 构成的洗衣机,利用热水使纤维膨胀,在桶内水流作用下造成脏污脱离的原理设计,是一种简易的小型手摇洗衣机。它主要由旋转桶、支架所组成,工作时要往桶内灌装热水和洗涤剂,用手旋转洗衣桶。市面上曾出现过这种热压式洗衣机,虽然结构简单且价格低廉,但因技术相对落后,很快就被市场淘汰。

对于其他的组合方案,在此就不一一分析了。

四、形态分析法的应用要点

应用形态分析法进行新品策划,具有系统求解的特点。只要能把现有科技成果提供的技术手段全部罗列,就可以把现存的可能方案"一网打尽",这是形态分析方法的突出优点。但同时也为此法的应用带来了操作上的困难,突出地表现在如何在数目庞大的组合中筛选出可行的新品方案。如果选择不当,就可能使组合过程的辛苦付诸东流。

因此,在运用形态分析法的过程中,要注意把好技术要素分析和技术手段确定这两道关。比如在对洗衣机的技术要素进行分析时,应着重从其应具备的基本功能入手,对次要的辅助功能暂可忽视。在寻找实现功能要求的技术手段时,要按照先进、可行的原则进行考虑,不必将那些根本不可能采用的技术手段填入形态分析表中,以避免组合表过于庞大。当然,一旦形态分析法能与计算机的应用相结合,从复杂的组合表中进行最佳方案的探索也是办得到的。

4.8 TRIZ 理论与实践

一、TRIZ 理论概述

1. TRIZ 的诞生和发展

TRIZ 是俄文的英文音译 Teoriya Resheniya Izobreatatelskikh Zadatch 的缩写,英文全称为 Theory of Inventive Problem Solving,在欧美国家缩写为 TIPS,在中国缩写为 TRIZ,其中文含义为发明问题解决理论,中文简称"萃智"。国际著名的 TRIZ 专家 Savransky 博士下的定义为:TRIZ 是基于知识的、面向人的发明问题解决系统化方法学。TRIZ 理论是由苏联伟大的发明家和创造学家根里奇·阿奇舒勒通过对 4 万份(后来扩展到 250 万份)高水平发明专利的研究、分析、归纳和总结,揭示出隐藏在专利中的奥秘,萃取出数以百万计发明家的智慧而创建的卓越成果。

1956 年后,TRIZ 在苏联得到蓬勃的发展,很多高等院校甚至中学都开设 TRIZ 课程,为苏联培养了一大批具有创新能力的工程技术人员,在军事、工业、航空航天等领域均发挥了巨大的作用。TRIZ 也被西方称为创新的"点金术"。

TRIZ 理论原属于苏联的国家机密,对世界其他国家保密。苏联解体后,大批科学家移居世界各地,TRIZ 的神秘面纱才被揭开,成为一种公认的具有较强创造性和系统性的创新理论。TRIZ 在韩国三星的成功应用使三星公司从"技术跟随者"成为"行业领跑者",2005 年三星总裁李健熙说正是 TRIZ 救活了三星。

1998 年以后,TRIZ 理论和技术发明方法日益受到一些研究机构、政府基金部门的重视和支持。2007 年 11 月 5 日,科技部以国科发财〔2007〕655 号文正式批复黑龙江省、江苏省、四川省作为技术创新方法试点省。2008 年,国家科学技术部、发展改革委员会、教育部、中国科学技术协会联合发出了《关于印发〈关于加强创新方法工作的若干意见〉的通知》(国科发财〔2008〕197号),指出:"推进技术创新方法的引进与发展。针对建立以企业为主体的技术创新体系的重大需求,推进 TRIZ 等国际先进技术创新方法与中国本土需求融合;推广技术成熟度预测、技术进化模式与路线、冲突解决原理、效应及标准解等 TRIZ 中成熟方法在企业的应用;加强技术创新方法知识库建设,研究开发出适应中国企业技术创新发展的理论体系、软件工具和平台。"四部委通知下达后,在中国部分企业、研究机构、大学开始出现研究、培训、应用 TRIZ 技术发明方法的热潮,黑龙江省科学技术厅出版了《TRIZ 理论入门导读》和《TRIZ 理论应用与实践》相关培训教材。在 TRIZ 理论推广的同时,全国范围内举办了"全国 TRIZ 杯大学生创新方法大赛",促进了全国高校对 TRIZ 创新方法的学习和研究。

TRIZ 是一种创新方法,它使创新思维从发散走向收敛;它利用创新的规律,使创新走出了盲目的、高成本的试错和灵光一现式的偶然,成为服务于创新活动的"思维引导器"。

2. TRIZ 的核心思想和主要内容

1) 核心思想

首先,无论是一个简单产品还是复杂的技术系统,其核心技术都是遵循客观规律发展演变的,即具有客观的进化规律和模式。

其次,各种技术难题、冲突和矛盾的不断解决是推动这种进化过程的动力。

最后,技术系统发展的理想状态是用尽量少的资源实现尽量多的功能。

2) 主要内容

根据 TRIZ 的核心思想,它的主要研究内容有以下几个方面:

(1) 技术系统进化法则。

针对技术系统进化规律,在研究大量专利的基础上,TRIZ 理论总结出八个基本的技术系统进化法则,可以使人知道技术是如何进化的,为技术创新指明了方向。

(2) 矛盾解决原理。

创新是通过消除矛盾来解决问题的,在产品创新过程中,TRIZ 主要研究技术和物理两种矛盾的解决方法。

(3) 物质-场分析法。

TRIZ 理论提供了科学的问题分析建模方法——物质-场分析法,用符号表达技术系统的建模技术,它可以快速确认核心问题,发现根本矛盾所在。

(4) 发明问题标准解法。

在物质-场分析模型的应用过程中,由于所面临的问题复杂而且广泛,存在诸多困难,因此 TRIZ 理论为物质-场分析模型提供了 76 个标准解决方法,用来解决概念设计的开发问题。

(5) 发明问题解决算法 ARIZ。

ARIZ 是发明问题解决过程中应遵循的理论方法和步骤,是针对非标准问题而提出的基于技术系统进化法则的一套完整的问题解决程序和算法。

3. TRIZ 的优势

(1) TRIZ 对研发或解决问题的思路有明确的指导性。这种指导性避免了大量人力、物力、财力的盲目试错,让解决产品问题变得有律可循、有术可依,给技术创新留下了巨大的、易操作的空间,让创新不再是一个概念或一句口号。

(2) TRIZ 成功地揭示了发明创造的内在规律和原理,可以快速地确认和解决系统中存在的矛盾,而且它是在技术的发展进化规律及整个产品发展过程的基础上运行的。

(3) 运用 TRIZ 可大大加快发明创造的进程,提高产品的创新速度。

(4) TRIZ 可以帮助我们对问题情境进行系统的分析,快速发现问题的本质,准确定义创新性问题和矛盾。

(5) TRIZ 对创新性问题和矛盾提供了更合理的解决方案和更好的创意。

(6) 打破思维定式,激发创新思维,从更广的视角看待问题。

(7) 基于技术系统进化法则准确确定探索方向,预测未来发展趋势,开发新产品。

(8) 打破知识领域的界限,实现技术突破。

二、TRIZ 的基本原理与方法

(一) TRIZ 的基本原理

1. TRIZ 系统进化法则

技术系统进化法则是 TRIZ 理论的基础,阿奇舒勒在专利研究中发现了技术系统的进化和演变遵循一些重要规律,这些规律对于技术创新具有重要的指导作用,他总结了八大技术系统进化法则。

(1) S 曲线进化法则:技术系统的演变遵循产生、成长、成熟和衰退的生命周期,如图 4-6 所示。

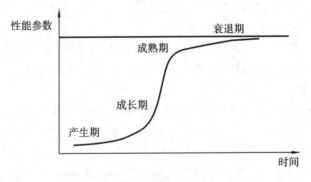

图 4-6　S 曲线进化法则

(2) 提高理想度法则:技术系统演变的趋势是其他进化法则的基础。

$$理想度 = \frac{\sum 有用功能}{\sum 有害功能 + \sum 成本}$$

最理想状态是有用功能最大,有害功能和成本最小。

(3) 子系统不均衡进化法则:矛盾导致技术系统的进化始终存在短板,如图 4-7 所示。

(4) 动态性和可控性进化法则:技术系统朝着增加动态性和可控性的方向发展,如图 4-8 所示。

(5) 增加集成度再进行简化法则:技术系统先向复杂发展,再向简单发展,如图 4-9 所示。

(6) 子系统协调性进化法则:技术系统的元件之间协调和不协调是交替出现的,包括结构上的匹配、性能参数的匹配、工作节奏和频率的匹配。

图 4-7　子系统不均衡进化法则

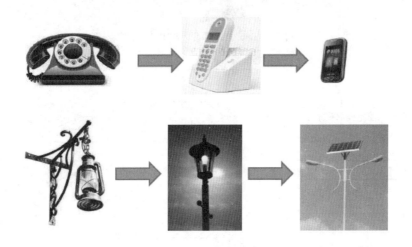

图 4-8　动态性和可控性进化法则

图 4-9　增加集成度再进行简化法则

（7）向微观级和场的应用进化法则，如图 4-10 所示。

（8）减少人工介入的进化法则，如图 4-11 所示。

2. TRIZ 流程图

TRIZ 流程图可用于 TRIZ 工具及方法的描述，如图 4-12 所示。该图不仅描述了各种工具之间的关系，也描述了产品创新中的问题。应用 TRIZ 的第一步是对给定问题进行分析，发现存在的矛盾，再应用原理去解决；如果问题明确，但不知如何解决，则应用效应去解决。

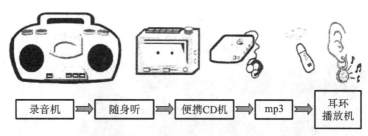

图 4-10 向微观级和场的应用进化法则

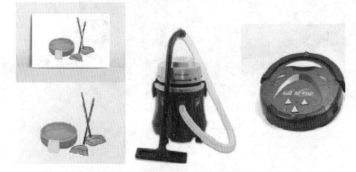

图 4-11 减少人工介入的进化法则

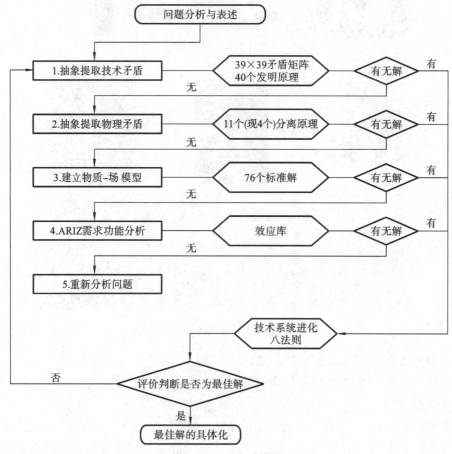

图 4-12 TRIZ 流程图

3. TRIZ 的主要方法和工具

1) 矛盾矩阵和创新原理

为了消除技术矛盾,必须找到形成矛盾的技术参数。TRIZ 采用创造性的方法可以完全消除技术矛盾。阿奇舒勒发现,引起技术矛盾的参数是有限的,于是他总结出 39 个通用工程标准参数(见表 4-8)来描述技术矛盾和 40 个发明原理来消除技术冲突,从而创建了矛盾矩阵。

表 4-8 39 个通用工程标准参数

序 号	标 准 参 数	序 号	标 准 参 数	序 号	标 准 参 数
1	动物重量	14	强度	27	可靠性
2	静物重量	15	动物作用时间	28	测量精度
3	动物长度	16	静物作用时间	29	制造精度
4	静物长度	17	温度	30	外来有害因素
5	动物面积	18	亮度	31	内部有害因素
6	静物面积	19	动物耗能	32	制造力
7	动物体积	20	静物耗能	33	易用性
8	静物体积	21	功率	34	可修复性
9	速度	22	能量损耗	35	适应性
10	力	23	物质损耗	36	装置复杂性
11	张力/压力	24	信息损耗	37	控制复杂性
12	形状	25	时间损耗	38	自动水平
13	组合物的稳定	26	物质的量	39	生产量/生产率

矛盾矩阵为 39×39 矩阵,列是需要改进的技术参数,行是相应引起恶化(不需要获得)的技术参数。在矛盾矩阵表中,除了主对角线外,行与列的交叉点构成一对技术矛盾,并列有解决技术矛盾所推荐的创新序列号。40 个发明原理(见附录 A)可以解决矛盾矩阵中的 1288 个矛盾。当针对具体问题确认了一个技术矛盾后,根据对矛盾的描述选择通用工程标准参数,由标准参数在矛盾矩阵中的位置选择可用发明原理来消除矛盾。

2) 物质-场分析模型和 76 个标准解

物质-场分析法是 TRIZ 理论体系的组成之一,它是一种用符号语言表示技术系统的建模技术。产品和技术都是功能的一种实现,TRIZ 认为所有功能都可以拆分为 3 个基本元件,即两个物质 S_1、S_2 和一个场 F。在能量场 F 的帮助下,物质 S_2 作用于物质 S_1 形成一个功能。一个功能必须同时具有 3 个基本元件才能存在,三个基本元件的组合构成一个功能,这就是阿奇舒勒发现的功能三元件原理。物质-场分析模型如图 4-13 所示。

根据物质-场分析所得出的问题解决方案称为标准解,将标准解变为特定的解,即产生了新

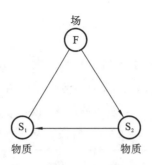

图 4-13 物质-场分析模型

的概念。TRIZ 提出了 76 个标准解,用来解决技术系统的功能缺陷问题,如功能元件的缺失、有害功能、过度功能和不充分功能等情况。标准解分为如下五类,详见表 4-9。

表 4-9 标准解的分类

序 号	标准解的类型	标准解的数量
1	没有或很小地改变系统	13
2	通过改变系统来改善系统	23
3	系统的转换	6
4	探测法和测量法	17
5	简化和改进的策略	17

4. TRIZ 的发明原理

TRIZ 的研究人员在研究中得到如下重要的发现:

(1) 在以往不同领域的发明中所用到的原理并不多,不同时代的发明、不同领域的发明原理被反复利用;

(2) 每个发明原理并不限定应用于某一特殊领域,而是融合了物理的、化学的和各工程领域的原理,这些原理适用于不同领域的发明创造和创新;

(3) 类似的矛盾和问题的解决原理在不同的行业及科学领域不断重复,交替出现;

(4) 技术系统进化法则在不同的工程及科学领域不断重复,交替出现;

(5) 创新设计用到了其他领域开发出来的科学成果或原理。

在应用 TRIZ 理论时,上述发现都被用于产生和改进产品、服务和系统,后来研究人员便把这些规则总结成技术冲突解决原理。

矛盾普遍存在于各种产品的设计之中。物理矛盾是指一个功能同时导致有用及有害两种结果,也可以指有用作用的引入或有害效应的消除导致一个或几个子系统甚至整个系统变坏。技术矛盾常表现为一个系统中两个子系统之间的矛盾。TRIZ 提出用 39 个通用工程标准参数来描述矛盾,在实际应用中,首先要把组成矛盾的双方内部性能用两个标准参数表示,然后在矛盾矩阵中找出解决矛盾的"发明原理"。TRIZ 中的技术矛盾解决原理,也称发明原理,研究人员一共归纳出 40 个发明原理,详见表 4-10。这些原理有利于专利发明者找到易获得专利的问题解决方案。

表 4-10　TRIZ 的 40 个发明原理

序号	名称	序号	名称	序号	名称	序号	名称
1	分割	11	预先防范	21	快速通过	31	多孔材料
2	抽取	12	等势	22	变害为利	32	改变颜色
3	局部质量	13	反向操作	23	反馈	33	同质性
4	不对称	14	曲面化	24	中介物	34	抛弃或再生
5	组合	15	动态	25	自助	35	性能转换
6	多用性	16	部分超越	26	复制	36	相变
7	套叠	17	多维法	27	廉价替代品	37	热膨胀
8	重量补偿	18	机械振动	28	更换机械系统	38	强氧化剂
9	预先反作用	19	周期性动作	29	气压或液压	39	惰性环境
10	预先动作	20	有效动作持续	30	弹性膜或薄膜	40	复合材料

5. TRIZ 解决问题的方法和步骤

1）基本方法

为创造性地解决问题，TRIZ 为人们提供了辩证的思考方法。这种思考方法超越了各种专业方法、启发式和回避问题的各样做法，这种方法的主要特点是能够预测技术系统进化的未来状态。

(1) 把问题看成体系。

把问题看成一个技术系统，把问题本身也看成分层次的问题体系，最大限度地利用可以利用的空间和时间资源去解决矛盾，多角度、多层次地看待面临的问题和可行的解决方案。

(2) 设定理想的解决方案。

这是以"技术体系的发展逐步趋于理想化"的观点为基础的，在了解技术系统的发展方向后，就要设定理想的解决方案，然后寻找实现的方法。

(3) 解决冲突。

TRIZ 理论已成功地找到具体的指导原则，特别是矛盾矩阵表和 40 个发明原理、物质-场分析模型和 76 个标准解、发明问题解决算法等，只要分析出矛盾，TRIZ 就可以有效而迅速地得出突破性的解决方案。

2）一般步骤

步骤 1：识别要解决的实际问题。

运用 TRIZ 理论解决发明创造问题时，首先必须确定好要解决的实际问题。阿奇舒勒的学生鲍里斯·兹洛廷和阿拉·祖斯曼开发出一种用来鉴别工程系统研究状况的"创新状况问卷"，用于分析系统的运行环境、必备的资源条件、基本功能、负面影响和理想结果。

步骤 2：将问题公式化。

在物理相克（即发生冲突）的条件下对问题进行重申。识别可能发生的其他问题，如在解决一个问题或改进一项技术特性时,是否会引起其他技术特性变得更差,从而产生二级问题;或者是否存在被迫折中的技术冲突等。

步骤3:搜寻需要事先解决的问题。

按照TRIZ提供的分析方法,将需要解决的实际问题转化为TRIZ中类似的标准问题,即把实际的矛盾冲突转化为TRIZ工程标准参数,从而将实际问题转换成TRIZ标准问题;找出相互冲突的工程原理,要先找出需要调整的工程原理,然后找出可能产生二级问题的工程原理。

步骤4:寻找相似解决方案并加以改进。

TRIZ提供了40个发明原理和技术矛盾矩阵,这些原理和矩阵有利于专利发明者找到易获得专利的问题解决方案。在本步骤中需要利用TRIZ提供的解决问题工具,找出针对类似的标准问题在TRIZ中已总结、归纳出的标准解,从而找到解决方案的模型。

步骤5:把TRIZ的方案模型转化为实际问题的解决方案,从而实现产品的改进或创新。

(二) TRIZ的40个发明原理

1. 分割

(1) 将物体分成几个独立的部分。

(2) 使物体成为可拆卸的或易于组装的几个部分。

(3) 增加物体的分割程度。

原理案例1

> 组合家具;将塑胶模具的公模拆分成若干镶块,以便于加工及维修。

2. 抽取

(1) 从物体中抽出产生负面影响的部分或属性。

(2) 只抽取必要的部分或属性。

原理案例2

> 避雷针;使用录音机录制可使鸟被吓离机场的声音,此声音是从鹰的叫声中分离出来的。

3. 局部质量

(1) 将相同成分或均质结构的物体或外在环境转变成不同成分或非均质结构。

(2) 使物体的各部分有不同的功能。

(3) 使物体的各部分处于最适合操作的状况。

原理案例 3

带橡皮擦的铅笔,多功能刀具(见图 4-14)。

图 4-14 多功能刀具

4. 不对称

(1) 将对称物体变为不对称的。

(2) 如果物体不是对称的,则加强它的不对称程度。

 原理案例 4

电插头,为了防止将零件装反,将相对两定位柱(孔)设计成大小不一的样式(见图 4-15)。

图 4-15 增加不对称性

5. 组合

(1) 将空间上同类的或相邻的或辅助的操作物体组合在一起。

(2) 将时间上相同的或相近的或辅助的操作物体组合在一起。

原理案例 5

饮料点心杯(见图 4-16);计算机上多个处理器安装到集成电路上。

图 4-16 饮料点心杯

6. 多用性
使一个物体具有能替代其他物体的多项功能。

 原理案例 6

在显示器底座正面做几个小凹槽,以存放便签、名片等。

7. 套叠
(1) 把一个物体嵌入另一个物体,然后将这两个物体再嵌入第三个物体,依此类推。
(2) 让某物体穿过另一物体的空腔。

 原理案例 7

俄罗斯套娃;可伸缩电视天线(见图 4-17);汽车安全带。

图 4-17 可伸缩电视天线

8. 重量补偿

（1）将某一物体与另一能提供力量的物体组合，以补偿其重量。

（2）通过与环境（利用空气动力、流体动力或其他力）的相互作用实现物体的重量补偿。

 原理案例 8

　　用氢气球悬挂广告（见图 4-18）；直升机的螺旋桨（利用空气动力学）；轮船应用阿基米德定律产生可承重千吨的浮力；赛车安装尾翼用来增加车身与空气的摩擦力。

图 4-18　氢气球悬挂广告

9. 预先反作用

（1）事先施加机械应力，以抵消工作状态下不期望的过大应力。

（2）如果工作过程中需要某种相互作用，那么事先施加反作用。

 原理案例 9

　　轴心的除氢处理（见图 4-19）；酸碱缓冲溶液；在灌注混凝土之前，对钢筋预加应力。

图 4-19　轴心的除氢处理

10. 预先动作

(1) 预先对物体(全部或部分)施加必要的动作以使其改变。

(2) 预先安置物体,使其在最方便的位置及时发挥作用而不浪费时间。

原理案例 10

创可贴(见图 4-20);不干胶粘贴(只需揭开透明纸,即可用来粘贴);手术前将手术器具按所用顺序排列整齐;在停车场安置的预付费系统;建筑中安置的灭火器。

图 4-20 创可贴

11. 预先防范

采用事先准备好的应急措施,补偿物体相对较低的可靠性。

原理案例 11

显影剂可根据胶卷底片上的磁性条来弥补曝光不足;降落伞的备用伞包;航天飞机的备用输氧装置;汽车的备用轮胎(见图 4-21);为防止铁器生锈,先做防锈处理(涂防锈油)。

图 4-21 备用轮胎

12. 等势

改变操作条件,以减少物体提升或下降的需要。

原理案例 12

工厂中与操作台等高的传送带;巴拿马运河的水闸;三峡大坝的五级船闸(见图 4-22)。

图 4-22　五级船闸

13. 反向操作
(1) 用相反的动作代替问题定义中所规定的动作。
(2) 让物体或环境可动部分不动,不动部分可动。
(3) 将物体上下或内外颠倒。

 原理案例 13

通过把杯子倒置,从下边喷入水来进行清洗;加工过程中变工具旋转为工件旋转;健身器材中的跑步机(见图 4-23)。

图 4-23　跑步机

14. 曲面化
(1) 将物体的直线、平面部分用曲线或球面代替,变立方体结构为球形结构。
(2) 使用滚筒、球、螺旋结构。
(3) 应用离心力,改直线运动为旋转运动。

原理案例 14

千斤顶中螺旋结构可产生很大的升举力;圆珠笔和钢笔的球形笔尖,使书写更流畅;洗衣机中的离心甩干筒;在家具底部安装轮子,便于移动,如图 4-24 所示。

图 4-24 家具底部安装轮子

15. 动态

(1) 调整物体或环境的性能,使其在工作的各阶段达到最优状态。

(2) 分割物体,使其各部分可以改变相对位置。

(3) 如果一个物体整体是静止的,使之移动或部分可动。

 原理案例 15

装卸货物的铲车,通过铰链连接两个半圆形铲斗,可以自由开闭,装卸货物时张开,铲车移动时铲斗闭合;折叠椅;可弯曲的吸管(见图 4-25)。

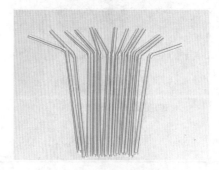

图 4-25 可弯曲的吸管

16. 部分超越

如果所期望效果难以百分之百实现,稍微超过或稍微低于期望效果,会使问题大大简化。

原理案例 16

印刷时,喷过多的油墨,然后再去掉多余的,使字迹更清晰;在孔中填充过多的石膏,然后打磨平滑;用针管抽取液体时无法吸入准确的计量,是先多吸一些再把多余的液体排出,这样可以降低操作难度,如图 4-26 所示。

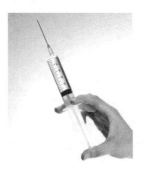

图 4-26 针管抽取液体

17. 多维法

(1) 将物体变为二维平面运动,以克服一维直线运动或定位的困难;过渡到三维空间运动以消除物体在二维平面运动或定位的问题。

(2) 单层排列的物体变为多层排列。

(3) 将物体倾斜或侧向放置。

(4) 利用给定表面的反面。

(5) 利用照射到邻近表面或物体背面的光线。

 原理案例 17

螺旋梯可以减少占地面积;立交桥;印刷电路板的双层芯片(见图 4-27);双面地毯;自动垃圾卸载车;双面穿的衣服。

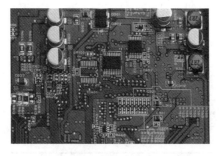

图 4-27 印刷电路板的双层芯片

18. 机械振动

(1) 使物体处于振动状态。

(2) 如果已处于振动状态,提高振动频率,直至超声振动。

(3) 利用共振频率。

(4) 用压电振动代替机械振动。

(5) 超声波振动和电磁场耦合。

原理案例 18

> 电动振动剃须刀;超声波清洗;超声波击碎胆结石;高精度时钟使用石英振动机芯;超声波振动和电磁场共用,在电熔炉中混合金属,使混合更均匀。

19. 周期性动作

(1) 用周期性动作或脉冲动作代替连续动作。

(2) 如果周期性动作正在进行,改变其运动频率。

(3) 在脉冲周期中利用暂停来执行另一种有用动作。

原理案例 19

> 警车所用警笛改为周期性鸣叫,避免产生刺耳的声音;用频率调音代替摩尔电码;医用的呼吸机系统为:每五次胸廓运动进行一次心肺呼吸。

20. 有效动作持续

(1) 物体的各个部分同时满载持续工作,以提供持续可靠的性能。

(2) 消除空闲和间歇性动作。

(3) 用旋转运动代替往复运动。

原理案例 20

> 汽车在路口停车时,飞轮储存能量,以便汽车随时启动;后台打印,不耽误前台工作;用绞肉机代替人工切肉(见图 4-28)。

图 4-28　绞肉机

21. 快速通过

将危险或有害的流程或步骤在高速下进行。

 原理案例 21

照相用闪光灯(见图 4-29)。

图 4-29　闪光灯

22. 变害为利

(1) 利用有害的因素(特别是环境中的有害效应)得到有益的结果。

(2) 将两个有害的因素相结合进而消除它们的影响。

(3) 增大有害因素的程度直至有害性消失。

 原理案例 22

废热发电；回收废物二次利用，如再生纸；潜水中用氮氧混合气体，以避免单用氧气造成昏迷；森林灭火时用逆火灭火(为熄灭或控制野火蔓延，燃起另一堆火把即将到来的野火的通道区域烧光)；"以毒攻毒"。

23. 反馈

（1）在系统中引入反馈。

（2）如果已引入反馈，改变其大小或作用。

 原理案例 23

声控喷泉；自动导航系统在 5 公里航程范围内，可以改变导航系数的敏感区域；自动调温器的反馈装置。

24. 中介物

（1）使用中介物实现所需动作。

（2）把一物体与另一容易去除的中介物体暂时结合。

 原理案例 24

用拨子弹琴弦；饭店里上菜的托盘（见图 4-30）。

图 4-30　上菜的托盘

25. 自助

（1）物体通过执行辅助或维护功能为自身服务。

（2）利用废弃的能量与物质。

 原理案例 25

自清洗烤箱（见图 4-31）；自动补水饮水机；冬天用发动机的余热来取暖。

图 4-31　自清洗烤箱

26. 复制

(1) 用简单、廉价的复制品代替复杂、昂贵、不方便、易损、不易获得的物体。

(2) 用光学复制品(图像)代替实物或实物系统,可以按一定比例放大或缩小图像。

 原理案例 26

虚拟现实系统,如虚拟训练飞行员系统;看电视直播,而不到现场观看;用卫星相片代替实地考察;根据图片测量实物尺寸;利用紫外线诱杀蚊蝇。

27. 廉价替代品

用若干便宜的物体代替昂贵的物体,同时降低某些质量要求,例如工作寿命。

 原理案例 27

一次性的餐具;人造金刚石。

28. 更换机械系统

(1) 用视觉系统、听觉系统、味觉系统或嗅觉系统代替机械系统。

(2) 使用与物体相互作用的电场、磁场、电磁场。

(3) 用运动场代替静止场,时变场代替恒定场,结构化场代替非结构化场。

 原理案例 28

用声音栅栏代替实物栅栏(如光电传感器控制小动物进出);在煤气中掺入难闻的气体,气体泄漏时警告使用者;用电磁场代替机械振动使两种粉末混合均匀;用不同的磁场加热含磁粒子的物质,当达到一定温度时,物质变成顺磁,不再吸收热量,从而达到恒温的目的。

29. 气压或液压

将物体的固体部分用气体或液体代替,如充气结构、充液结构、气垫、液体静力结构和流体动力结构等。

原理案例 29

气垫运动鞋(见图 4-32),减少运动对足底的冲击;运输易损物品时,使用发泡材料保护。

图 4-32 气垫运动鞋

30. 弹性膜或薄膜

(1) 使用柔性壳体代替标准结构。
(2) 使用柔性壳体将物体与环境隔离。

原理案例 30

在网球场地上采用充气薄膜结构作为冬季保护措施;农业上使用塑料大棚种植蔬菜(见图 4-33)。

图 4-33 塑料大棚

31. 多孔材料

(1) 使物体变为多孔或加入多孔物体(如多孔嵌入物或覆盖物)。
(2) 如果物体是多孔结构,在小孔中事先引入某种物质。
(3) 为减轻物体重量,在物体上钻孔或使用多孔材料。

原理案例 31

> 用海绵储存液态氮；沥青路面可降噪，渗水性好。

32. 改变颜色
（1）改变物体或环境的颜色。
（2）改变物体或环境的透明度。

 原理案例 32

> 在暗室中使用安全灯，涂警戒色；感光玻璃可以随光线改变其透明度，环卫工人的工作服鲜艳并有荧光条，保证安全。

33. 同质性
用相同材料或特性相近的材料制作存在相互作用的物体。

 原理案例 33

> 用可食用材料制造方便面的料包外包装；用金刚石切割钻石，切割产生的粉末可以回收；焊接用的焊条和所焊材料相同。

34. 抛弃或再生
（1）采用溶解、蒸发等手段抛弃已完成功能的零部件，或在系统运行过程中直接修改它们。
（2）在工作过程中迅速补充系统或物体中消耗的部分。

 原理案例 34

> 药物胶囊（见图 4-34）；火箭助推器在完成其功能后立即分离；自动铅笔。
>
>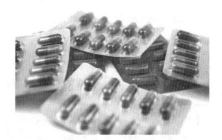
> 图 4-34 药物胶囊

35. 性能转换

(1) 改变聚集态(物态)。
(2) 改变浓度或密度。
(3) 改变柔度。
(4) 改变温度。

原理案例 35

酒心巧克力制作:先将酒心冷冻,然后将其放入热巧克力中;用液态的肥皂水代替固体肥皂;硫化橡胶改变了橡胶的柔性和耐用性;用固体胶(见图 4-35)代替液体胶水。

图 4-35　固体胶

36. 相变

利用物质相变时产生的某种效应,如体积改变、吸热或放热,从而产生新效应或功能。

原理案例 36

水在固态时体积膨胀,可利用这一特性进行定向无声爆破。

37. 热膨胀

(1) 使用热膨胀或热收缩材料。
(2) 组合使用不同热膨胀系数的几种材料。

原理案例 37

装配钢双环时,可使内环冷却收缩,外环升温膨胀,再将两环装配,待恢复常温后,内外环就能紧紧装配在一起了;热敏开关(两条粘在一起的金属片,由于两片金属的热膨胀系数不同,对温度的敏感程度也不一样,可实现温度控制)。

38. 强氧化剂

(1) 用富氧空气代替普通空气。

(2) 用纯氧代替空气。

(3) 将空气或氧气进行电离辐射。

(4) 使用离子化氧气。

(5) 用臭氧代替含臭氧氧气或离子化氧气。

 原理案例 38

为更持久地在水下呼吸,呼吸器中储存浓缩空气;用高压纯氧杀灭伤口细菌;利用臭氧发生器净化空气。

39. 惰性环境

(1) 用惰性环境代替通常环境。

(2) 使用真空环境。

 原理案例 39

用氩气等惰性气体填充灯泡,做成霓虹灯;真空包装食品,延长储存期。

40. 复合材料

用复合材料代替均质材料。

 原理案例 40

用玻璃纤维制成的冲浪板,更加容易控制方向,易于制成各种形状。

三、TRIZ 的矛盾及其解决方法

(一) 矛盾的概念与分类

1. 矛盾

矛盾是对立双方相互排斥、相互制约、相互渗透、相互依存的紧密相关性,是客观社会中普遍存在的现象。矛盾的必然存在性决定了它的含义不一定是负面的,相反,以不同的视角去观察它,可以发现矛盾具有许多积极的含义。因为发现了矛盾,才有了进行创新的动力;因为有了创新,社会才能不断进步。而创新过程中解决的矛盾越大则进步也就越大。

人们希望钢笔的笔尖很细以便画出细线,但细笔尖又容易划破纸;大城市上下班时间容易产生交通堵塞,为了提高通车速度,就需要拓宽道路,但拓宽道路又会增加财政投入,为减少财政支出,所以不能拓宽道路。这就是矛盾,任何一个系统都是通过克服不断产生的矛盾来发展的。在技术系统中,矛盾就是反映相互作用的因素之间在功能特性上具有不相容要求或同一功能特性具有不相容要求的系统的模型。发明问题的核心就是解决矛盾,解决矛盾的过程就是创新过程。

2. 基于 TRIZ 的矛盾分类

阿奇舒勒把矛盾分为三类:管理矛盾、技术矛盾和物理矛盾。

(1) 管理矛盾是指根据现场的情况,需要做一些事情以获得希望的结果或避免某些现象的发生,但不知如何去做,即没有发现可以解决问题的任何方法。一般是系统和系统之间的矛盾。

出现管理矛盾的情况是很不幸的,当人们感觉需要去做某些事的时候,肯定已发现了某种不足,但不知如何去做,其原因可能是没有发现真正的问题所在,也可能是没有发现问题中的矛盾所在。作为一个负责任的创造者是不希望这种情况发生的。

TRIZ 没有提供直接解决管理矛盾的方法,TRIZ 主要考虑的是后两类矛盾,即技术矛盾和物理矛盾。

(2) 技术矛盾,当人们试图用某种方法去实现所需功能(有利效应)时,却产生了另一方面的不足(不利效应),TRIZ 称之为出现了技术矛盾。技术矛盾也可指有用系统的引入或有害效应的消除导致一个或几个子系统或系统变坏。现实中有许多这样的例子:想吃一份好菜,但太贵;想穿一件时髦的衣服,但太过招摇;想坐车,但步行更健康环保等。

技术矛盾常表现为一个系统中两个子系统之间的矛盾。具体描述如下:在一般情况下,一个系统总是存在多个评价参数,如有两个基本参数 A、B 构成参数对,试图改善 A 时,B 的性能变差了,或反之。此时,问题解决过程中便出现了技术矛盾(冲突)。

(3) 物理矛盾指为了实现某种功能,一个子系统或元件应具有一种特性,但同时出现了与该特性相反的特性。物理矛盾涉及系统中的性能指标,其矛盾在于:为了某种功能的实现,对某个性能指标提出完全相反的要求,或对该子系统或部件提出了相反的要求。如制造弹簧时,为了产生弹力,各圈之间必须有空隙;但为了不发生缠绕,又希望各圈之间没有空隙,这就是物理矛盾,问题的解决方法对同一参数提出了完全相反的性能要求。

由此可见,物理矛盾是一种"自相矛盾"的矛盾,所以相对于技术矛盾而言,物理矛盾是更尖锐的矛盾,通常情况下也是更接近问题本质的矛盾。

TRIZ 是为了解决矛盾而产生的,它不承认任何折中的解决方法。TRIZ 认为,创新必须解决某种不调和,必须解决矛盾,否则就不是创新。与传统的折中法相比,TRIZ 提出了完全不同的解决问题的目标,给了创造者更大的压力,但也给了人们更多的遐想和动力,不必关注被发现问题的领域是否普通和平凡,只要能从这些问题中发现冲突,并能用解决冲突且不折中的方式去解决问题,那么所解决的普通问题就是一个创新问题。

(二) 技术矛盾的解决

如前所述,技术矛盾表现为:在一个子系统中引入一种有用功能后,会导致另一子系统产生一种有害功能,或加强了已存在的一种有害功能;一种有害功能会削弱另一子系统的有用功能;有用功能的加强或有害功能的削弱使另一子系统或系统变得复杂。技术矛盾模型图如图 4-36 所示,A 的升高会使 B 降低。

TRIZ 提出的表 4-8 的 39 个通用工程标准参数来描述技术矛盾和表 4-10 的 40 个发明原理

图 4-36　技术矛盾模型图

是解决技术矛盾的关键。

1. 矛盾矩阵的构造

矛盾矩阵是由 39 个通用工程标准参数组成的 39×39 正方形矩阵。该矩阵的行是按 39 个通用工程标准参数依次排列，代表工程参数需要改善的一方；该矩阵的列也是按 39 个通用工程标准参数依次排列，代表工程参数可能引起恶化的一方。

矩阵元素用 M_{ij} 表示，下标 i 表示该元素的行数，下标 j 表示该元素的列数。$i=j$ 时为物理矛盾。若 $i\neq j$ 时，矩阵元素 M_{ij} 为空集，指这两个工程参数间不构成矛盾，或是存在矛盾但尚未找到适合的解，用符号"—"表示；若 $i\neq j$ 时，矩阵元素 M_{ij} 为非空集，其数值为解决所在的行与列通用工程标准参数所产生的技术矛盾的相关发明原理的编号，可在矛盾矩阵表中找到。

2. 应用矛盾矩阵的步骤

(1) 分析问题，找出可能存在的技术矛盾，最好能用动宾结构的语句来表述矛盾。包括三个方面：

①问题是什么？

②现在有什么解决方法？（要改善的参数）

③上述方法有什么缺点？（恶化的参数）

表述为：为了……，在……时，而不……

(2) 针对具体问题确认一对或几对技术矛盾，并将矛盾的双方转换成技术领域的有关术语，进而根据有关术语在 39 个通用工程标准参数中选定相应的工程参数。

(3) 按照相矛盾的工程参数编号 i 和 j，在矛盾矩阵中找到相应的矩阵元素 M_{ij}，该矩阵元素值表示 40 个发明原理的序号，按照该序号找出相应的原理供下一步使用。

(4) 根据已找到的发明原理，结合专业知识，寻找解决问题的方案。一般情况下，解决技术矛盾的发明原理不止一个，应对每一个相应的原理做解决技术矛盾的尝试。

(5) 如果第四步的努力没有取得较好的效果，就要考虑初始构思的技术矛盾是否真正表达了问题的本质，是否真正反映了创新改进的方向，应重新设定技术矛盾，并重复上述步骤。

3. 用矛盾矩阵解决技术矛盾示例

示例一：工厂在取杏仁时，使用机械方式压碎壳，但往往也会把杏仁破坏，试设计一种好的方法取杏仁。

(1) 分析问题：表述为"为了取杏仁，在用机械方式压碎壳时，而不破坏杏仁。"

(2) 找出技术矛盾对。

根据 39 个通用工程标准参数，得出 32（制造力）要改善和 12（形状）会恶化，存在技术矛盾。

(3) 查矛盾矩阵表确定 40 个发明原理的序号,得出可用的发明原理为 1(分割)、28(更换机械系统)、13(反向操作)和 27(廉价替代品)。

(4) 分析具体的技术方案。

分割意味着要把壳完全分开,更换机械系统意味着要用另一种系统,反向意味着应从里向外加力。在密闭容器内加入高压空气,突然降压,使杏仁内的空气膨胀,从而打开杏仁壳。为了得到高压,可用高压空气,也可加热容器使气压升高。

示例二:某企业需要生产大量的、各种形状的玻璃板。首先,工人们将玻璃板切成长方形,然后根据客户要求加工成一定的形状。然而,在加工过程中,容易出现玻璃破碎的现象,因为薄板玻璃受力时很容易断裂,而玻璃的厚度又是客户订单上要求的,不能更改。

(1) 确定技术参数。

现在存在的问题是:薄板玻璃在加工过程中会受力,薄板玻璃无法承受该力的作用而发生破碎,这是要改善的特性。对应通用工程标准参数,选择 32(制造力)作为改善的参数。

为了避免发生玻璃破碎的现象,工人们在加工过程中必须要非常小心。因此,对薄板玻璃的加工操作就要进行严格的控制,保证玻璃受力不超过极限,这就是被恶化的特性。对应通用工程标准参数中选择 33(易用性)作为被恶化的参数。

(2) 查看矛盾矩阵表。

部分矛盾矩阵表如表 4-11 所示。

表 4-11 部分矛盾矩阵表

恶化的参数		31	32	33	34
改善的参数		内部有害因素	制造力	易用性	可修复性
31	内部有害因素	+	−	−	−
32	制造力	−	+	2,5,13,16	35,1,11,9
33	易用性	−	2,5,12	+	12,26,1,32
34	可修复性	1,35,11,10	1,12,26,15		+

从矩阵表中得到推荐的发明原理序号共 4 个,分别是:2、5、13、16。对应的发明原理依次是:抽取、组合、反向操作、部分超越。

(3) 发明原理的分析。

①抽取。此原理体现在两个方面:将物体中"负面"的部分或特性抽取出来;只从物体中抽取必要的部分或特性。此原理对问题的彻底解决贡献有限。

②组合。此原理体现在两个方面:合并空间上的同类或相邻的物体或操作;合并时间上的同类或相邻的物体或操作。此原理对问题的彻底解决贡献最大。

③反向操作。此原理体现在三个方面:颠倒过去解决问题的方法;使物体的活动部分改变为固定,让固定的部分变为活动的;翻转物体(或过程)。此原理对问题的彻底解决贡献有限。

④部分超越。此原理主要体现在现有方法难以完成对象的 100%,可用同样的方法完成"稍少"或"稍多"一点,使问题简化。此原理对问题的彻底解决贡献有限。

(4) 发明原理应用。

综合以上 4 条发明原理的分析,组合是最具有价值的发明原理。

解决方案:将多层薄板玻璃叠放在一起,从而形成一叠玻璃,事先在每层玻璃面上洒一层水或涂一层油,以保证堆叠后的玻璃之间可以形成相当强的黏附力。一叠玻璃的强度会远大于单层玻璃的强度,在加工中就可以承受较大的力,从而改善了薄板玻璃的制造力。当加工完成后,再分开每层玻璃,制作成客户要求的产品。

(三)物理矛盾的解决

物理矛盾一般来说有两种表现:一是系统中有害性能降低的同时导致系统中有用性能的降低;二是系统中有用性能增强的同时导致系统中有害性能的增强。例如:手机制造要求整体体积设计得越小越好,便于携带,同时又要求显示屏和键盘设计得越大越好,便于观看和操作,所以对手机的体积设计要求具有大和小两个方面的趋势,这就是手机设计的物理矛盾。

1. 物理矛盾的类型

(1)矛盾元素是通用工程标准参数,不同的设计条件对它提出了完全相反的要求。

例如,对于建筑领域,墙体的设计应该有足够的厚度使其坚固和隔音。同时,墙体又要尽量薄以加快建筑进程。

(2)矛盾元素是通用工程标准参数,不同的工况条件对它有着不同的要求。

例如,某个装置要实现温度达到 100 ℃,又要实现温度达到 200 ℃;灯泡的功率既要是 25 W,又要是 100 W。

(3)矛盾元素是非工程标准参数,不同的工况条件对它有着不同的要求。

例如,冰箱的门既要经常打开,又要经常保持关闭;歌咏比赛的奖项既要设立得多,又要设立得少等。

2. 常见的物理矛盾参数

物理矛盾的常用参数主要有三类:几何类、材料及能量类、功能类。三大类中的具体参数如表 4-12 所示。

表 4-12 常见的物理矛盾参数

类 别	物理矛盾参数			
几何类	长与短 圆与非圆	对称与非对称 锋利与钝	平行与交叉 窄与宽	厚与薄 水平与垂直
材料及能量类	多与少 时间长与短	密度大与小 黏度高与低	热导率高与低 功率大与小	温度高与低 摩擦系数大与小
功能类	喷射与堵塞 运动与静止	推与拉 强与弱	冷与热 软与硬	快与慢 成本高与低

3. 物理矛盾的解决方法

(1)矛盾特性的空间分离:用齿形带进行运动传递可降低因齿轮啮合运动产生的噪声。

(2)矛盾特征的时间分离:折叠式自行车在行走时体积大,在储存时可以折叠变小。

(3)不同系统或元件与另一系统相连:轧钢时,传送带上的钢板首尾相连,使钢板端部保持一定温度。

(4)将系统改为反系统,或将系统与反系统相结合:为防止润滑系统渗漏,常采用密封装置。

(5)系统作为一个整体具有特性+B,其子系统具有特性-B:链条与链轮组成的传动系统是柔性的,但每个链节却是刚性的。

(6) 系统的核心是微观操作:微波炉可代替电炉加热食物。

(7) 系统中一部分物质的状态交替变化:液化气在运输时氧气处于液态,使用时处于气态。

(8) 由于工作条件变化使系统从一种状态向另一种状态过渡:形状记忆合金管接头在低温下很容易安装,常温下又不会松开。

(9) 利用状态变化所伴随的现象:一种输送冷冻物品装置的支撑部件是由冰制成的,在冷冻物品融化过程中能最大限度地减少摩擦力。

(10) 用两种物质代替单一的物质:抛光液可由一种液体与一种粒子混合组成。

(11) 通过物理作用及化学反应使物质从一种状态过渡到另一种状态:为了增加木材的可塑性,可在木材中注入含盐的氨水。

4. 物理矛盾的分离原理

解决物理矛盾的核心思想是:实现矛盾双方的分离。TRIZ 共有四种分离原理。

1) 空间分离

将矛盾双方分离在不同的空间,以降低解决问题的难度。当系统矛盾双方在某一空间只出现一方时,空间分离是可能的。

案例 4-13

测量海底时,将声呐探测器与船体空间分离,从而防止干扰,提高测量精度。在快车道上方建立人行天桥,车流和人流各行其道,实现空间的分离。

2) 时间分离

将矛盾双方分离在不同的时间,以降低解决问题的难度。当系统矛盾双方在某一时间只出现一方时,时间分离是可能的。

案例 4-14

将飞机机翼设计成可调节的活动机翼,以适应在飞行中各个时间段的不同要求。为了解决用电高峰期电能紧缺的矛盾,进行时间分离,在用电低峰时降低电价,鼓励人们低峰时间用电。

3) 条件分离

将矛盾双方分离在不同的条件下,以降低解决问题的难度。当系统矛盾双方在某一条件下只出现一方时,条件分离是可能的。

4) 整体与部分分离

将矛盾双方分离在不同的层次,以降低解决问题的难度。当系统矛盾双方在某一层次只出现一方时,整体与部分分离是可能的。

5. 应用分离原理解决物理矛盾的步骤

如何在理解物理矛盾的基础上应用分离原理解决问题呢?下面结合具体实例讲解应用分离原理解决物理矛盾的步骤。

(1) 应用空间分离原理解决物理矛盾的步骤。

第一步,定义物理矛盾,首先确定矛盾的参数,在此基础上对矛盾的参数相反的要求进行描述;第二步,对在什么空间上需要满足什么要求进行确定;第三步,对以上两个空间段是否交叉进行判断,如果两个空间段不交叉,可以应用空间分离,否则不可以应用空间分离。

案例 4-15

红蓝铅笔的发明问题

红蓝铅笔是我们日常生活熟悉的用品,使用起来很方便,但方便之中也包含着物理矛盾。我们可以应用分离原理解决红蓝铅笔的发明问题。

第一步,定义物理矛盾。

参数:颜色。要求1:红。要求2:蓝。

第二步,什么空间需要满足什么要求?

空间1:铅笔的一端。

空间2:铅笔的另一端。

第三步,以上两个空间段是否交叉?

否:应用空间分离。

是:尝试其他分离方法。

---

(2) 应用时间分离原理解决物理矛盾的步骤。

第一步,定义物理矛盾,首先确定矛盾的参数,在此基础上对矛盾的参数相反的要求进行描述;第二步,对在什么时间上需要满足什么要求进行确定;第三步,对以上两个时间段是否交叉进行判断,如果两个时间段不交叉,可以应用时间分离,否则不可以应用时间分离。

案例 4-16

雨伞的发明问题

伞的发明也与解决物理矛盾有关,为了遮阳避雨人们建造了亭子。可是,亭子虽然能遮阳避雨,但是体积太大了,不便于携带。如何让亭子活动起来,用的时候变大,不用的时候变小呢?经过长时间的摸索和尝试,人们把竹子劈成一根根细条,中间用一根竹棍当柄,将细条聚合起来,捆扎在竹棍的一端,再在细条上蒙上牛皮,一个可以随身携带的伞就这样被发明了出来。

应用分离原理解决雨伞发明问题的步骤如下:

第一步,定义物理矛盾。

参数：面积。要求1：大。要求2：小。
第二步，什么时间需要满足什么要求？
时间1：下雨、遮阳。
时间2：携带、存放。
第三步，以上两个时间段是否交叉？
否：应用时间分离。
是：尝试其他分离方法。

案例 4-17

土地爷的哲学

这是古时候的一个神话故事。有一次土地爷外出，临行前嘱咐他的儿子替他在土地庙"当值"，并且一定要把前来祈祷者的话记下来。他走后，前前后后来了四个祈祷者：

一位船夫祈祷赶快刮风，以便乘风远航；

一位果农祈祷别刮风，避免把快成熟的果子给刮下来；

一位农民祈祷赶紧下雨，以免耽误播种的季节；

一位商人祈祷千万别下雨，以便趁着好天气带着大量的货物赶路。

这下可难住了土地爷的儿子，他不知该怎么办才能满足这些人的要求，只好把所有祈祷者的话都原封不动地记了下来。

很快，土地爷回来了，看了儿子的记录，哈哈一笑说："别愁眉苦脸了，照我的办法做就是了，肯定能满足他们各自的要求。"土地爷提笔在上面批了四句话：

刮风莫到果树园，

刮风河边好行船；

白天天晴好走路，

夜晚下雨润良田。

如此一来，四个不同的祈祷都如愿以偿、皆大欢喜。

其实，土地爷前两句话说的是风的"空间分离"，后两句话说的是雨的"时间分离"。

案例 4-18

交通问题 1

在十字路口，汽车必须很快通过，又必须避让其他方向的车辆而不通过，构成物理矛盾。

时间分离原理：设置红绿灯。

空间分离原理：建设立交桥。

案例 4-19

> **交通问题 2**
> 在快车道上要建公交汽车停车站,但停车站会影响交通。
> 整体与部分分离原理:在快车道上以部分占用慢车道的方式建弧形公交停车站。

TRIZ 中采用四个分离原理来解决物理矛盾。把实际的矛盾冲突转化为标准参数,并利用 TRIZ 解决问题的方法就能找到发明原理中的标准解,并将其转化成实际解,从而实现产品的改进和创新。研究表明,4 个分离原理与 40 个发明原理之间是存在一定关系的。如果能正确理解和使用这些关系,就可以把 4 个分离原理与 40 个发明原理做一些综合应用,这样可以开阔思路,为解决物理矛盾提供更多的方法与手段。

四、TRIZ 的实践

1. 矛盾的综合分析与运用

1）清除跑道上的积雪

分析问题:下大雪后,要及时清除飞机跑道上的积雪。传统上消除道路积雪可采用加助融剂的方法,但此法不适用于飞机跑道,因为雪融化后的水分会对飞机的行驶安全构成威胁。可以如图 4-37 所示,用装在汽车上的强力鼓风机产生的空气流来清除积雪。但积雪量大的时候效果并不明显,必须加大气流的流量和压力,需要更大的动力。

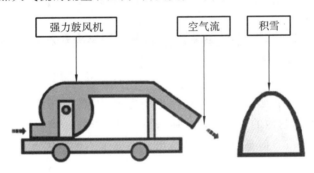

图 4-37 鼓风机强力驱雪

解决方案:

可以不构造矛盾对,而直接从 40 个发明原理中寻找答案。

联想经常见到的铲除物件的办法:用冲击钻开挖马路,用嘴吹气去除理发后残留在颈部的头发,用手拍打地毯去除地毯中的灰尘。由此可采用发明原理中的第 19 条"周期性动作"来实现创新设计。

在鼓风机上加装脉冲装置,使空气按脉冲方式喷出,就能有效地把积雪吹离跑道。还可以优化选用最佳的脉冲频率、空气压力和流量。实践证明,脉冲气流除雪的效率是连续气流除雪的两倍。

2）开口扳手改进设计

如图 4-38 所示是一种开口扳手的操作示意图。图中扳手在外力的作用下拧紧或松开一个六角螺母。由于螺母的受力集中到两条棱上，容易产生变形，而使螺母拧紧或松开困难。

为了解决这一问题，就必须减少扳手开口与螺母侧边之间的间隙，甚至达到零间隙。这就要求提高螺母和扳手开口的尺寸精度，给螺母和扳手的制造带来一定的困难。

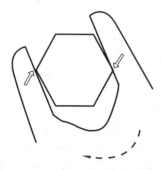

图 4-38 开口扳手操作示意图

解决方案：

首先从 39 个通用工程标准参数中选择并确定技术矛盾的一对特性参数。

质量提高的参数：物体内部有害因素(No.31)变小，即不会压坏棱边。

带来负面影响的参数：制造精度(No.29)要求更高了，即要求扳手开口与螺母侧边无间隙。

由矛盾矩阵表确定可用的发明原理 $M_{31-29}=[4,17,34,26]$，即：不对称，多维法，抛弃或再生，复制。

对 17 及 4 两个发明原理的分析表明，扳手工作面的一些点要与螺母的侧面接触，而不是与其棱角接触，就可解决该矛盾。

2. 练习写出参数：易燃的汽油

在交通事故中，车辆之间的猛烈碰撞往往会导致油箱泄漏。由于汽油具有高可燃性，很容易导致着火、爆炸。经统计，在交通事故中造成死亡的主要原因是燃烧和爆炸。分析其中的矛盾并写出相关参数。

3. 实践分析：割草机

分析问题：草坪上的草长得很快，且参差不齐，传统的解决方案是用割草机，但噪声很大。试利用 TRIZ 理论设计解决方案。

4. 开口信封的设计

文具店出售信封的样式如图 4-39 所示，人们往往认为撕开信封的粘胶是很快捷方便的，但是，这种方法通常会把信封内的文件撕坏或使信封开口变粗糙。可以借助某种辅助工具既不损坏文件又获得好看的开口。但是，该方法又给用户带来了不便。因此，试设计一种能又快又可靠地拆开的信封。

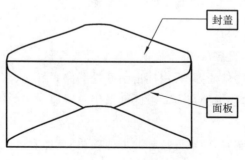

图 4-39 开口信封

参考提示:

(1) 问题描述:怎样用最少的时间安全快捷地取出信封内的文件。

(2) 解决思路和关键步骤:节约拆信时间与降低拆信的可靠性之间的矛盾,该矛盾是时间节约导致拆信可靠性下降,查矛盾矩阵表得 $M_{25\text{-}27}=[10,30,4]$,即三个发明原理:

No.10:预先动作;

No.30:弹性膜或薄膜;

No.4:不对称。

(3) 在上述三个原理中,重点考虑前两个原理。

发明原理 10 建议:

①预先施加必要的改变;

②预先安置物体,使其在最方便的位置及时发挥作用而不浪费时间。

发明原理 30 建议:

①使用柔性壳体代替标准结构;

②使用柔性壳体将物体与环境隔离。

根据发明原理 10 和发明原理 30 的建议,信封设计可以通过封装前在封盖下放置拆封线或拆封条来实现。

第 5 章 成果保护与价值实现

▪知识目标▪

(1) 了解创新创造成果的呈现形式;
(2) 了解知识产权保护的含义与相关法律的概述,明确学术规范的相关规定;
(3) 了解专利的类型和专利保护对象的特征,掌握专利申请书的撰写方法;
(4) 掌握技术成果转化流程,提高创新创造成果保护意识。

5.1 创新创造成果的呈现形式

创新创造成果的主要呈现形式有创新发明、创新作品、创新项目的立项实施等。

一、创新发明

一般而言,创新发明是应用自然规律为解决技术领域中的特有问题而提出创新性方案、措施的过程和成果。产品之所以被发明出来是为了满足人们日常生活的需要。发明成果或是提供前所未有的人工自然物模型,或是提供加工制作的新工艺、新方法。机器设备、仪表装备和各种消费用品以及有关制造工艺、生产流程和检测控制方法的创新和改造,均属于创新发明。

在知识产权领域,创新发明是指《专利法》所保护的发明创造的其中一种专利类型,是指产品、方法或其改进所提出的新的技术方案。在专利领域中的创造发明有其规定的保护对象或者说保护客体。创新发明按创新程度的不同可以分为两大类。

1. 开创性技术发明

开创性技术发明,其新技术方案所依据的基本原理与已有技术有质的不同,又称基本技术发明。如蒸汽机技术的发明开创了热能向机械能的转化,在基本原理上区别于仅有机械能转化的简单机械;立足于电磁感应原理的电力技术的发明开创了电能与机械能的相互转化;从利用链式核反应原理到利用核聚变反应原理,取得了开创性的核技术发明。近现代的开创性技术发明大都以科学原理的突破为条件,自觉地应用新的科学原理来解决技术问题。科学上的许多重大突破,将会导致技术上的开创性发明。

2. 改进性技术发明

改进性技术发明是在基本原理不变的情况下,对已有技术做不同程度的改变和补充,又称改良性技术发明。如电灯发明中用钨丝代替碳丝、用充氩代替真空,都是依据电热发光的同一原理;高压蒸汽机、汽轮机和多缸蒸汽机的发明,都是对蒸汽机技术的改进。改进性技术发明以开创性技术发明为基础,开创性技术发明靠改进性技术发明得到完善和发展。改进性技术发明也可能以新的科学发现为前提,但在很多情况下是靠长期的经验积累和经验摸索。没有科学原理的根本性突破,也可能做出有重大价值的改进性技术发明。改进性技术发明与开创性技术发明的区分是相对的。开创性技术发明往往导致技术系统的根本性变革,其意义重大。

在创新发明中,数量最多的是改进性技术发明。完善与基本技术有关的材料、结构、工艺和功能都会产生改进性技术发明。把一种基本技术移植、应用于多种对象,通常要求改变基本技术的某些环节,派生出另一些发明,这属于改进性技术发明的应用。把多种已有技术结合起来组成一个前所未有的系统,实现某种新的功能,往往也需要对已有技术做改进而产生一些发明,这属于改进性技术发明的综合。对产品的形状、构造乃至外观设计的创新和改进,有时也具有发明的性质。

二、创新作品

创新作品,是指通过作者的创作活动产生的具有文学、艺术或科学性质的,具有独创性且以一定有形的形式复制表现出来的智力成果。

根据大多数国家的著作权法和主要国际著作权公约的规定,受著作权保护的作品包括小说、诗词、散文、论文、速记记录、数字游戏等文字作品;讲课、演说、布道等口语作品;配词或未配词的音乐作品;戏剧或音乐戏剧作品;哑剧和舞蹈艺术作品;绘画、书法、版画、雕塑、雕刻等美术作品;实用美术作品;建筑艺术作品;摄影艺术作品;电影作品;与地理、地形、建筑、科学技术有关的示意图、地图、设计图、草图和立体作品。

随着社会经济的发展需要,著作权法所保护的创新作品的种类和范围会不断扩张。由于保护计算机软件的需要,一些国家开始用著作权法对软件加以保护,根据世界贸易组织的 TRIPS 协议,成员国均承诺以著作权方式对软件予以保护,但是著作权方式保护软件有其不足之处,即无法保护其流程和构思,抄袭者稍加修改,就可避免侵权,许多国家开始考虑以专利形式对软件予以保护。

我国在 2001 年修改著作权法时,根据国际上的发展趋势,扩增了创新作品的外延,又根据我国的国情,增加了一些外延,比如杂技,我国杂技水准在国际上已经领先。但是我国著作权法并不保护杂技中的技巧等技术问题,而仅仅保护杂技中舞蹈性的、体现美感的部分。

相对于实践的需要,立法的进展总存在滞后问题。尽管我国著作权法列举了九项作品大类,最后一项是其他智力成果。但是,第一,各项大类下具体包括哪些形式的作品,常常存在争议,比如,美术的概念是否涵盖实用艺术品?第二,我国著作权法的表述方式是否排除了其他可能的新型作品类型?对此,学界尚有争议。但是,我国最高人民法院的司法解释在处理网络环境下的作品时,给予了一种开放的态度。因此,著作权法保护的作品的具体范围,应当根据立法、司法实践以及学理来界定。

创新作品的类型因作品形成的情况不同而有不同的分类方式,以下主要分为五类。

1. 合作作品

由两个或两个以上的作者共同创作的作品为合作作品。根据著作权法的基本原则和大多数国家的惯例,如无相反协议,合作作品的著作权由合作作者共有,著作权的行使和因他人使用作品所得报酬的分配,由合作作者协商解决。但是,合作作品中可以单独使用的部分,其著作权一般由创作该部分作品的作者保留和单独行使。

2. 编辑作品

根据特定的目的，按特定的方式，将多种作品进行整理、编排而形成的作品，如报纸、期刊、百科全书、文集等。一般国家的著作权法规定，编辑作品作为一个整体，其著作权归编辑者或出版者所有，但编辑者或出版者行使著作权时，不得损害编辑作品中各个作品的著作权人。

3. 委托作品

委托作品是指作者根据委托合同为他人创作的作品。作者按委托人的要求创作某一具体作品，委托人按合同双方同意的标准和条件向作者支付报酬。英美等国的著作权法规定，如果合同双方没有相反的规定，委托作品的著作权归委托人所有。在法国、联邦德国等国，著作权法规定委托作品的著作权亦归创作作品的作者所有，委托人通过合同获得作品的专有使用权。菲律宾等国的著作权法允许委托人与作者共同享有委托作品的著作权。

4. 职务作品

职务作品是指领薪作者作为本职工作或工作任务创作的作品。在资本主义国家，职务作品主要指雇员作者依雇用合同在受雇期间所创作的作品，简称雇用作品。英美等国的著作权法规定，此类作品的著作权归雇主，或根据雇用合同转让雇主，法国、俄国等国著作权法规定，此类作品的著作权归作者，雇主或作者所在的法人组织有权在一定期限和一定范围内使用著作权中的部分财产权利。在中国，根据惯例，职务作品以机关、学校、研究所等单位名义发表的，著作权归单位；以作者个人名义发表的，著作权归作者个人，但作者所在单位为履行本单位的职能有权使用，可不征求同意和支付报酬。

5. 演绎作品

演绎作品是指对一部已有作品进行翻译、改编、整理而产生的作品。演绎作品是与原作品相对而言的，如将一部小说改编成一个剧本，一部中文著作翻译成英文版本，一首用一种乐器演奏的古典乐曲整理成用多种乐器演奏的通俗乐曲，后者便是前者的演绎作品。各国著作权立法和国际著作权公约规定，演绎作品应得到与原作品同等的著作权保护，但作者或其他著作权所有者行使著作权，不得损害原作品著作权所有者的权利。如将一部翻译小说改编成电影，不仅需要译者授权，而且需要小说作者授权，并分别支付报酬。

此外，还有多个作者合作创作，但著作权属于法人或非法人团体的"法人作品"和"集体作品"。

三、创新项目的立项实施

目前，我国以创新作为立项依据的创新项目类别很多，国家自然科学基金项目、各级各类省级、市厅级科研项目等都属于创新项目范围。对于在校大学生来说，可以直接申请参与的就是大学生创新创业训练计划项目。

1. 大学生创新创业训练计划项目的立项实施

大学生创新创业训练计划项目是通过实施国家级大学生创新创业训练计划，促进高等学校转变教育思想观念，改革人才培养模式，强化创新创业能力训练，增强高校学生的创新能力和在创新基础上的创业能力，培养适应创新型国家建设需要的高水平创新人才。

1）大学生创新创业训练计划项目的起源

根据《教育部　财政部关于"十二五"期间实施"高等学校本科教学质量与教学改革工程"的

意见》(教高〔2011〕6号)和《教育部关于批准实施"十二五"期间"高等学校本科教学质量与教学改革工程"2012年建设项目的通知》(教高函〔2012〕2号),教育部决定从"十二五"开始实施国家级大学生创新创业训练计划。

2) 大学生创新创业训练计划项目的内容

国家级大学生创新创业训练计划项目包括创新训练项目、创业训练项目和创业实践项目三类。

创新训练项目:本科生个人或团队,在导师指导下自主完成创新性研究项目设计、研究条件准备和项目实施、研究报告撰写、成果(学术)交流等工作。

创业训练项目:本科生团队,在导师指导下,在项目实施过程中团队中的每个学生扮演一个或多个具体角色,完成编制商业计划书、开展可行性研究、模拟企业运行、参加企业实践、撰写创业报告等工作。

创业实践项目:学生团队在学校导师和企业导师共同指导下,采用前期创新训练项目(或创新性实验)的成果,提出一项具有市场前景的创新性产品或者服务,以此为基础开展创业实践活动。

3) 大学生创新创业训练计划项目的经费支持

国家级大学生创新创业训练计划项目面向中央部委所属高校和地方所属高校。中央部委所属高校直接参加,地方所属高校由地方教育行政部门推荐参加。国家级大学生创新创业训练计划项目由中央财政、地方财政共同支持,参与高校按照不低于1∶1的比例,自筹经费配套。中央部委所属高校参与国家级大学生创新创业训练计划项目,由中央财政按照平均一个项目1万元的资助数额,予以经费支持。地方所属高校参加国家级大学生创新创业训练计划项目,由地方财政参照中央财政经费支持标准予以支持。各高校可根据申报项目的具体情况适当增减单个项目的资助经费。对中央部委所属高校的创业实践项目,每个项目经费不少于10万元,其中,中央财政经费应资助5万元左右。

中央财政支持国家级大学生创新创业训练计划项目的资金,按照财政部、教育部《"十二五"期间"高等学校本科教学质量和教学改革工程"专项资金管理办法》进行管理。各高校参照制定相应的专项资金管理办法,负责创新创业训练计划项目经费使用的管理。项目经费由承担项目的学生使用,教师不得使用学生项目经费,学校不得截留和挪用,不得提取管理费。

中央部委所属高校分为A、B、C三组。2012年,中央财政经费支持A组高校各200项,B组高校各150项,C组高校各70项。为保持实施项目的连续性,各高校可以将2012年的部分项目余额用于支持各校2011年已经立项的学生项目。2013年及以后各年的实际项目数额,将根据上一年的年度评价决定。鼓励各参与高校利用自主科研经费或其他自筹经费,增加立项项目。

4) 大学生创新创业训练计划项目的组织实施

中央部委所属高校直接向教育部提交工作方案,非教育部直属的中央部委所属高校同时报送其所属部委教育司(局)。地方教育行政部门将推荐的地方所属高校的工作方案汇总后,一并提交给教育部。教育部组织专家论证,通过论证后即可实施。

各高校制定本校大学生创新创业训练计划项目的管理办法,规范项目申请、项目实施、项目变更、项目结题等事项的管理,建立质量监控机制,对项目申报、实施过程中弄虚作假、工作无明显进展的学生要及时终止其项目运行。

各高校在公平、公开、公正的原则下,自行组织学生项目评审,报教育部备案并对外公布。项目结束后,由学校组织项目验收,并将验收结果报教育部。验收结果中,必需材料为各项目的总结报告,补充材料为论文、设计、专利以及相关支撑材料。教育部将在指定网站公布项目的总结报告。

国家级大学生创新创业训练计划项目面向本科生申报,原则上要求项目负责人在毕业前完成项目。创业实践项目负责人毕业后可根据情况更换负责人,或是在能继续履行项目负责人职责的情况下,以大学生自主创业者的身份继续担任项目负责人。创业实践项目结束时,要按照有关法律法规和政策妥善处理各项事务。

各高校根据本校实际情况,适当安排创新训练项目和创业训练项目的比例,并逐步覆盖本校的各个学科门类。A组和B组高校要设立一定数量的创业实践项目。

教育部对各高校实施国家级大学生创新创业训练计划项目进行整体评价。每年组织一次分组评价,根据评价结果,适度增减下一年度的项目数。

2. 大学生创新创业训练计划项目的有关要求

(1) 高度重视大学生创新创业训练计划项目对推动人才培养模式改革的重要意义。参与高校要成立由主管教学的校领导牵头负责,由教务、科研、设备、财务、产业、学工、团委等职能部门参与的校级组织协调机构,制定切实可行的管理办法和配套政策,将大学生创新创业训练计划项目的日常管理工作纳入本科生教学管理体系。

(2) 大学生创新创业训练计划项目要进入人才培养方案和教学计划。参与计划的高校教学管理部门要从课程建设、学生选课、考试、成果认定、学分认定、灵活学籍管理等方面给予政策支持。要把创新创业训练计划项目作为选修课程开设,同时要组织建设与创新训练有关的创新思维与创新方法等选修课程,以及与创业训练有关的项目管理、企业管理、风险投资等选修课程。

(3) 要重视大学生创新创业训练计划项目的导师队伍建设。对参与大学生创新创业训练计划项目的学生实行导师制。参与计划的高校要制定相关的激励措施,鼓励校内教师担任大学生创新创业训练计划项目的导师,积极聘请企业导师指导学生的创业训练和实践。

(4) 重视大学生创新创业训练计划项目的条件建设。参与计划高校的示范性实验教学中心、各类开放实验室和各级重点实验室要向参与计划的学生免费提供实验场地和实验仪器设备。参与计划高校的大学科技园要积极承担大学生创新创业训练任务,为参与计划的学生提供技术、场地、政策、管理等支持和创业孵化服务。

(5) 参与计划高校要营造创新创业文化氛围。搭建项目交流平台,定期开展交流活动。鼓励表现优秀的学生,支持项目学生参加校内外学术会议,为学生创新创业提供交流经验、展示成果、共享资源的机会。学校还要定期组织项目指导教师之间进行交流。

(6) 参与计划的学生,如发现本校实施该计划时有违反教育部要求的情况,可以向教育部投诉。投诉的问题要确切,教育部将在调查核实之后予以处理。

3. 大学生创新创业训练计划项目案例

 案例 5-1

荆楚有礼——基于雕花剪纸纹样的文旅产品设计

随着时代的发展,在传统手工艺面临极大挑战的今天,传承与创新具有重要意义。虽然科技已在很大程度上能够取代人力,但任何创新都要植根于本民族的优秀传统文化,其中雕花剪纸这一湖北优秀传统文化作为民间艺术的代表作,成为不同人群汲取养分、创新发展的灵感来源之一。

"荆楚有礼"旨在挖掘湖北雕花剪纸纹样的艺术价值,将其与现代文旅产品设计相结合,使其在具有实用功能的同时,更加注重对人的精神文化的关注。湖北博大精深的荆楚文化资源是其创意的源泉,雕花剪纸作为一种造型艺术,以全局为美的同时,也兼顾了细节的精致。这与文旅产品设计中兼顾全局和局部的艺术思想有共通之处,而在与文旅产品设计的交融中,剪纸纹样作为一种文化符号,承载着人们的生活理想和审美态度,具有表意、抒情、娱乐等多种功能,这些都是湖北传统民间剪纸当代艺术价值的体现。雕花剪纸是湖北非物质文化遗产的杰出代表,探索传统文化与现代文旅产品的结合,有利于完善中国传统文化剪纸的创新开发与保护,使雕花剪纸在展示世界文化的多样性、促进世界优秀文化更好地发展的同时,推动当地文化产品的发展,充分凸显中华优秀传统文化的各项价值,为新时代增强民族文化自信和振兴民族文化产业提供创新方向。

 案例 5-2

适应多场景探测的声源响度探测器设计

为快速准确识别非理想完全空旷的场景(大型商场、公园广场等)中音响系统出现的非停机式的故障,避免安全事故发生,设计一种基于麦克风阵列的声源响度探测器,可以适应不同探测场景,能同时监控各个"点声源"响度并能相互比较,且通过控制单一方向的检测敏感度,从而抵消"局部障碍物"的声音反射带来的增强性影响。由此,各场景工作人员就可以快速判断音响系统是否存在故障,且能准确快速地找出到底是哪一个场景出现故障,实用性很高,能大范围在我们生活中投放使用。

 案例 5-3

基于BIM技术的装配式建筑质量与安全协同控制平台设计

以BIM模型为核心,以硬件集成为手段,融合危险源管理系统、质量安全全过程标准化管理系统,链接装配式建筑项目上的人、数据、标准、流程,构建一种建设全过程多维可视化、模拟与优化、协调与协同、PDCA 闭环管理与防治、数据结构化的质量安全动态监控体系，精准、高效、闭环解决质量安全问题。以装配式建筑 BIM 参数化模型为基础，载入施工进度计划，进行 BIM 施工方案模拟和碰撞检查分析，优化施工过程，进行可视化的施工方案交底和安全交底；以典型装配式建筑工程事故为例，基于数值分析方法，建立质量安全危险源清单，探讨危险源参数化，创建危险源数据库，链接 BIM 质量安全管理模型，构建危险源采集、处理、应用的管理系统。

案例 5-4

非遗独立创意工坊

大数据时代下各种文化产品层出不穷，产品类别与功能也在不断地交替更新，人们对文化产品的要求也在不断地提高，不再单一关注功能与外观，同时开始关注产品的情感内涵。非遗文创产品是非遗文化的衍生品，在非遗传播中传递出文化的多样性，体现出人类伟大的创造力。在非遗传播中，文创产品缩短了大众和非遗的距离，潜移默化中转变了用户对于非遗的态度，古老的文化不再束之高阁。

本团队基于湖北本土非物质文化遗产滚龙连厢的文化背景，创设出来了专属 Q 版人物"厢厢"为主打 logo。该文创产品特色是"厢厢"左手拿竹板，右手拿厢棒，身穿团队独创的土家族特色服装"西兰卡普"，做出滚龙连厢里面的特色动作。其次还设计出来了"特色双层纸杯"，每个纸杯上面有三个滚龙连厢舞蹈动作的分解，总共有三组动作分解，九个舞蹈动作，喝完水以后可以将其撕下作为特色书签或者明信片使用。然后还衍生出了一系列盲盒，里面是根据 Q 版人物"厢厢"表情、舞蹈动作、衣服服饰进行改变的不同造型。有十二种基础盲盒加上两种隐藏盲盒，用户可以通过购买盲盒的方法，进一步对我们文创产品感兴趣，最终把落脚点放在滚龙连厢文创上。

案例 5-5

一种篮球训练用接球练习装置

该接球练习装置（见图 5-1）可模拟人工抛球，通过随机角度、随机距离的篮球喷射，模拟人工发球的多种角度和力度，以达到节省人工且不用担心工作疲劳的目的。在本实用新型装置全力运转时可以供多名篮球运动员进行接球训练，进一步节省了人工。

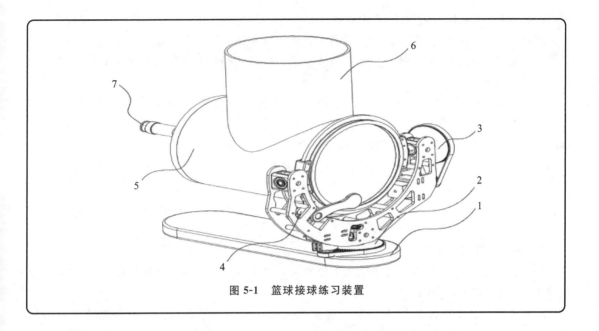

图 5-1 篮球接球练习装置

5.2 知识产权保护概述

一、知识产权

知识是对客观事物的认识，人们应用这些认识来改造世界、创造财富。显然，为了人类的进步，应使知识成为全社会所共有的。但知识又是智力活动的成果，我们把运用知识开发的一项发明、总结出的一种新方法，统称为创新成果。创新成果的取得，需要付出智力，在大多数情况下，还付出了物力、财力等。因此，创新者的付出应该得到报偿，他们的劳动成果应受到尊重。

知识要让社会共享，就必须公开。在商品经济社会中，仿制一种新产品，盗版一本畅销书，能使仿制者、出版商获得巨额利润。若不加任何限制，发明者、著作者将蒙受巨大损失。世界已经走向开放，世界经济的联系也越来越密切。因此，要制定统一的规则，既使创新成果为社会所共有，又使创造者得到报偿，于是形成了知识产权制度。

知识产权是指人们就其智力劳动成果所依法享有的专有权利。它是依照法律赋予符合条件的著作者、发明者或成果拥有者在一定期限内享有的独占权利，一般认为它包括著作权和工业产权。著作权是指创作文学、艺术和科学作品的作者及其他著作权人依法对其作品所享有的人身权利和财产权利的总称；工业产权是指包括发明专利、实用新型专利、外观设计专利、商标、服务标记、厂商名称、货源名称或原产地名称等在内的权利人享有的独占性权利。

1．知识产权的实质

知识产权的实质是将知识视为发明人、著作者的财产。知识产权制度鼓励一切智力创造向社会公开，而社会对公开的成果予以保护，并承认创造者对创造对象在一定期限内拥有独占权利，可以像有形财产一样继承、转让。各种智力创新成果，比如发明、文学和艺术作品，在商业中使用的标志、名称、图像以及外观设计，都可被认为是某一个人或组织所拥有的知识产权。假如采取子孙相传、独家经营的方式,将阻碍技术的发展;反之若予以公开,让其他人为商业目的无偿利用,则发明人的耗费得不到报偿,不利于鼓励创造发明。若实行知识产权制度,就在发明人与使用人之间架起了一座桥梁。发明人公开技术,可以得到报偿;使用人支付专利使用费后,可以为商业目的利用发明成果。

目前,经有关部门注册登记的商标、著作、计算机软件均可受到法律的保护。但由于我国实施知识产权法规的时间不长,人们还不习惯利用这些法规保护自己的智力创造。一项创新成果未履行一定的手续,不符合相应知识产权法规严格规定的条件是不受法律保护的,也得不到国际知识产权组织的承认,无法以平等的身份参加国际竞争。例如,我国发明的水稻插秧机,尽管是一项优秀成果,但由于当时我国尚未实施专利法,国外却抢先申请了专利,结果,我国的水稻插秧机在国际市场上销售,反成了侵权行为。因此我们必须学习这些法规,并自觉地利用法律来保护我们的发明创造成果。

2. 知识产权的特点

知识产权取得的利益既有经济性质的也有非经济性质的。因此,知识产权既与人格权、亲属权不同,也与财产权不同。

(1) 知识产权是一种无形财产,它的保护对象是人的智力创造,属于"智力成果权"。它是指在科学、技术、文化、艺术领域从事一切智力活动而创造的精神财富依法所享有的权利。客体是人类的创造性智力劳动成果,这种智力劳动成果属于一种无形财产或无体财产,但它与那种属于物理的产物的无体财产(如电气)、与那种属于权利的无形财产(如抵押权、商标权)不同,它是人的智力活动的直接产物。

(2) 知识产权具备专有性的特点。知识产权的所有人对其智力成果具有排他性的权利。这种智力成果又不仅是思想,而是思想的表现,但它又与思想的载体不同。权利主体独占智力成果,在这一点上,类似于物权中的所有权,所以以往将其归为财产权。

(3) 知识产权具备时间性、地域性的特点。知识产权的地域性是指除签有国际公约或双边、多边协定外,依一国法律取得的权利只能在该国境内有效,受该国法律保护。知识产权的时间性,是指各国法律对知识产权分别规定了一定期限,期满后则权利自动终止。

(4) 知识产权具备法定性的特点。知识产权的产生、种类、内容和取得方式均由法律直接规定,不允许当事人自由创设。

(5) 大部分知识产权的获得需要法定的程序,比如,商标权的获得需要经过登记注册。

3. 知识产权的种类

1) 著作权与工业产权

著作权又称版权,是指自然人、法人或者其他组织对文学、艺术和科学作品依法享有的财产权利和精神权利的总称。主要包括著作权及与著作权有关的邻接权。通常我们说的知识产权主要是指计算机软件著作权和作品登记及音像制品专有权。

工业产权是指工业、商业、农业、林业和其他产业中具有实用经济意义的一种无形财产权,由此看来"产业产权"的名称更为贴切。工业产权主要包括专利权(发明专利、实用新型专利、外观专利)与标记使用权(商标、商号、货源标记、服务标记的使用权)。

2) 人身权利与财产权利

按照知识产权的内容组成,知识产权由人身权利和财产权利两部分构成,也称为精神权利和经济权利。

人身权利,是指权利同取得智力成果的人的人身不可分离,是人身关系在法律上的反映。例如,作者在其作品上署名的权利,或对其作品的发表权、修改权等,即为精神权利。

财产权利是指智力成果被法律承认以后,权利人可利用这些智力成果取得报酬或者得到奖励的权利,这种权利也称为经济权利。它是指智力创造性劳动取得的成果,由智力劳动者对其成果依法享有的一种权利。

二、知识产权保护

知识产权虽然在形态上有其特殊性,但它仍然是客观实在的财产。所以,我们仍然可以对无形的知识产权进行科学管理,提高知识产权的经营、保护与使用效益。

1. 知识产权保护的发展历程

自2008年《国家知识产权战略纲要》颁布之后,我国陆续出台了《商标法》、《专利法》、《技术合同法》、《著作权法》和《反不正当竞争法》等法律法规文件。从宏观层面上讲,国家已经在法律制度层面为企业知识产权权益的保护提供了较强的法律依据,为企业在制定知识产权保护制度及具体实施方法上指明了方向,但是目前还缺乏侵权案件的单独法律法规详细文件。

随着知识领域的拓宽,知识产权保护的范围也在扩大。我国1989年缔结《关于集成电路知识产权条约》,并成为第一批在该条约上签字的国家。在知识产权制度形成的初期,往往是每个国家单独立法。

专利制度建立最早。1474年,威尼斯颁布了第一部专利法,接着英国在1624年、美国在1790年、法国在1791年、俄国在1812年、德国在1877年、日本在1885年先后颁布了各自的专利法,各国制定的法规通常只在本国主权范围内有效。为了统一、协调各国的知识产权法规,使各国在国际交往中能遵守共同的"国际惯例",1970年成立了"世界知识产权组织"(WIPO),它是联合国的专门机构,我国于1980年加入该组织。1985年我国成为《保护工业产权巴黎公约》成员国,1989年加入了《商标国际注册马德里协定》,成为世界知识产权组织的一员。与此相适应,我国在1983年实施了商标法,1985年实施了专利法,1990年颁布了著作权法,1991年又颁布了计算机软件保护条例,2008年6月,国务院颁布了《国家知识产权战略纲要》。

20世纪80年代以来,随着世界经济的发展和新技术革命的到来,世界知识产权制度发生了引人注目的变化,特别是近些年来,科学技术日新月异,经济全球化趋势增强,产业结构调整步伐加快,国际竞争日趋激烈。知识或智力资源的占有、配置、生产和运用已成为经济发展的重要依托,专利的重要性日益凸现。

国家知识产权局于2016年4月9日表示,要着力构建知识产权大保护工作格局,加快形成知识产权保护的强大合力。2018年11月5日,在首届中国国际进口博览会开幕式上,中国宣布,坚决依法惩处侵犯外商合法权益特别是侵犯知识产权行为,提高知识产权审查质量和审查效率,引入惩罚性赔偿制度,显著提高违法成本。

知识产权保护是一个复杂的系统工程,知识产权自身涉及专利、商标、版权、植物新品种、商业秘密等领域,其保护的权利内容、权利边界等有各自的特点;保护手段涉及注册登记、审查授权、行政执法、司法裁判、仲裁调解等多个方面,客观上需要构建知识产权大保护的工作格局。

2. 知识产权保护的特点

知识产权保护已成为国际经济秩序的战略制高点,并成为各国激烈竞争的焦点之一。具体表现为以下几个鲜明特点:

（1）随着科学技术的迅速发展，传统的知识产权制度面临挑战，知识产权的保护范围在不断扩大。如在专利领域中，美国已对含有计算机程序的计算机可读载体、基因工程、网络上的经营模式等发明给予了专利保护。发展中国家的技术创新空间受到了极大的遏制。如何科学合理地确定专利保护的范围，已成为一个紧迫而重大的研究课题。世界银行在1998年年底发布的一份报告中指出，日益强化的国际知识产权保护立法，面临着扩大发达国家与发展中国家知识产权差距的危险。

（2）某些发达国家近年来极力推行专利审查的国际化，提出打破专利审查的地域限制，建立"世界专利"，即少数几个国家负责专利审查，并授予专利权，其他国家承认其审查结果。所谓"世界专利"，实质上是世界各国的专利审查工作，由少数几个发达国家和地区的专利局来进行。

（3）知识产权已纳入世界贸易组织管辖的范围。知识产权与货物贸易、服务贸易并重，成为世界贸易组织的三大支柱，并且已将货物贸易的规则、争端解决机制引入知识产权领域。按照世贸组织的规定，世贸组织任何成员国将因知识产权保护不力，遭到贸易方面的交叉报复。知识产权已成为国际贸易中的前沿阵地，随着关税的逐步减让直至取消，知识产权保护在国际贸易中的地位和重要性将更加突出。

（4）以美国、日本为代表的发达国家，纷纷调整和制定其面向新世纪的知识产权战略，并将其纳入国家经济、科技发展的总体战略之中。

3. 知识产权保护的意义

1）促进创新和经济发展

知识产权保护可以鼓励创新，因为创新者能够享有其所创造的知识产权，从而获得回报和利益。同时，知识产权的保护也能够促进技术进步、提高生产力，推动经济发展。

2）保护创作人的权益

知识产权保护可以保护创作人的权益，确保他们获得对其作品的合法权益。例如，版权可以保护作者的作品不被他人抄袭或复制，从而确保作者可以获得公正的回报和利益。

3）保护消费者的利益

知识产权保护可以保护消费者的利益，防止低劣、伪劣产品的流通和销售。例如，商标可以防止他人在产品上冒充某个品牌，从而让消费者分辨真伪，获得更好的消费体验。

4）促进公平竞争

知识产权保护可以促进公平竞争，防止不正当的竞争行为。

5）促进国际交流与合作

知识产权保护也是国际交流和合作的重要方面。同时，保护知识产权也可以促进国际贸易，提高国际竞争力。

6）增强市场竞争力

知识产权让企业如虎添翼，知识产权为权利人提供一定时期的独占使用权，能够提高市场进入壁垒，增强权利人市场竞争力。

7）彰显科技实力

知识产权是企业的靓丽名片，知识产权作为创新成果的载体，是国家高新技术企业认定的必备条件，也是"全球创新指数"的重要评价指标，是企业科技实力的象征。

总的来说，知识产权保护对于维护社会公平、促进经济发展、保护创作人权益、提升消费者体验、推动公平竞争、加强国际交流与合作、增强市场竞争力及彰显科技实力都具有重要意义。

5.3 专 利

一、专利概述

专利是人类共同的知识宝库,是对人类创造发明活动中取得成果的充分肯定和尊重。从威尼斯于1471年颁布世界上第一部专利法开始,至今已经有五百多年历史。1624年,英国制定的《垄断法规》被认为是现代专利法的开端。现在,已经有一百五十多个国家和地区建立了专利制度。专利制度在我国的开端始于1912年的《奖励工艺品暂行条例》。中华人民共和国成立以后,我国先后于1950年颁布实施了《保障发明权与专利权暂行条例》,1978年颁布实施了《发明奖励条例》,1984年颁布实施了《中华人民共和国专利法》(简称《专利法》),1985年颁布实施了《中华人民共和国专利法实施细则》,2000年第二次修改《专利法》,2008年第三次修改《专利法》,逐步肯定并完善了对专利权的保护。

专利权,简称"专利",是发明创造人或其权利受让人对特定的发明创造在一定期限内依法享有的独占实施权,是知识产权的一种。我国于1984年颁布《专利法》,1985年颁布该法的实施细则,对有关事项做出了具体规定。

专利权是指专利权人在法律规定的范围内独占使用、收益、处分其发明创造,并排除他人干涉的权利。专利权具有时间性、地域性及排他性。此外,专利权还具有如下法律特征:

(1) 专利权是两权一体的权利,既有人身权,又有财产权。
(2) 专利权的取得须经专利局授予。
(3) 专利权的发生以公开发明成果为前提。
(4) 专利权具有利用性,专利权人如不实施或不许可他人实施其专利,有关部门将采取强制许可措施,使专利得到充分利用。

从法律的角度来说,专利权就是一种"专属权利",是指发明创造人或其权利受让人对其发明创造成果在一定期限内依法享有的专有权,它属于知识产权的范畴。按照我国《专利法》第十一条的规定,专利所有人在经过法定手续申请得到批准后,国家颁发专利证书,他人在法定期限范围内,未经专利所有人同意不得使用该项发明创造成果。专利制度是知识产权制度的重要组成部分,《专利法》的作用不仅体现在维护专利权人的合法权益、促进科学技术的进步,还应当将其提升到建设创新型国家、促进经济社会发展的战略高度。

二、专利权的客体

专利权的客体,也称为专利法的保护对象,是指依法应授予专利权的发明创造。根据我国专利法第二条的规定,专利权的客体包括发明、实用新型和外观设计三种。

专利权是知识产权的主要组成部分之一,而知识产权是一种关于无形财产的财产权,其保护对象是"人的心智、人的智力创造"。正如任何财产权的内容、范围以及财产所有人的权利、义务要受到某些限制一样,专利权也不是一种绝对的权利。例如当一项在后专利是对他人的在前专利的某种改进时,在后专利的专利权人未经在前专利的专利权人同意,就不能实施自己的发明创造,否则就构成侵犯在前专利的行为。当发明创造涉及国家和公众的重大利益时,国家可以对该专利予以推广应用或者批准强制许可。

1. 发明

我国《专利法》第二条第二款对发明的定义是：发明，是指对产品、方法或者其改进所提出的新的技术方案。

（1）发明是一项新的技术方案。

一般而言，技术方案是指运用自然规律解决人类生产、生活中某一特定技术问题的具体构思，是利用自然规律、自然力产生一定效果的方案。世界知识产权组织的经典教材指出：发明是人脑的一种思维活动，是利用自然规律解决生产、科研、实验中各种问题的技术解决方案。

技术方案一般由若干技术特征组成。例如，产品技术方案的技术特征可以是零件、部件、材料、器具、设备，装置的形状、结构、成分、尺寸等；方法技术方案的技术特征可以是工艺、步骤、过程，所涉及的时间、温度、压力以及所采用的设备和工具等。各个技术特征之间的相互关系也是技术特征。

科学发现和科学理论只是人们对自然界中客观存在的未知物质、现象或变化过程的认识和对其规律的总结，不是利用自然规律去能动地改造世界，因而不属于专利法所称的发明，不是专利法的保护对象。例如，发现闭合导体在磁场中进行切割磁力线运动会产生电流并不能申请专利，但根据该原理出发制造电机就显然是一种可以获得专利保护的发明。此外，经济活动和行政管理工作等方面的计划、规则和方法等，由于只涉及人类社会活动的规则，没有利用自然力或自然规律，因而也不属于专利法的保护对象。其他智力活动的规则和方法，例如下棋规则、游戏规则、汉语拼音方案、提高记忆力的方法等，由于只是指导人们判断、记忆、推理、分析的规则和方法，不具有技术内容，也不能成为专利法的保护对象。

（2）发明分为产品发明和方法发明两大类型。

产品发明包括所有由人创造出来的物品，例如对机器、设备、部件、仪器、装置、用具、材料、组合物、化合物等做出的发明。方法发明包括所有利用自然规律的方法，又可以分为制造方法和操作使用方法两种类型，例如对加工方法、制造工艺、测试方法或产品使用方法等做出的发明。

专利法保护的发明也可以是对现有产品或方法的改进。绝大多数发明都是对现有技术的改进，例如对某些技术特征进行新的组合，对某些技术特征进行新的选择等，只要这种组合或选择产生了新的技术效果，就是可以获得专利保护的发明。

2. 实用新型

《专利法》第二条第三款规定："实用新型，是指对产品的形状、构造或者结合所提出的适于实用的新的技术方案。"

实用新型与发明的相同之处在于实用新型也必须是一种技术方案，而不能是抽象的概念或者理论表述。实用新型与发明的不同之处在于：第一，实用新型只限于具有一定形状的产品，不能是一种方法，例如生产方法、试验方法、处理方法和应用方法等，也不能是没有固定形状的产品，如药品、化学物质、水泥等；第二，实用新型的创造性要求不太高，但实用性要较强。针对后一特点，人们一般将实用新型称为小发明。

产品的形状是指产品具有可以从外部观察到的确定的空间形状；产品的构造是指产品的内部构造，即产品的组成部分及其结构，它们具有确定的空间位置关系，以某种方式相互联系而构成一个整体。物质的微观结构，例如分子结构、原子结构等，不属于产品的"构造"。

为了更好地贯彻执行专利法及其实施条例,1989年12月21日,中国专利局依据原专利法实施条例第九十五条发布了第二十七号公告,规定下列各项不属于实用新型专利的保护对象:

(1) 各种方法,产品的用途;
(2) 无确定形状的产品,如气态、液态、粉末状、颗粒状的物质或材料;
(3) 单纯材料替换的产品,以及用不同工艺生产的同样形状、构造的产品;
(4) 不可移动的建筑物;
(5) 仅以平面图案设计为特征的产品,如棋、牌等;
(6) 由两台或两台以上的仪器或设备组成的系统,如电话网络系统、上下水系统、采暖系统、楼房通风空调系统、数据处理系统、轧钢机、连铸机等;
(7) 单纯的线路,如纯电路、电路方框图、气动线路图、液压线路图、逻辑方框图、工作流程图、平面配置图以及实质上仅具有电功能的基本电子电路产品(如放大器、触发器等);
(8) 直接作用于人体的电、磁、光、声、放射或其结合的医疗器具。

上述各项不授予实用新型的内容中,有的是从实用新型应当具有确定三维形状、适于实用的定义出发的,例如无确定形状的产品、单纯材料替换的产品;有的是出于政策上的考虑,例如不可移动的建筑物、系统;有的是考虑到这些以电、磁、光、声、放射或其结合方式直接作用于人体的医疗器具关系到人身的健康和安全,由于我国对实用新型专利申请不进行实质审查,经过初步审查即授予专利权,为了维护公众和消费者的利益,防止一些未经严格科学试验或测试、会对人民身体健康造成不良影响的医疗器具借专利的名义对公众产生误导作用,因此将它们排除在实用新型专利的保护对象之外。

实用新型和发明的不同点如表5-1所示。

表5-1 实用新型与发明的比较

项　　目	实用新型	发　　明
保护对象	具有一定形状和构造的物品	一切技术领域内的发明
保护范围	较窄	宽
要求条件	相对新颖,创造性要求较低	绝对新颖,创造性要求高
审批条件	进行符合专利法的初步审查	需进行实质性审查
申请费用	申请费用500元,维持费亦较低	申请费用900元,维持费较高
有效期限	自申请之日起10年	自申请之日起20年

3. 外观设计

我国《专利法》所称的外观设计,"是指对产品的整体或局部的形状、图案或者其结合以及色彩与形状、图案的结合所作出的富有美感并适于工业应用的新设计。"

外观设计与实用新型都涉及产品的形状,不同的是,实用新型是一种技术方案,它所涉及的形状是从产品的技术效果和功能角度出发的;而外观设计是一种设计方案,它所涉及的形状是从产品美感的角度出发的。

从上述定义出发,外观设计是关于产品外表的装饰性或艺术性的设计。这种设计可以是平面图案,也可以是立体造型,或者是二者的结合。一般而言,它具有下述特点:

（1）只有与产品相结合的外观设计才是我国专利法意义上的外观设计。

（2）必须能够在产业上应用，也就是能够服务于生产经营目的，如果产品的形状或图案不能用工业的方法复制出来，或者不能达到批量生产的要求，就不是我国专利法意义上的外观设计。

（3）能给人以美的享受，即"富有美感"。

对外观设计授予的专利叫外观设计专利。授予外观设计专利的目的主要是促进商品外观的改进，既增强竞争能力，又美化人民生活。随着国际市场的扩大、国内外市场竞争的日趋激烈和人类生活水平的不断提高，对产品的外观设计给予有效保护的必要性已变得更为突出。这是因为改善外观设计与扩大商品销售有着密不可分的关系，当产品的质量和性能相同时，外观设计的好坏能直接影响消费者的选择，影响产品的销售量。事实证明，一个企业可能因为快速、大量生产在外观上适合公众爱好的产品而获得显著的经济效益。反之，产品将难于销售。正因为如此，工业界和各国政府都在努力加强对产品外观设计的保护。

三、专利权授予与不授予的条件

1. 授予专利权的条件

1）新颖性

新颖性指在申请之日以前没有同样的发明或者实用新型在国内外出版物上公开发表过，或在国内公开使用过，或者以其他方式为公众所知，也没有同样的发明或者实用新型由他人向国务院专利行政部门提出过申请并记载在申请日之后公布的专利申请文件中。

在判断新颖性的时候，要与现有技术进行参照。现有技术就是指已公开的技术，也叫已有技术、先行技术、背景技术。一般其公开的方式有三种。一是书面公开，也叫出版物公开。这种出版物必须是公开发行的，而内部的、保密的，或者只是局限性发行的刊物都不算公开发行。二是使用公开，这包括新产品的制造、使用、销售、交换、赠送、租赁、借贷、公开展览、实物表演等。这种使用必须是面向公众的，而且公众由此能够了解到该技术的全部细节。一个单位使用一项发明，如只有本单位职工能看到，就不是公开的。产品是技术方案的载体，公众可以通过产品了解技术方案，所以产品向公众销售、租赁等行为是一种使用公开。三是口头公开，是指通过报告、讲座、广播、电视等形式公开。

2）创造性

创造性，是指与现有技术相比，该发明具有突出的实质性特点和显著的进步，该实用新型具有实质性特点和进步。

创造性是指同申请日之前已有的技术相比，该发明具有突出的实质性特点和显著的进步。判断创造性，也要与现有技术对比。但判断创造性可以使用两篇或者三篇现有技术文献进行对比，而不是一篇。也就是说，可以将两篇或者三篇现有技术文献的内容融合在一起，同发明或者实用新型进行对比。

实质性特点是指发明或者实用新型有一个或者几个技术特征，这些特征不能只凭借现有技术或知识按照逻辑推理得出。在判断是否具有实质性特点时，一方面要考虑技术方案本身的特性，另一方面也要考虑发明的目的和效果。显著的进步是针对发明的技术效果而言。技术效果可以是多样的，比如产生新的功能，节约原料，减少污染，增强效率比，改善劳动条件，精简结构程序。

提高创造性的判断是一个很复杂的问题,尽管在一些国家专利制度已有几百年的历史,但至今仍未形成一个行之有效的客观标准。一般来说,能够解决长期悬而未决难题的发明,或者突破常规思维、克服技术偏见的发明,都可以认定为具有创造性。

发明和实用新型在关于创造性的要求上是有所区别的。法律规定,发明要求有"突出的实质性特点和显著的进步",实用新型则没有"突出的""显著的"界定。由此可见,对发明的创造性要求较高。

3) 实用性

实用性,是指该发明或者实用新型能够制造或者使用,并且能够产生积极效果。

申请专利的发明或者实用新型必须能在产业中应用。换句话说,发明或者实用新型不能是抽象的、纯理论的东西,只能在理论上、思维上予以应用,而必须是能在实践中实现的东西。能够产生积极效果,是指发明或者实用新型制造使用后,与现有技术相比所具有的有益的效果。这种效果可以是技术效果,也可以是经济效果或者社会效果,例如提供新的产品、提高产品的产量、改善产品的质量、增加产品的功能、节省能源或原材料、改善劳动条件、防治环境污染、有助于改善社会风尚等。明显无益、严重污染环境或者严重浪费能源的发明或者实用新型,则因缺乏积极效果而不能授予专利。

要求申请专利的发明或者实用新型具有实用性,并不是要求这种发明或者实用新型在申请时已经实际予以制造或者使用,由此来证明产生了积极效果。这里所要求的只是根据申请人在说明书中所写的清楚、完整的说明,所属领域的技术人员根据其技术知识或者经过惯常的试验和设计后,就能够得出申请专利的发明或者实用新型能够予以制造或者使用,并能够产生积极效果的结论。

要求申请专利的发明或者实用新型具有实用性,也不是要求发明或者实用新型已经高度完善,毫无缺陷。事实上,任何技术方案都不可能是完美无缺的。只要存在的缺点或者不足之处没有严重到使有关技术方案根本无法实施,或者根本无法实现其发明目的的程度,就不能因为存在这样或者那样的缺点或者不足之处,否认该技术方案具有实用性。

2. 不授予专利权的发明专利申请

(1) 科学发现;

(2) 智力活动的规则和方法;

(3) 疾病的诊断和治疗方法;

(4) 动物和植物品种;

(5) 用原子核变换方法获得的物质;

(6) 对违反法律、行政法规的规定获取或者利用遗传资源,并依赖该遗传资源完成的发明创造,不授予专利权。

四、专利权的主体

专利权的主体即专利权人,是指依法享有专利权并承担相应义务的人。

1. 发明人或设计人

发明人或设计人,是指对发明创造的实质性特点做出创造性贡献的人。在完成发明创造过程中,只负责组织工作的人、为物质技术条件的利用提供方便的人或者从事其他辅助性工作的人,例如试验员、描图员、机械加工人员等,均不是发明人或设计人。其中,发明人是指发明的完成人;设计人是指实用新型或外观设计的完成人。发明人或设计人,只能是自然人,不能是单位、集体或课题组。

发明创造是智力劳动的结果。发明创造活动是一种事实行为,不受民事行为能力的限制,因此,无论从事发明创造的人是否具备完全民事行为能力,只要他完成了发明创造,就应认定为发明人或设计人。

发明人或设计人包括非职务发明创造的发明人或设计人和职务发明创造的发明人或设计人两类。非职务发明创造,是指既不是执行本单位的任务,也没有主要利用单位提供的物质技术条件所完成的发明创造。对于非职务发明创造,申请专利的权利属于发明人或设计人。发明人或设计人对非职务发明创造申请专利,任何单位或者个人不得压制。申请被批准后,该发明人或设计人为专利权人。

如果一项非职务发明创造是由两个或两个以上的发明人或设计人共同完成的,则完成发明创造的人被称为共同发明人或共同设计人。共同发明创造的专利申请权和取得的专利权归全体共有人共同所有。

2. 单位

对于职务发明创造来说,专利权的主体是该发明创造的发明人或设计人的所在单位。职务发明创造,是指执行本单位的任务或者主要是利用本单位的物质技术条件所完成的发明创造。

这里所称的"单位",包括各种所有制类型和性质的内资企业和在中国境内的中外合资经营企业、中外合作企业和外商独资企业;从劳动关系上讲,既包括固定工作单位,也包括临时工作单位。

职务发明创造分为两类:

(1) 执行本单位任务所完成的发明创造,包括三种情况:

①在本职工作中做出的发明创造;

②履行本单位交付的本职工作之外的任务所做出的发明创造;

③退职、退休或者调动工作后一年内做出的,与其在原单位承担的本职工作或者原单位分配的任务有关的发明创造。

在第③种情况中,只有同时具备两个条件,才构成职务发明创造:第一,该发明创造必须是发明人或设计人从原单位退职、退休或者调动工作后一年内做出的;第二,该发明创造与发明人或设计人在原单位承担的本职工作或者原单位分配的任务有联系。

(2) 主要利用本单位的物质技术条件所完成的发明创造。

"本单位的物质技术条件"是指本单位的资金、设备、零部件、原材料或者不对外公开的技术资料等。一般认为,如果在发明创造过程中,全部或者大部分利用了单位的资金、设备、零部件、原料以及不对外公开的技术资料,这种利用对发明创造的完成起着必不可少的决定性作用,就可以认定为主要利用本单位物质技术条件。如果仅仅是少量利用了本单位的物质技术条件,且这种物质条件的利用,对发明创造的完成无关紧要,则不能因此认定是职务发明创造。对于利用本单位的物质技术条件所完成的发明创造,如果单位与发明人或设计人订有合同,对申请专利的权利和专利权的归属做出约定的,从其约定。

职务发明创造的专利申请权和取得的专利权归发明人或设计人所在的单位。发明人或设计人享有署名权和获得奖金、报酬的权利,即发明人或设计人有权在专利申请文件及有关专利文献中写明自己是发明人或设计人;被授予专利权的单位应当按规定向对职务发明创造的发明人或设计人发放奖金;在发明创造专利实施后,单位应根据其推广应用的范围和取得的经济效益,对发明人或设计人给予合理的报酬。发明人或设计人的署名权可以通过书面声明放弃。

3. 受让人

受让人是指通过合同或继承而依法取得该专利权的单位或个人。专利申请权和专利权可以转让。专利申请权转让之后,如果获得了专利,那么受让人就是该专利权的主体;专利权转让后,受让人成为该专利权的新主体。

两个以上单位或者个人合作完成的发明创造、一个单位或者个人接受其他单位或者个人委托所完成的发明创造,如果双方约定发明创造的申请专利权归委托方,从其约定,申请被批准后,申请的单位或者个人为专利权人。如果单位或者个人之间没有协议,构成委托开发的,申请专利权以及取得的专利权归受托人,但委托人可以免费实施该专利技术。

继受了专利申请权或专利权之后,受让人并不因此而成为发明人或设计人,该发明创造的发明人或设计人也不因发明创造的专利申请权或专利权转让而丧失其特定的人身权利。

从专利实施权的角度讲,受让人还包括专利实施权的受让人,也就是指通过合同约定,获得专利实施权的法人或个人,包括独占实施许可人、排他实施许可人和一般实施许可人。

专利权中的外国人包括具有外国国籍的自然人和法人。在中国有经常居所或者营业所的外国人,享有与中国公民或单位同等的专利申请权和专利权。在中国没有经常居所或者营业所的外国人、外国企业或者外国其他组织在中国申请专利的,依照其所属国同中国签订的协议或者共同参加的国际条约,或者依照互惠原则,可以申请专利,但应当委托依法设立的专利代理机构办理。

五、专利权的性质

根据各国现在使用的专利法归纳总结,专利权具有以下几个性质。

1. 独占性

独占性又称专有性或垄断性。专利权的独占性指的主要是专利的排他性质,即未经专利权人的许可,任何单位或者个人都不得以生产经营为目的制造、使用、销售、进口已获得专利权的专利产品,否则就是对专利权的侵犯。侵权者不但要赔偿专利权人的经济损失,情节严重的还要依法对其进行制裁和惩戒。独占性是专利权最基本的特性。

2. 地域性

地域性是指一项发明创造专利权的有效范围仅限于授予国的领土范围内。也就是说,经某国法律认可的专利,仅在该国法律管辖范围内受到保护,而在未授予专利权保护的国家里,该专利权就不存在。

3. 时间性

各国对专利权的有效保护期限都有一定的规定。我国《专利法》规定,发明专利权的期限为 20 年,实用新型专利权的期限为 10 年,外观设计专利权的期限为 15 年。保护期限届满后,专利权自行终止。

目前,我国已经建立起一套比较完善的专利制度对专利权进行保护。专利制度包含以下几个内容:

第一,国家鼓励公民进行创造发明活动,鼓励公民在取得创造发明成果的基础上申请有关创造发明成果的专利；

第二，国家对公民依法定程序申请并获得批准的专利实行保护；

第三，国家对专利实行保护的原则是保护首创的成果，在时间上是对申请在先的成果进行保护；

第四，国家对专利实行的保护是有期限的，超过专利保护期限后，发明创造的成果即向社会公开，任何人都可以无偿使用；

第五，国家在建立专利制度后，作为实施专利制度的一个重要组成部分，就必定要涉及专利文献的出版，而专利文献本身作为创造发明的一个源泉，必然给我们的创造活动提供取之不尽的信息。

5.4 专利申请的注意事项

我国专利法对专利的申请有明确的规定，在专利申请时应注意以下问题。

1. 专利申请的类型

专利申请分发明、实用新型和外观设计三种类型。针对产品、方法或者改进所提出的新的技术方案，可以申请发明专利；针对产品的形状、构造或者其结合所提出的适于实用的新的技术方案，可以申请实用新型专利；针对产品的形状、图案或者其结合以及色彩与形状、图案的结合所做出的富有美感并适于工业应用的新设计，可以申请外观设计专利。

2. 办理发明或实用新型专利申请应当提交的文件

申请发明专利的，申请文件应当包括：发明专利请求书、说明书（说明书有附图的，应当提交说明书附图）、权利要求书、摘要（必要时应当有摘要附图），各一式两份。

申请实用新型专利的，申请文件应当包括：实用新型专利请求书、说明书、说明书附图、权利要求书、摘要及其附图，各一式两份。

3. 受理专利申请的部门

申请人申请专利时，应当将申请文件直接提交或寄交到国家知识产权局专利局受理处（以下简称专利局受理处），也可以提交或寄交到所在地方的国家知识产权局专利局代办处（以下简称专利局代办处），目前在北京、沈阳、济南、长沙、成都、南京、上海、广州、西安、武汉、郑州、天津、石家庄、哈尔滨、长春、昆明、贵阳、杭州、重庆、深圳、福州等设立了专利局代办处。国防专利分局专门受理国防专利申请。

4. 办理专利申请

办理专利申请应当提交必要的申请文件，并按规定缴纳费用。专利申请必须采用纸质形式或者电子申请的形式办理。不能用口头说明或者提供样品或模型的方法来代替纸质或电子申请文件。

各种手续文件都应当按规定签章，签章应当与请求书中填写的姓名或者名称完全一致。签章不得复印。涉及权利转移的手续，应当有全体申请人签章，其他手续可以由申请人的代表人签章办理，委托专利代理机构的，应当由专利代理机构签章办理。

办理手续要附具证明文件或者附件的，证明文件与附件应当使用原件或者副本，不得使用复印件。如原件只有一份的,可以使用复印件,但同时需要附有公证机关出具的复印件与原件一致的证明。

5. 申请文件的排列

发明或者实用新型专利申请文件应按下列顺序排列:请求书、说明书摘要、摘要附图、权利要求书、说明书、说明书附图。外观设计专利申请文件应按照请求书、图片或照片、简要说明顺序排列。申请文件各部分都应当分别按阿拉伯数字顺序编号。

6. 申请文件的纸张要求

申请文件的纸张质量应相当于复印机用纸的质量。纸面不得有无用的文字、记号、框、线等。各种文件一律采用 A4 尺寸(210 毫米×297 毫米)的纸张。

申请文件的纸张应当纵向使用。文字应当自左向右排列,纸张左边和上边应各留 25 毫米空白,右边和下边应当各留 15 毫米空白,以便于出版和审查时使用。申请文件各部分的第一页必须使用国家知识产权局统一制定的表格。这些表格可以在专利局受理大厅的咨询处索要,也可以向各地的专利局代办处索取或直接从国家知识产权局网站下载。

7. 申请文件的文字和书写要求

申请文件各部分一律使用汉字。外国人名、地名和科技术语如没有统一中文译文,应当在中文译文后的括号内注明原文。申请人提供的附件或证明是外文的,应当附有中文译文,申请文件(包括请求书在内)都应当用宋体、仿宋体或楷体打字或印刷,字迹呈黑色,字高应当在 3.5～4.5 毫米之间,行距应当在 2.5～3.5 毫米之间。要求提交一式两份文件的,其中一份为原件,另一份应采用复印件,并保证两份文件内容一致。申请文件中有图的,应当用墨水和绘图工具绘制,或者用绘图软件绘制,线条应当均匀清晰,不得涂改。不得使用工程蓝图。

8. 专利申请内容的单一性要求

一件发明或者实用型新专利申请应当限于一项发明或者实用新型。属于一个总的发明构思的两项以上的发明或者实用新型,可以作为一件申请提出。一件外观设计专利申请应当限于一项外观设计。同一产品两项以上的相似外观设计,或者用于同一类别并且成套出售或者使用的产品的两项以上的外观设计,可以作为一件申请提出。

9. 申请文件的填写和撰写

申请文件的填写和撰写有特定的要求,申请人可以自行填写或撰写,也可以委托专利代理机构代为办理。

10. 专利申请的受理

专利局受理处或各专利局代办处收到专利申请后,对符合受理条件的申请,将确定申请日,给予申请号,发出受理通知书。对申请人面交专利局受理处或各专利局代办处的申请文件,如果数量在 10 件以下的,当时进行申请是否符合受理条件的审查,符合受理条件的当场发出受理通知书。

11. 受理通知书

向专利局受理处寄交申请文件的,一般在一个月左右可以收到国家知识产权局专利局(以下简称专利局)的受理通知书,不符合受理条件的,将收到不受理通知书以及退还的申请文件复印件。超过一个月尚未收到专利局通知的,申请人应当及时向专利局受理处查询,以及时发现申请文件或通知书在邮寄中可能的丢失。

12. 提交申请文件的注意事项

向专利局申请专利或办理其他手续的,可以将申请文件或其他文件面交到或寄交到专利局受理处,也可以将申请文件面交到或寄交到任何一个专利局代办处。在提交文件时应注意下列事项:

(1) 向专利局提交申请文件或办理各种手续的文件,应当使用国家知识产权局统一制定的表格。表格可以从官网下载,也可以到专利局受理大厅索取或以信函方式索取(信函寄至:专利局初审及流程管理部发文处)。

(2) 一张表格只能用于一件专利申请。

(3) 向专利局提交的各种文件,申请人都应当留存底稿,以保证申请审批过程中文件填写的一致性,并可以此作为答复审查意见时的参照。

(4) 申请文件是邮寄的,应当用挂号信函。无法用挂号信邮寄的,可以用特快专递邮寄,不得用包裹邮寄申请文件。挂号信函上除写明专利局或者专利局代办处的详细地址(包括邮政编码)外,还应当标有"申请文件"及"国家知识产权局专利局受理处收"或"国家知识产权局专利局××代办处收"的字样。申请文件通过快递公司递交的,以专利局受理处以及各专利局代办处实际收到日为申请日。一封挂号信涵内应当只装同一件申请的文件。邮寄后,申请人应当妥善保管好挂号收据存根。

(5) 专利局在受理专利申请时不接收样品、样本或模型。在审查程序中,申请人应审查员要求提交样品或模型时,若在专利局受理窗口当面提交的,应当出示审查意见通知书;邮寄的应当在邮件上写明"应审查员××(姓名)要求提交模型"的字样。

(6) 申请人或专利权人的地址有变动,应及时向专利局提出著录项目变更;申请人与专利事务所解除代理关系,应向专利局办理变更手续。

(7) 同一申请人同日对同样的发明创造既申请实用新型专利又申请发明专利的,应当在申请时分别说明。未说明的,不适用专利法第九条第一款关于同一申请人同日对同样的发明创造既申请实用新型专利又申请发明专利的规定,即会造成其发明专利不能授权。

(8) 任何单位或者个人在中国完成的发明或者实用新型,准备直接向外国申请专利的,应当事先向专利局提出保密审查请求,并详细说明其技术方案;如果首先向专利局申请专利,而准备随后向外国申请专利或者向有关国外机构提交专利国际申请的,应当在向外国申请专利或者向有关国外机构提交专利国际申请前提出保密审查请求,也可以在专利局申请专利的同时提出保密审查请求。向专利局提交专利国际申请的,视为同时提出了保密审查请求。

5.5 专利申请的案例分析

专利申请过程中可以请专利代理机构协助申请,也可以个人直接向国家知识产权局申请。如果请专利代理机构协助申报需要填写技术交底书。

一、技术交底书模板

发明(实用新型)名称:

技术问题联系人:

交底人 Tel：＿＿＿＿＿＿＿＿ Fax：＿＿＿＿＿＿＿＿ E-mail：＿＿＿＿＿＿＿＿
术语解释：＿＿＿＿＿＿＿＿＿＿＿＿＿＿＿＿＿＿＿＿＿＿＿＿＿＿＿＿＿＿＿
一、发明名称：＿＿＿＿＿＿＿＿＿＿＿＿＿＿＿＿＿＿＿＿＿＿＿＿＿＿＿＿

能够清楚反映发明创造的主题和类型（产品或者方法），不能含有人名、地名、商标、型号或者商品名称，也不能使用商业性宣传用语。

二、技术领域：＿＿＿＿＿＿＿＿＿＿＿＿＿＿＿＿＿＿＿＿＿＿＿＿＿＿＿＿

写明发明创造直接所属或者直接应用的技术领域，譬如，一项关于挖掘机悬臂的发明，则技术领域应该写为：本发明涉及一种挖掘机，特别是一种挖掘机悬臂。

三、背景技术：＿＿＿＿＿＿＿＿＿＿＿＿＿＿＿＿＿＿＿＿＿＿＿＿＿＿＿＿

应当写明与本发明密切相关的现有技术，该部分内容重点是阐述现有技术的水平以及存在的问题（缺陷），并且这些问题（缺陷）应当是本发明所能够解决的问题（克服的缺陷）。

现有技术如果是文献（专利文献、期刊、杂志、手册和书籍），需要引证。专利文献应当写明国别、公开号和公开日期，其余非专利文献需要写明文献的详细出处，尤其是公开时间。

四、本发明解决的技术问题：＿＿＿＿＿＿＿＿＿＿＿＿＿＿＿＿＿＿＿＿＿

对应背景技术中列举的缺点，用正面语言描述本发明要解决的技术问题；解决的技术问题可以是一个，也可以是多个。

五、发明内容：＿＿＿＿＿＿＿＿＿＿＿＿＿＿＿＿＿＿＿＿＿＿＿＿＿＿＿＿

若保护有形产品（工具，机械设备等），则需要结合附图说明它的组成、连接关系、传动关系、工作原理（结合结构图上的标号进行描述），并明确写出发明点。

若是无固定形状的产品或方法，则：

（1）产品：请指出它的组成成分、配比，配比可以给出一个范围。

（2）方法：请指出制造产品的工艺过程、工艺条件。

六、发明效果：＿＿＿＿＿＿＿＿＿＿＿＿＿＿＿＿＿＿＿＿＿＿＿＿＿＿＿＿

请写出本发明创造的优点、特点、主要性能指标，所述优点最好是与背景技术中提及的现有技术存在的问题（或缺陷）相对应。能定量的要尽可能定量，不能定量也要定性。

优点：性能、质量、精度和效率的提高；能耗、原材料、工序的节省；加工、操作、控制、使用简便等方面。

七、附图及附图说明：＿＿＿＿＿＿＿＿＿＿＿＿＿＿＿＿＿＿＿＿＿＿＿＿＿

附图应清楚表明有形产品的结构构造，要突出发明点，附图的数量不限，平面图和立体图均可，要求是线条图，最好用 CAD 软件绘制。保护机械构造的，要求绘制机械图；保护线路构造的要求绘制电路原理或气路原理图。

所有附图都应该有详细的文字描述，保护机械构造的要说明零部件的相对位置关系、连接关系和必要的机械配合关系等（图中部件要给出标号，不同图上的同一件，都应是同一标号）。

线路构造要说明元器件之间的确定的连接关系，其中电子产品可以先给出逻辑框图，再给出有创造性框内的具体电路图。

此外，针对提供的每幅图，需要给出相应的说明。

八、具体实施方式：＿＿＿＿＿＿＿＿＿＿＿＿＿＿＿＿＿＿＿＿＿＿＿＿＿＿

提供至少一个具体实施方式。实施方式是对发明内容的细化和解释，或是最优化的技术方案，即给出一个或几个具体的实施方案。可以是在某种场合应用了此发明，效果如何，也可以是此发明的某些关键部位可以有几种替换结构的描述。

根据法律规定,专利必须是一个技术方案,应该阐述发明(实用新型)目的是通过什么技术方案来实现的,不能只有原理,也不能只做功能介绍。交底书不能按功能写,应按步骤/层次写,即从步骤/层次角度扩展(以阶梯方式描述),使之逻辑清楚。若从功能角度写,则具有较多的介绍成分,使本发明(实用新型)的方法/系统分散,不易提炼本发明(实用新型)的核心。专利必须充分公开,以本领域技术人员不需付出创造性劳动即可实现为准。

二、案例分析

下面以"多功能家具一体机"为例,说明申请实用新型专利的技术交底书的书写格式。

 案例 5-6

多功能家具一体机

实用新型名称:多功能家具一体机

摘要:

本实用新型公开了一种多功能家具一体机,属于组合式家具技术领域,多功能家具一体机的整体为一个垂直竖立的书架,书架的底端设有四个地轮,书架的一侧通过铰链连接大桌面和小桌面,大桌面的下方铰接支架一,小桌面下端铰接支架二;书架的另一侧设有平台,平台铰接床体,床体中间设有转轮一、转轮二,床体的下端设有支架三、支架四;书架的下部设有电动机,电动机通过皮带连接皮带轮,皮带轮通过皮带连接地轮,连接转轮一,转轮一通过链条连接转轮二。利用现有的机械技术手段使家具组合在一起,有效利用小居室的空间,将家具组合使用时铺开,缓解居室小所带来的不便。

权利要求书:

一种多功能家具一体机,其整体为一个垂直竖立的书架(1),书架(1)的底端设有四个地轮(7),书架(1)的一侧通过铰链(2)连接大桌面(4)和小桌面(3),大桌面(4)的下方铰接支架一(5),小桌面(3)下端铰接支架二(6),书架(1)的另一侧设有平台(10),平台(10)铰接床体(13),床体(13)中间设有转轮一(11)、转轮二(15),床体(13)的下端设有支架三(12)、支架四(14),书架(1)的下部设有电动机(9),电动机(9)通过皮带连接皮带轮(8),皮带轮(8)通过皮带连接地轮(7),连接转轮一(11),转轮一(11)通过链条连接转轮二(15)。

技术领域:

[0001]本实用新型涉及一种多功能家具一体机,属于组合式家具技术领域。

背景技术:

[0002]当前,随着人们生活水平的提高,住房问题越来越多地成为人民关注的焦点。对于当代家庭来说,小居室受到了众多人的青睐,但是家具的设置和摆放是一个难题,同一个家具,在大居室摆放时就能相当协调,而放在小居室就会稍显拥挤,拥挤的空间会减少居室采光,影响人们的视觉感官,室内不摆放家具则又生活不方便。

发明内容:

[0003]为了克服上述的不足,本实用新型提供一种多功能家具一体机,该多功能家具一体机能在不使用时将家具整合在一起,使用时打开,节省室内面积。

[0004] 本实用新型解决其技术问题所采用的技术方案是：多功能家具一体机的整体为一个垂直竖立的书架，书架的底端设有四个地轮，书架的一侧通过铰链连接大桌面和小桌面，大桌面的下方铰接支架一，小桌面下端铰接支架二；书架的另一侧设有平台，平台铰接床体，床体中间设有转轮一、转轮二，床体的下端设有支架三、支架四；书架的下部设有电动机，电动机通过皮带连接皮带轮，皮带轮通过皮带连接地轮，连接转轮一，转轮一通过链条连接转轮二。

[0005] 本实用新型的有益效果是：利用现有的机械技术手段使家具组合在一起，有效利用小居室的空间，将家具组合使用时铺开，缓解居室小所带来的不便。

附图说明：

[0006] 图 5-2 是本实用新型多功能家具一体机侧视结构图。

[0007] 图 5-3 是本实用新型多功能家具一体机俯视结构图。

[0008] 图中 1.书架, 2.铰链, 3.小桌面, 4.大桌面, 5.支架一, 6.支架二, 7.地轮, 8.皮带轮, 9.电动机, 10.平台, 11.转轮一, 12.支架三, 13.床体, 14.支架四, 15.转轮二。

具体实施方式：

[0009] 如图 5-2 和图 5-3 所示，多功能家具一体机的整体为一个垂直竖立的书架 1，书架 1 的底端设有四个地轮 7，书架 1 的一侧通过铰链 2 连接大桌面 4 和小桌面 3，大桌面 4 的下方铰接支架一 5，小桌面 3 下端铰接支架二 6；书架 1 的另一侧设有平台 10，平台 10 铰接床体 13，床体 13 中间设有转轮一 11、转轮二 15，床体 13 的下端设有支架三 12、支架四 14；书架 1 的下部设有电动机 9，电动机 9 通过皮带连接皮带轮 8，皮带轮 8 通过皮带连接地轮 7，连接转轮一 11，转轮一 11 通过链条连接转轮二 15。

[0010] 平时多功能家具一体机可放在室内一侧靠墙而立，其书架 1、大桌面 4 和小桌面 3 作为书桌或饭桌使用，到晚上或需要睡觉时，将一体机移至宽阔处电动机 9 带动转轮一 11、转轮二 15 将床体 13 放下，由支架三 12、支架四 14 将床体 13 支撑。待不使用时可将床体 13 复位与书架 1 并立，将书架 1 靠墙放置。

说明附图：

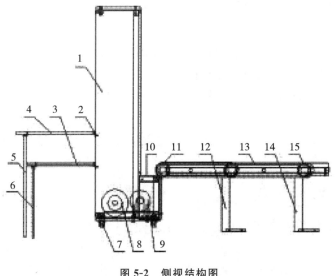

图 5-2　侧视结构图

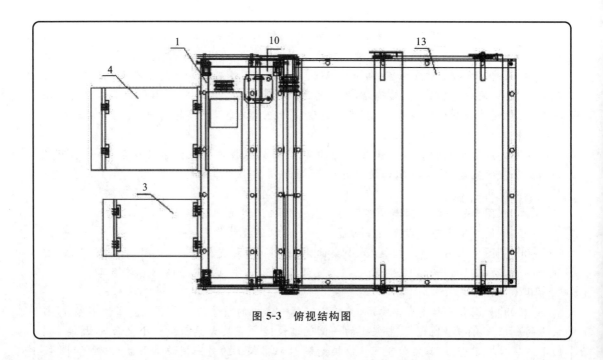

图 5-3　俯视结构图

5.6　创新创造成果的价值转化

一、专利权人的权利

1. 实施许可权

实施许可权是指专利权人可以许可他人实施其专利技术并收取专利使用费。许可他人实施专利的,当事人应当订立书面合同。

2. 转让权

专利权可以转让。转让专利权的,当事人应当订立书面合同,并向国务院专利行政部门登记,由国务院专利行政部门予以公告,专利权的转让自登记之日起生效。中国单位或者个人向外国人转让专利权的,必须经国务院有关主管部门批准。

3. 标示权

标示权是指专利权人享有在其专利产品或者该产品的包装上标明专利标记和专利号的权利。

二、成果的价值转化流程

创新创造成果的价值获得可以通过技术转让与专利实施许可来实现。具体的工作流程如下：

（1）专利发明人与企业协商技术转让（实施许可）相关事项,并拟订"技术转让（专利实施许可）合同"（见附录 B 和附录 C）。

(2) 合同签订后,按照转化方式不同,分两种情况处理。

技术转让合同:发明人填写"著录项目变更申报书"(见附录 D),进行申请人(专利权人)变更。

专利实施许可合同:发明人填写"专利实施许可合同备案申请表"(见附录 E),加盖申请人(专利权)原单位公章后邮寄至"国家知识产权局专利局受理处",也可以当面交到所在省份的专利局代办处的受理窗口或寄交。

申请人(专利权人)变更需按照国家规定缴纳费用,具体金额详见专利收费标准。

三、著录项目变更申报的注意事项

著录项目变更申报书的所填内容应与该专利申请请求书中内容一致。其中,申请人或专利权人应为第一署名申请人或专利权人。如果该专利申请或者专利办理过著录项目变更手续,应按照国家知识产权局批准变更后的内容填写。

由当事人对变更项目做出选择后,将变更前、变更后的内容逐一填写在相对应的位置。

(1) 发明人或设计人的变更:更改姓名、漏填或者错填、资格纠纷及更改中文译名。

(2) 申请人或专利权人事项的变更。

申请人或者专利权人未发生变化而姓名或名称、地址、邮编、国籍或者注册的国家(地区)、居民身份证件号码或统一社会信用代码/组织机构代码发生改变;因权利的转让、继承、赠与以及经法院判决、调解所引起的权利转移等相应事项的变化。办理申请人或专利权人事项的变更时,变更类型为必选项。其中"更名"指权利人的主体未发生变化,仅名称发生改变的。"转移"指权利主体发生改变,包括因权属纠纷发生权利转移请求变更的;因权利的转让或赠与发生权利转移请求变更的;因合并、分立、注销或改变组织形式发生权利转移请求变更的;因拍卖发生权利转移请求变更的。"继承"指因权利人死亡造成权利主体发生改变的。"其他"指除了更名、转移和继承外,其他情形的变更,例如申请人姓名书写错误的变更。

(3) 联系人事项的变更:增加、取消、重新指定以及地址发生变化。

(4) 专利代理事项的变更:申请人或专利权人解除委托、更换专利代理机构,专利代理机构辞去委托。

专利费用可以通过网上缴费、邮局或银行汇款缴纳,也可以到国家知识产权局面缴。汇款时应当准确写明申请号、费用名称(或简称)及分项金额。未写明申请号和费用名称(或简称)的视为未办理缴费手续。

四、专利实施许可合同备案手续及填报说明

(1) 办理专利实施许可合同备案需提交的文件:专利实施许可合同备案申请表;专利实施许可合同;许可方、被许可方的身份证明(个人需提交身份证复印件,企业需提交加盖公章的营业执照复印件、组织机构代码证复印件,事业单位需提交加盖公章的事业单位法人证书复印件、组织机构代码证复印件);许可方、被许可方共同委托代理人办理相关手续的委托书;代理人身份证复印件。

(2) 申请表一般由许可方签章;许可方或被许可方为外国人的,可由其委托的代理机构签章。

(3) 许可方为多人以及许可专利为多项的,当事人可自行制作申请表附页,将完整信息填入。

第 6 章 创新创业大赛实践

•知识目标•

（1）了解我国大学生创新实践活动的主要类别；

（2）明确大学生科技竞赛活动相关材料的准备；

（3）对大学生科技竞赛活动作品进行分析并以此指导课外实践创新活动，提高大学生的动手能力和创新能力。

6.1 创新创业大赛概述

大学生是青年群体中的佼佼者，智力水平相对较高，思维能力相对较强，文化知识、科学素养相对完备。社会实践和科技创新活动是培养和检验大学生综合素质的有效载体，是校园文化的重要组成部分，是展现大学生创新精神和能力水平的广阔舞台，积极开展大学生课外创新创业活动，为大学生实践能力的提升创造良好的发展空间，有效推动素质教育的实施，具有重要的作用。

目前，中国高校的创新创业大赛正如火如荼地进行中，大学生创新创业大赛类型众多，主要有为以下几种：

（1）中国国际"互联网＋"大学生创新创业大赛，"挑战杯"中国大学生创业计划大赛。

（2）行业/协会创新创业大赛。如全国大学生电子商务"创新、创意及创业"挑战赛，全国高校商业精英挑战赛——品牌策划竞赛、会展专业创新创业实践竞赛、国际贸易竞赛、创新创业竞赛，中国大学生服务外包创新创业大赛，"创客中国"创新创业大赛、"中国创翼"创新创业大赛、"创青春"中国青年创新创业大赛、中国妇女手工创业创新大赛等赛事，这些主要来自行业/协会组织。

（3）其他学生竞赛。

《全国普通高校大学生竞赛分析报告》由中国高等教育学会高校竞赛评估与管理体系研究专家工作组发布，每年发布一次。

《2023 全国普通高校大学生竞赛分析报告》竞赛目录如表 6-1 所示。

表 6-1 《2023 全国普通高校大学生竞赛分析报告》竞赛目录

序号	竞赛名称	备注
1	中国国际"互联网＋"大学生创新创业大赛	
2	"挑战杯"全国大学生课外学术科技作品竞赛	

续表

序号	竞赛名称	备注
3	"挑战杯"中国大学生创业计划大赛	
4	ACM-ICPC国际大学生程序设计竞赛	
5	全国大学生数学建模竞赛	
6	全国大学生电子设计竞赛	
7	中国大学生医学技术技能大赛	
8	全国大学生机械创新设计大赛	
9	全国大学生结构设计竞赛	
10	全国大学生广告艺术大赛	
11	全国大学生智能汽车竞赛	
12	全国大学生电子商务"创新、创意及创业"挑战赛	
13	中国大学生工程实践与创新能力大赛	
14	全国大学生物流设计大赛	
15	外研社全国大学生英语系列赛：①英语演讲，②英语辩论，③英语写作，④英语阅读	
16	两岸新锐设计竞赛·华灿奖	
17	全国大学生创新创业训练计划年会展示	
18	全国大学生化工设计竞赛	
19	全国大学生机器人大赛：①RoboMaster，②RoboCon	
20	全国大学生市场调查与分析大赛	
21	全国大学生先进成图技术与产品信息建模创新大赛	
22	全国三维数字化创新设计大赛	
23	"西门子杯"中国智能制造挑战赛	
24	中国大学生服务外包创新创业大赛	
25	中国大学生计算机设计大赛	
26	中国高校计算机大赛：①大数据挑战赛，②团体程序设计天梯赛，③移动应用创新赛，④网络技术挑战赛，⑤人工智能创意赛	
27	蓝桥杯全国软件和信息技术专业人才大赛	
28	米兰设计周——中国高校设计学科师生优秀作品展	
29	全国大学生地质技能竞赛	
30	全国大学生光电设计竞赛	
31	全国大学生集成电路创新创业大赛	
32	全国大学生金相技能大赛	
33	全国大学生信息安全竞赛	

续表

序号	竞赛名称	备注
34	未来设计师·全国高校数字艺术设计大赛	
35	全国周培源大学生力学竞赛	
36	中国大学生机械工程创新创意大赛	原中国大学生机械工程创新创意大赛-过程装备实践与创新赛、铸造工艺设计赛、材料热处理创新创业赛、起重机创意赛、智能制造大赛
37	中国机器人大赛暨RoboCup机器人世界杯中国赛	
38	"中国软件杯"大学生软件设计大赛	
39	中美青年创客大赛	
40	睿抗机器人开发者大赛(RAICOM)	原RoboCom机器人开发者大赛
41	"大唐杯"全国大学生新一代信息通信技术大赛	原"大唐杯"全国大学生移动通信5G技术大赛
42	华为ICT大赛	
43	全国大学生嵌入式芯片与系统设计竞赛	
44	全国大学生生命科学竞赛(CULSC)	原全国大学生生命科学竞赛(CULSC):生命科学竞赛、生命创新创业大赛
45	全国大学生物理实验竞赛	
46	全国高校BIM毕业设计创新大赛	
47	全国高校商业精英挑战赛:①品牌策划竞赛,②会展专业创新创业实践竞赛,③国际贸易竞赛,④创新创业竞赛,⑤会计与商业管理案例竞赛	会计与商业管理案例竞赛为2023年新增
48	"学创杯"全国大学生创业综合模拟大赛	
49	中国高校智能机器人创意大赛	
50	中国好创意暨全国数字艺术设计大赛	
51	中国机器人及人工智能大赛	
52	全国大学生节能减排社会实践与科技竞赛	2023年重新纳入

续表

序号	竞赛名称	备注
53	"21世纪杯"全国英语演讲比赛	2023年新增
54	iCAN大学生创新创业大赛	2023年新增
55	"工行杯"全国大学生金融科技创新大赛	2023年新增
56	中华经典诵写讲大赛	2023年新增
57	"外教社杯"全国高校学生跨文化能力大赛	2023年新增
58	百度之星·程序设计大赛	2023年新增
59	全国大学生工业设计大赛	2023年新增
60	全国大学生水利创新设计大赛	2023年新增
61	全国大学生化工实验大赛	2023年新增
62	全国大学生化学实验创新设计大赛	2023年新增
63	全国大学生计算机系统能力大赛	2023年新增
64	全国大学生花园设计建造竞赛	2023年新增
65	全国大学生物联网设计竞赛	2023年新增
66	全国大学生信息安全与对抗技术竞赛	2023年新增
67	全国大学生测绘学科创新创业智能大赛	2023年新增
68	全国大学生统计建模大赛	2023年新增
69	全国大学生能源经济学术创意大赛	2023年新增
60	全国大学生基础医学创新研究暨实验设计论坛(大赛)	2023年新增
61	全国大学生数字媒体科技作品及创意竞赛	2023年新增
62	全国本科院校税收风险管控案例大赛	2023年新增
63	全国企业竞争模拟大赛	2023年新增
64	全国高等院校数智化企业经营沙盘大赛	2023年新增
65	全国数字建筑创新应用大赛	2023年新增
66	全球校园人工智能算法精英大赛	2023年新增
66	国际大学生智能农业装备创新大赛	2023年新增
68	"科云杯"全国大学生财会职业能力大赛	2023年新增
69	全国职业院校技能大赛	高职赛
80	全国大学生机器人大赛——RoboTac	高职赛
81	世界技能大赛	高职赛
82	世界技能大赛中国选拔赛	高职赛
83	一带一路暨金砖国家技能发展与技术创新大赛	2023年新增高职赛
84	码蹄杯全国职业院校程序设计大赛	2023年新增高职赛

备注：①按照竞赛入榜年份、竞赛名称首字笔画进行排序。

②系列赛入榜年份按照第一个子赛入榜年份计算。

《2023全国普通高校大学生竞赛分析报告》观察目录如表6-2所示。

表6-2 《2023全国普通高校大学生竞赛分析报告》观察目录

序号	竞赛名称	备注
1	中国大学生方程式系列赛事	
2	KTK设计奖·全球华人设计比赛	
3	大学生财务决策大赛	
4	"中译国青杯"国际组织文件翻译大赛	
5	中国大学生人力资源创新实践大赛（HRU大赛）	
6	中国大学生广告艺术节学院奖	
7	中国石油工程设计大赛	
8	中国国际飞行器设计挑战赛	
9	"中装杯"全国大学生环境设计大赛	
10	东方设计奖·全国高校创新设计大赛	
11	"外教社·词达人杯"全国大学生英语词汇能力大赛	
12	全国大学生人力资源管理综合能力竞赛	
13	全国大学生计算机应用能力与信息素养大赛	
14	全国大学生软件创新大赛	
15	全国大学生软件测试大赛	
16	全国大学生语言文字能力大赛	
17	全国大学生结构设计信息技术大赛	
18	全国大学生商务谈判大赛	
19	全国大学生数学竞赛	
20	全国邮政行业职业教育快递技能竞赛	高职赛
21	全国供应链大赛	
22	全国高校计算机能力挑战赛	
23	全国高校企业价值创造实战竞赛	
24	全国高校经济决策虚仿实验大赛	
25	全国高校模拟飞行锦标赛	
26	全国高等学校民航服务技能大赛	
27	"求是杯"国际诗歌创作与翻译大赛	
28	时报金犊奖	
29	国际先进机器人及仿真技术大赛	
30	金蝶云管理创新杯	
31	"品茗杯"全国高校智能建造创新应用大赛	
32	"泰山杯"全国医学影像技术专业大学生(本科)实践技能大赛	

续表

序号	竞赛名称	备注
33	"新华三杯"全国大学生数字技术大赛	
34	"福思特杯"全国大学生审计精英挑战赛	

备注:按照竞赛进入观察赛项年份和名称首字笔画进行排序。

6.2　中国国际大学生创新大赛

一、赛事简介

为贯彻落实国务院办公厅发布的《关于深化高等学校创新创业教育改革的实施意见》,教育部会同12个部委联合举办中国国际大学生创新大赛(原中国国际"互联网＋"创新创业大赛),旨在深化高等教育综合改革、激发大学生的创造力,培养造就大众创业、万众创新的生力军,推动赛事成果转化,促进互联网新业态形成,主动服务经济提质增效升级,以创新引领创业、创业带动就业,推动高校毕业生更高质量就业。2015—2023年共举办了九届中国国际"互联网＋"创新创业大赛。该赛事已成为覆盖全国所有高校、面向全体大学生、影响最大的高校创新创业大赛。2015年第一届大赛有20万名大学生、3.6万个项目参赛,2023年第九届大赛有来自151个国家和地区、5296所学校的421万个项目、1709万人次报名参赛。

1. 大赛主题

我敢闯,我会创。

2. 总体目标

更中国、更国际、更教育、更全面、更创新,传承和弘扬红色基因,聚焦"五育"融合创新创业教育实践,激发青年学生创新创造热情,线上线下相融合,打造共建共享、融通中外的国际创新创业盛会,开启创新创业教育改革新征程。

(1) 更中国。更深层次、更广范围体现红色基因传承,充分展现新发展阶段高水平创新创业教育的丰硕成果,集中展示新发展理念引领下创新创业人才培养的中国方案,提升高等教育新时代感召力。

(2) 更国际。深化创新创业教育国际交流合作,汇聚全球知名高校、企业和创业者,服务以国内大循环为主体、国内国际双循环相互促进的新发展格局,搭建全球性创新创业竞赛平台,提升中国高等教育的影响力。

(3) 更教育。落实立德树人根本任务,推动思想政治教育、专业教育与创新创业教育深度融合,弘扬劳动精神,加强学生创新实践能力培养,造就理想信念坚定、勇于创新创造的新时代青年奋斗者,提升高等教育新时代塑造力。

(4) 更全面。鼓励各学段学生积极参赛,形成创新创业教育在高等教育、职业教育、基础教育、留学生教育等各类各学段的全覆盖,打通创新创业人才培养各环节,提升高等教育新时代引领力。

(5) 更创新。丰富竞赛形式和内容,优化赛制选拔,改革赛事组织,激发全社会创新创业创造动能,促进高校创新成果转化应用,服务国家创新发展,提升高等教育新时代创造力。

3. 主要任务

(1) 以赛促教,探索人才培养新途径。全面推进高校课程思政建设,深入推进新工科、新医科、新农科、新文科建设,不断深化创新创业教育改革,引领各类学校人才培养范式深刻变革,形成新的人才培养质量观和质量标准,切实提高学生的创新精神、创业意识和创新创业能力。

(2) 以赛促学,培养创新创业生力军。服务构建新发展格局和高水平自立自强,激发学生的创造力,激励广大青年扎根中国大地了解国情民情,在创新创业中增长智慧才干,坚定执着追理想,实事求是闯新路,把激昂的青春梦融入伟大的中国梦,努力成长为德才兼备的有为人才。

(3) 以赛促创,搭建产教融合新平台。把教育融入经济社会发展,推动成果转化和产学研用融合,促进教育链、人才链与产业链、创新链有机衔接,以创新引领创业、以创业带动就业,推动形成高校毕业生更高质量创业就业的新局面。

4. 大赛内容

主体赛事,包括高教主赛道、"青年红色筑梦之旅"赛道、职教赛道、萌芽赛道和产业命题赛道等。

二、参赛要求

(1) 参赛项目能够紧密结合经济社会各领域现实需求,充分体现高校在新工科、新医科、新农科、新文科建设方面取得的成果,培育新产品、新服务、新业态、新模式,促进制造业、农业、卫生、能源、环保、战略性新兴产业等产业转型升级,促进数字技术与教育、医疗、交通、金融、消费生活、文化传播等深度融合(各赛道参赛项目类型详见每年竞赛通知)。

(2) 参赛项目应弘扬正能量,践行社会主义核心价值观,真实、健康、合法。不得含有任何违反《中华人民共和国宪法》及其他法律法规的内容。所涉及的发明创造、专利技术、资源等必须拥有清晰合法的知识产权或物权。如有抄袭盗用他人成果、提供虚假材料等违反相关法律法规和违背大赛精神的行为,一经发现即刻丧失参赛资格、所获奖项等相关权利,并自负一切法律责任。

(3) 参赛项目只能选择一个符合要求的赛道报名参赛,根据参赛团队负责人的学籍或学历确定参赛团队所代表的参赛学校,且代表的参赛学校具有唯一性。参赛团队须在报名系统中将项目所涉及的材料按时如实填写提交。已获本大赛往届总决赛各赛道金奖和银奖的项目,不可报名参加本届大赛。

(4) 参赛人员(不含产业命题赛道参赛项目成员中的教师)年龄不超过35岁。

(5) 各省级教育行政部门及各有关学校要严格开展参赛项目审查工作,确保参赛项目的合规性和真实性。审查主要包括参赛资格以及项目所涉及的科技成果、知识产权、财务状况、运营、荣誉奖项等方面。

三、比赛赛制

(1) 大赛主要采用校级初赛、省级复赛、总决赛三级赛制(不含萌芽赛道以及国际参赛项目)。校级初赛由各院校负责组织,省级复赛由各地负责组织,总决赛由各地按照大赛组委会确定的配额择优遴选推荐项目。大赛组委会将综合考虑各地报名团队数（含邀请国际参赛项目数）、参赛院校数和创新创业教育工作情况等因素分配总决赛名额。

（2）2023年大赛共产生3500个项目入围总决赛（港澳台地区参赛名额单列），其中高教主赛道2000个（国内项目1500个、国际项目500个）、"青年红色筑梦之旅"赛道500个、职教赛道500个、萌芽赛道200个、产业命题赛道300个。

（3）高教主赛道每所高校入选总决赛项目总数不超过5个，"青年红色筑梦之旅"赛道、职教赛道每所院校入选总决赛项目各不超过3个，产业命题赛道每道命题每所院校入选项目总数不超过3个，萌芽赛道每所学校入选全国总决赛的项目总数不超过2个。

四、赛程安排

每年比赛通知发布时间略有差异，但整体上保持不变。

（1）参赛报名（4~6月）。参赛团队通过登录大赛官网进行报名。在服务网"资料下载"板块可下载学生操作手册指导报名参赛，微信公众号可进行赛事咨询。

（2）初赛复赛（6~8月）。各地各学校登录大赛官网进行大赛管理和信息查看。省级管理用户使用大赛组委会统一分配的账号进行登录，校级账号由各省级管理用户进行管理。初赛复赛的比赛环节、评审方式等由各校、各地自行决定。各地应在8月前完成省级复赛，并完成入围总决赛的项目遴选工作。

（3）总决赛（10月）。大赛设金奖、银奖、铜奖；另设省市组织奖、高校集体奖及若干单项奖。入围总决赛的项目将通过网评和会评，择优进入总决赛现场比赛，决出各类奖项。大赛组委会通过相关网站为参赛团队提供项目展示、创业指导、人才招聘、资源对接等服务，各项目团队可登录上述网站查看相关信息，各地可利用网站提供的资源，为参赛团队做好服务。

五、参赛指南

1. 主赛道项目类型

（1）新工科类项目：大数据、云计算、人工智能、区块链、虚拟现实、智能制造、网络空间安全、机器人工程、工业自动化、新材料等领域，符合新工科建设理念和要求的项目。

（2）新医科类项目：现代医疗技术、智能医疗设备、新药研发、健康康养、食药保健、智能医学、生物技术、生物材料等领域，符合新医科建设理念和要求的项目。

（3）新农科类项目：现代种业、智慧农业、智能农机装备、农业大数据、食品营养、休闲农业、森林康养、生态修复等领域，符合新农科建设理念和要求的项目。

（4）新文科类项目：文化教育、数字经济、金融科技、财经、法务、融媒体、翻译、旅游休闲、动漫、文创设计与开发、电子商务、物流、体育、非物质文化遗产保护、社会工作、家政服务、养老服务等领域，符合新文科建设理念和要求的项目。

参赛项目团队应认真了解和把握"四新"发展要求，结合以上分类及项目实际，合理选择参赛项目类别。参赛项目不只限于"互联网＋"项目，鼓励各类创新创业项目参赛，根据"四新"建设内涵和产业发展方向选择相应类型。

2. 参赛方式和要求

（1）本赛道以团队为单位报名参赛。允许跨校组建参赛团队，每个团队的成员不少于3

人,不多于15人(含团队负责人),须为项目的实际核心成员。参赛团队所报参赛创业项目,须为本团队策划或经营的项目,不得借用他人项目参赛。

(2) 按照参赛学校所在的国家和地区,分为中国大陆参赛项目、中国港澳台地区参赛项目、国际参赛项目三个类别。国际参赛项目和中国港澳台地区参赛项目可根据当地教育情况适当调整学籍和学历的相关参赛要求。

(3) 所有参赛材料和现场答辩原则上使用中文或英文,如有其他语言需求,请联系大赛组委会。

3. 参赛组别和对象

以高教主赛道为例,根据参赛申报人所处学习阶段,项目分为本科生组、研究生组。根据所处创业阶段,本科生组和研究生组均内设创意组、初创组、成长组,并按照新工科、新医科、新农科、新文科设置参赛项目类型。

1) 本科生组

(1) 创意组。

①参赛项目具有较好的创意和较为成型的产品原型或服务模式,在大赛通知下发之日前尚未完成工商等各类登记注册。

②参赛申报人须为项目负责人,项目负责人及成员均须为普通高等学校全日制在校本专科生(不含在职教育)。

③学校科技成果转化项目不能参加本组比赛(科技成果的完成人、所有人中参赛申报人排名第一的除外)。

(2) 初创组。

①参赛项目工商等各类登记注册未满3年。

②参赛申报人须为项目负责人且为参赛企业法定代表人,须为普通高等学校全日制在校本专科生(不含在职教育),或毕业5年以内的全日制本专科学生(不含在职教育)。企业法定代表人在大赛通知发布之日后进行变更的不予认可。

③项目的股权结构中,企业法定代表人的股权不得少于1/3,参赛团队成员股权合计不得少于51%。

(3) 成长组。

①参赛项目工商等各类登记注册3年以上。

②参赛申报人须为项目负责人且为参赛企业法定代表人,须为普通高等学校全日制在校本专科生(不含在职教育),或毕业5年以内的全日制本专科学生(不含在职教育)。企业法定代表人在大赛通知发布之日后进行变更的不予认可。

③项目的股权结构中,企业法定代表人的股权不得少于10%,参赛团队成员股权合计不得少于1/3。

2) 研究生组

(1) 创意组。

①参赛项目具有较好的创意和较为成型的产品原型或服务模式,在大赛通知下发之日前尚未完成工商等各类登记注册。

②参赛申报人须为项目负责人,须为普通高等学校全日制在校研究生。项目成员须为普通高等学校全日制在校研究生或本专科生(不含在职教育)。

③学校科技成果转化项目不能参加本组比赛(科技成果的完成人、所有人中参赛申报人排名第一的除外)。

(2) 初创组。

①参赛项目工商等各类登记注册未满3年。

②参赛申报人须为项目负责人且为参赛企业法定代表人,须为普通高等学校全日制在校研究生或毕业5年以内的全日制研究生学历学生。企业法定代表人在大赛通知发布之日后进行变更的不予认可。

③项目的股权结构中,企业法定代表人的股权不得少于1/3,参赛团队成员股权合计不得少于51%。

(3) 成长组。

①参赛项目工商等各类登记注册3年以上。

②参赛申报人须为项目负责人且为参赛企业法定代表人,须为普通高等学校全日制在校研究生或毕业5年以内的全日制研究生学历学生。企业法定代表人在大赛通知发布之日后进行变更的不予认可。

③项目的股权结构中,企业法定代表人的股权不得少于10%,参赛团队成员股权合计不得少于1/3。

六、参赛案例

案例 6-1

再生邦——再生资源行业数字化转型开拓者

项目概述:再生资源行业是全球经济发展的重要支柱之一,对保护环境、促进可持续发展具有重要作用。该项目基于系统开发软件平台,从垃圾分类、回收、管理到销售整个过程,打造数字化解决方案,自主研发"再生邦"智能一体机、自动称重数据处理系统、视频监控系统、查询统计报告功能。

获奖等级:国赛银奖,省赛金奖。

案例 6-2

"指"上生"花"——雕花剪纸艺术赋能湖北非遗文创开发

项目概述:本项目与现代设计相结合,打造"指"上生"花"这一文创,开启"非遗+文创+互联网+品牌"的创新融合模式,营造线上线下消费体验场景,促进非遗(即非物质文化遗产)融入当代生活以及非遗产业创新产品,为非遗跨界融合、创新发展搭建渠道和平台。价值欣赏和认同非遗文化推动非遗的传承与发展,为保护和发展非遗文创产业做出贡献。

获奖等级:省赛金奖。

案例 6-3

氧森之家——打造您的清新居所

项目概述:本项目采用全新的纳米提炼萃取技术,成功研发出"氧森之家"负氧离子生态液、负氧离子无机涂料等系列产品,并投入量产。公司集研发、生产、销售和服务为一体,实现产销一体化,持续创新,保障产品生产的安全性与稳定性,并具备出色的运营能力。公司产品具有去异味、除甲醛、清新空气等功效,可应用于汽车、居室、办公场地等。

获奖等级:省赛银奖。

 案例 6-4

译语——一站式手语翻译服务商

项目概述:本项目基于自制的手语识别数据集实现,通过手机摄像头采集人的手语动作,经过姿态估算获取人体关键点及手部关键点。基于获取的关键点集,通过连续视频手语识别模型进行识别,使交流更加畅通。

获奖等级:省赛银奖。

 案例 6-5

"鲜食一袋"抑菌、抗菌可降解环保外卖包装袋

项目概述:本项目主要产品为抗菌抑菌、可降解、耐磨外卖食品包装袋。本团队依托武昌工学院食品与健康研究所进行深度研发,湖北同广和新材料有限公司提供抑菌抗菌、耐磨牢固技术以及降解技术平台支持,还有实验室生产设备研发优势,通过利用已有的设备和相关技术对外卖食品包装袋进行一系列处理,使其性能大幅度提升,满足食品行业对高质量外卖食品外包装袋的要求。

获奖等级:省赛银奖。

6.3 "挑战杯"全国大学生课外学术科技作品竞赛

一、赛事简介

"挑战杯"全国大学生课外学术科技作品竞赛是由共青团中央、中国科学技术协会、教育部、中华全国学生联合会和承办高校所在地人民政府联合主办,国内著名高校和新闻媒体单位联合发起的一项具有导向性、示范性和群众性的全国竞赛活动,已发展成为全国规模最大、最具影响力的大学生科技创新赛事,被誉为中国大学生学术科技的"奥林匹克"盛会,俗称"大挑",每两年举办一届,在奇数年份举行。此项活动旨在全面展示我国高校教育成果,激发广大在校大学生崇尚科学、追求真知、勤奋学习、锐意创新、迎接挑战,培养跨世纪的创新人才。

自1989年以来,"挑战杯"已分别在清华大学、浙江大学、上海交通大学、武汉大学、华南理工大学、重庆大学、西安交通大学、华南理工大学和复旦大学等高校成功举办了十多届。"挑战杯"已形成校级、省级、全国的三级赛事,参赛学生首先参加校内作品选拔赛、省内作品复赛,优秀作品报送全国组委会参加决赛。党和国家领导人对竞赛活动十分关注,江泽民同志于1993年为"挑战杯"题写了杯名。

"挑战杯"分自然科学类学术论文、哲学社会科学类社会调查报告和学术论文、科技发明制作三类作品;聘请专家评定出具有较高学术理论水平、实际应用价值和创新意义的优秀作品,进行奖励;组织学术交流和科技成果的展览、转让活动。

二、赛事特点

1. 规模扩大

现在的"挑战杯"竞赛已发展到200多所高校、400多件作品参与决赛的规模,其学科覆盖的范围、活动的影响力有很大的提高,很多国家级新闻媒体都会跟踪报道。

2. 水平提升

参赛作品的水平得到迅速提高,传统的小发明小制作已经被淘汰。现在,很多项目均出自国家自然科学基金、省部级重点项目,某些成果甚至达到国内乃至国际领先水平。

如第九届"挑战杯"特等奖作品:国防科技大学的《先驱体转化C/SiC复合材料高室压推力室》,其产品的研制成功解决了国内发展新型航天动力系统的重大技术难题,直接经济效益已达到200万元。

3. 强调实际应用

近几年获奖作品均有很强的实用价值,很多选题紧密结合了当今社会的热点问题,反映出在校大学生关注的各种社会现象和问题,体现了大学生强烈的责任感和使命感。如第十二届"挑战杯"特等奖作品:厦门大学的《乡土视野中的纠纷解决——以海安法院的疏导式庭审为样本》以及华北电力大学《西藏无电区农牧民用电对策研究——基于对拉孜县新能源利用的实证分析》均体现了这一特点。

4. 注重成果转化

无论是评委评审,还是产品、人才推介会,"挑战杯"始终贯彻着强烈的市场观念,即强调科技成果向市场利润或生产力的转化,以及基础理论对社会生产的重要影响。

如第九届"挑战杯"特等奖作品:西安电子科技大学的作品《用于煤矿安全生产的网络化多参数气体监测系统》现已应用于许多大型煤矿。

5. 受到普遍关注

"挑战杯"竞赛发展至今,已成为各大高校综合实力竞争和高校学生科研实力一争高下的重要平台,受到广大高校的高度重视,也引起了社会的巨大反响。因此,越来越多的院校开始关注该赛事,并且不断加大投入力度,不遗余力地开展"挑战杯"活动。

三、竞赛选题分析

"挑战杯"参赛选手主要是大学本科在校生,研究生只能以科技发明制作类作品或哲学社会科学类社会调查报告和学术论文参赛。通过对近两届竞赛的部分特等奖、一等奖作品的分析,可以归结出以下特点:

(1) 自然科学类学术论文主要依托各高校的学科优势。学术论文仅限于本科生参加,因此,在短期内产生重大科研成果的难度相对较高。

(2) 哲学社会科学类作品中绝大多数都涉及社会热点话题、与人民群众的切身利益相关的政策导向,或是与大学生密切相关的课题。

(3) 科技发明制作类作品往往具有很强的连续性和多学科合作的特点。一项成果不是由某个人或某些人在一两年内完成的,而是通过几届学生不断改进和摸索,最终获得的科研成果。

四、参赛选手能力分析

"挑战杯"竞赛在不同的类别对参赛选手要求不同,参赛选手应具备以下几方面能力。

1. 科研能力

大学生课外科研活动的主体是学生,绝大部分的科研活动都需要学生来完成。为了保证科研成果的质量,大多数团队成员必须具备扎实的基础和专业知识,担负实质性的科研工作,需要具备较强的科研能力。

2. 协调管理能力

具有能够协调团队、协调工作、充分利用各类资源的协调管理能力是非常重要的,只有充分发挥组织协调作用,才能最大限度地激发每位成员的潜力,弥补个人知识的缺陷,共同完成科研项目。

3. 表达能力

无论是以论文参赛还是以实物参赛,很多团队都应该有善于表达的选手,他们可以将科研成果完美地呈现给评委或读者,将成果在较短的时间内言简意赅、通俗易懂地表达出来,这就要求参赛选手必须具备深厚的文字功底和良好的语言表达能力。

4. 良好的心理素质

良好的心理素质是参加"挑战杯"竞赛的必备条件。选手们既需要有顽强的毅力和耐心去不断完善科研成果,同时还要有良好的心态去应对赛场突发情况,所以说,选手们具备良好的心理素质是很重要的。

五、填写作品申报书的注意事项

填写作品申报书之前应该仔细阅读竞赛章程、评审规则和作品申报书说明。

1. 个人作品

(1) 申报者需承担申报项目60%以上的研究工作。

(2) 合作者不超过二人,且均为学生。

(3) 合作者学历不高于申报者。

(4) 鉴定书、专利证书、发表作品署名均需第一作者。

2. 集体作品

(1) 合作者超过二人。

(2) 合作者虽不超过二人,但无法区分第一作者。

3. 正确填报作品类别及学科领域

(1) 科技发明制作有 A、B 类区别。

(2) 涉及几个学科领域时,按学术方向或发明点、关键创新点来填写。

六、往届优秀作品摘要

1. 作品名称:两足智能机器人

作品编号:BB-2-10-80

学校:中国矿业大学(江苏)

作品摘要:该两足智能机器人是在原有的步态分析理论基础上,提出了一套全新的步行模型,令机器人在复杂环境中进行基本的抛弃力学模型计算,并采用自适应、自调整的步态分析理论作为指导思想,大大提高了机器人适应环境的能力。

2. 作品名称:用于煤矿安全生产的网络化多参数气体监测系统

作品编号:AB-2-27-32

学校:西安电子科技大学(陕西)

作品摘要:煤矿瓦斯爆炸而引发的煤矿特大事故,已成为威胁我国煤炭安全生产的首要问题。但由于缺乏完善的信息检测与监控系统,无法及时、准确地将现场监测信息上报有关部门,已成为预防事故发生和防止事故瞒报最重要的障碍。目前我国采用的高性能检测仪表大多依赖进口,其价格昂贵,国产仪表虽价格较低,但技术含量偏低,功能单一,无法满足各煤矿,特别是中小煤矿的安全监测需要。为保证煤矿安全生产,我们专门开发了一套集现场检测与信息网络传输于一体的多参数气体监测系统。通过现场监测和信息网络传输使国家、地方和矿山有关部门能够进行实时监控,使险情第一时间被发现,有效避免事故的发生、谎报及瞒报。本系统采用网络固定式多种气体检测仪表与巡检便携式多种气体检测仪表相结合的设计思路对煤矿安全进行监测。固定式检测仪表分布在最易产生瓦斯的各工作面(掘进面和采挖面)上,通过 RS-485 串行总线,利用有线/无线网络通信技术,组成一个完整的网络型监测系统,并由地面实施实时监控;便携式检测仪表配发给瓦斯监测人员,便于在井下进行巡回检测,它能够智能化采集、记录、处理信息以配合监测员完成不同地点、不同时间的安全检查任务,并能将记录的信息通过 RS-232 接口下载给系统监控主机,便于进行数据处理和分析。系统监控主机可与无线网互联实现信息的上传,便于上级部门进行监控。

案例 6-6

多变实用自行车
项目名称:多变实用自行车

来源:第十二届"挑战杯"省赛作品

小类:机械与控制

大类:科技发明制作 A 类

简介:本设计在具有体积小、重量轻、骑感舒适、性能稳定、外观时髦、结构简洁合理、能轻松折叠、极易推广普及、市场前景好的基础上,还可以:①郊游、野炊、露营时,可以做临时的桌子和凳子,方便就餐和娱乐;②逛街购物时,可展成精致美观的购物车,节约空间、资源;③居家生活时,可放在卧室和客厅中,作为摆放物品的桌子,还可以在上面读书写字,合理利用空间,方便日常生活。

一、详细介绍

本方案所设计的自行车,是一款多功能折叠自行车,除具备自行车常见功能外,还可用作购物车、桌子、椅子等。我们的多变自行车在具有体积小、重量轻、骑感舒适、性能稳定、外观时髦、结构简洁合理、能轻松折叠、极易推广普及、市场前景好的基础上,还可以:①在郊游、野炊、露营时,通过车筐的展开拼接成桌面或凳面,用定位销将其固定在车把和车座上,可以做临时的桌子和凳子,方便人们就餐和娱乐;②在逛街购物时,该多变自行车,可以展现其双折叠功能,通过两次折叠,并将中间小轮子放下,即可形成精致美观的购物车,这样既节约了空间又节约了资源;③在居家生活时,该多变自行车,可以放在卧室和客厅中,作为桌子使用,合理利用了空间,方便日常生活。我们研究的折叠自行车,其特征是用升降手闸使整车轴心向上提升折叠成超小体积的轴心型便携折叠车的整体结构。在制作中需要用锁紧合页将车架及龙头、车座相连接;锁紧合页装有弹簧、钢索(线闸)等,方便操作;升降手闸可控制锁紧合页,确保安全和方便。本项目构思新颖,结构简洁合理,能轻松折叠和展开,携带和使用方便舒适,生产工艺成熟,极易推广普及,可以填补市场空白,市场前景非常广阔。作品图片如图 6-1 所示。

图 6-1 多变自行车

二、作品专业信息

设计、发明目的:本设计可较好地满足很多需要经常外出联系业务且又爱好旅游休闲的人群、一些小资型上班族追求绿色上班、绿色出游、绿色休闲、绿色购物的愿望和需求。另外,本设计对那些爱好出游的老年人也是不错的选择。

设计、发明基本思路:①选用铝镁合金、钛合金、碳纤维等轻质材料制作车身,保证车身轻质美观;②采用折叠式设计,选用小型轻质车轮,便于折叠,便捷携带;③附加专用购物小轮,前后车筐搭配设计,使之具备购物车功能;④车前筐采用合页设计,拆装便捷,展开后用作桌面,配合后座定位构件,搭成一个具有良好定位和稳固性的桌面,使之具备"变形"成桌子的功能；⑤车后筐90°后折用作靠背，配合后支座，使之具备"变形"成椅子的功能；⑥尺寸、结构等设计合理化，保证具备各项功能的前提下尽量使外观美化，使用舒适。

设计创新点：①本设计自行车具有普通自行车的基本功能；②多样化美观设计，满足多样人群；③有购物车功用；④有桌子、椅子功用；

技术关键：①车身选材：依不同人群选用铝镁合金、钛合金、碳纤维等不同轻质高塑性材料；②保证拥有适当车速，骑行舒适、省力；③尽可能减少关节点，以便于携带、组装、拆散、折叠、改装等；④折叠组装拆卸需力小、耗时短，质轻便携；⑤做工精细、牢固，保证骑行安全；⑥折叠后可用作桌子、椅子、购物车等。

作品所处阶段：中试阶段。

技术转让方式：源于对生活的探索研究，属于自主研发。

作品可展示的形式：图纸、图片、录像、模型。

三、使用说明

主要技术特点：①保证可以拥有适当车速，骑行舒适、省力；②关节点少，便于携带、组装、拆散、折叠、改装等；③折叠、组装拆卸需力小、耗时短，质轻便携；④做工精细、牢固，保证骑行安全；⑤有桌子、椅子、购物车等功用。相比制作机器人等大型、复杂型实物来说，本项目的技术实现相对较清晰、容易实现。利用一些现有的技术，以上技术需求可以得到解决和实现。

适应范围：有车的消费一族、需要经常外出联系业务且又爱好旅游休闲、一些小资型上班族、喜爱外出活动的老年人群。

市场分析：据初步的市场调查，国内现有的折叠自行车功能多数仅限于折叠后方便携带和存放，极个别的自行车可以在折叠后进行堆放或拖放，独具特色或者创意的设计还不是很多；国外有很多新型创意的多功能折叠自行车设计，但大多都处于起步阶段，发展空间大，可以投入市场的实物少。我们提出本设计，完全切合了市场背景并迎合了市场的发展趋势。

案例 6-7

一种电动汽车用漏电保护器	
项目名称	一种电动汽车用漏电保护器
来源	第十二届"挑战杯"省赛作品
小类	机械与控制
大类	科技发明制作 B 类

续表

简介	电动汽车动力电池电压,尤其大型电动汽车动力电池电压在 200 V 以上,正常时,用电器(负载)与车体保持绝缘。发明本产品的目的在于提供一种简单实用的电动汽车漏电保护回路。在用电器(负载)对车体电气地发生漏电时,及时发现漏电,立即切断动力电池与用电器(负载)的连接。其结构包括动力电池、断路器、分压电阻、空心线圈、干簧管、继电器、控制电源、指示灯。本产品结构简单,工作可靠,成本低,实用价值高
详细介绍	本产品为一种电动汽车漏电保护回路,能及时发现漏电,并切断动力电池电源。一旦用电器(负载)对车体电气地漏电,且漏电点电位高于 a 点,漏电电流由漏电点—车体电气地—空心线圈(L)—分压电阻(R)—动力电池(E1-1)及(E1-2)之间的 a 点流回动力电池(E1-1)负极。如果漏电点电位低于 a 点,则漏电电流方向相反,漏电电流由 a 点—分压电阻(R)—空心线圈(L)—车体电气地—漏电点流回动力电池(E1-2)负极。由于干簧管(Q)安装在空心线圈(L)内,漏电电流产生的电磁场使干簧管(Q)内的触点闭合而继电器(K2)线圈得电,其常闭触点断开。因而继电器(K1)线圈失电,触点断开,切断动力电池与用电器(负载)的连接。同时由于继电器(K2)常开触点接合,指示灯(D1)得电发光。开关(S)用于是否向用电器(负载)供电
作品图片	
设计、发明的目的和基本思路、创新点、技术关键和主要技术指标	电动汽车动力电池电压,尤其大型电动汽车动力电池电压在 200 V 以上,正常时,用电器(负载)与车体保持绝缘。一旦因各种原因,用电器(负载)向车体电气地发生漏电,将可能造成用电器(负载)损坏、烧毁或至人电击。发明本产品的目的在于提供一种简单实用的电动汽车漏电保护回路。在用电器(负载)对车体电气地发生漏电时,及时发现漏电,立即切断动力电池与用电器(负载)的连接。一种电动汽车漏电保护回路,其包括动力电池、断路器、分压电阻、空心线圈、干簧管、继电器、控制电源、指示灯。一旦电动汽车上有漏电发生,干簧管、继电器、断路器等将进行一系列动作,从而切断动力电池电源,达到漏电保护作用。本产品结构简单,工作可靠,成本低,实用价值高。能适应电动汽车,尤其是大型电动汽车的漏电保护

续表

科学性、先进性	①本产品科学先进,采用一种磁敏的特殊开关,即干簧管,最大特点是不受外界环境影响,工作可靠,非常稳定; ②本产品体积小,方便安装和调试; ③成本低,各个部件均价格低廉而且容易更换; ④触点通断时间短,比一般产品反应时间快3～5倍; ⑤实用价值高,能适应电动汽车,尤其是大型电动汽车的漏电保护
获奖情况及鉴定结果	本产品在2006年至2009年间,一直应用于城市公交、混合动力大客车上,实现漏电保护功能。经试验,该产品能够实现漏电保护功能,且性能良好
产品所处阶段	生产阶段
技术转让方式	专利代理委托
产品可展示的形式	实物、图纸、样品
应用范围和推广前景、效益预测	应用范围和推广前景:本产品为一种电动汽车漏电保护回路,能及时发现漏电,并切断动力电池电源;结构简单,能适应电动汽车尤其是大型电动汽车漏电保护;人类社会对于节能、环保的追求,使新能源汽车成为全球汽车产业面临的时代命题,电动汽车作为新能源汽车的成员之一,越来越受到重视,而电动汽车的安全问题引起了人们的高度重视,本产品能够适用于电动汽车的漏电保护; 效益预测:在国际石油疯涨的形势下,在石油资源即将贫乏的情况下,使用电力驱动是汽车行业的未来发展之路。因此,本产品的应用将随着电动汽车的需求量增长而不断普及
其他注意事项	人类社会对于节能、环保的追求,使新能源汽车成为全球汽车产业面临的时代命题,电动汽车作为新能源汽车的成员之一,越来越受到重视。而电动汽车的安全问题引起了人们的高度重视。漏电保护器的作用是防患于未然,电路工作正常时反映不出来它的重要,往往不易引起大家的重视。漏电保护器的安全运行要靠一套行之有效的管理制度和措施来保证。除了做好定期的维护外,还应定期对漏电保护器的动作特性(包括漏电动作值及动作时间、漏电不动作电流值等)进行试验,做好检测记录,并与安装初始时的数值相比较,判断其质量是否有变化。漏电保护器一旦损坏不能使用时,应立即请专业电工进行检查或更换。如果漏电保护器发生误动作和拒动作,其原因一方面是由漏电保护器本身引起,另一方面是来自线路的缘由,应认真地具体分析,不要私自拆卸和调整漏电保护器的内部器件

6.4 全国大学生电子商务"创新、创意及创业"挑战赛

一、赛事简介

全国大学生电子商务"创新、创意及创业"挑战赛(以下简称"三创赛")从2009年开始,根据教育部、财政部(教高函〔2010〕13号)文件精神创办,并列入中国高等教育学会《全国普通高校学科竞赛排行榜》赛事。三创赛由全国电子商务产教融合创新联盟主办,由三创赛竞赛组织委员会作为执行组织,负责统一策划、组织、管理与实施。三创赛采用校赛、省赛和国赛三级竞赛体制,是激发大学生兴趣与潜能,培养大学生创新意识、创意思维、创业能力以及团队协同实战精神的学科性竞赛。大赛对开展创新教育和实践教学改革、加强产学研之间联系发挥了积极作用,得到社会广泛认可。从2009年至2023年,三创赛共举办了十三届,参赛团队从第一届的1500多支增长到第十二届的130000多支,大赛规模越来越大,已成为颇具影响力的全国性品牌赛事。

多年来,三创赛不仅得到了从教育部、商务部到各省、自治区、直辖市教育厅(教委)和商务厅(局)的大力支持,更得到了许多地方政府(如重庆市石柱土家族自治县政府)以及知名企业(如汾酒集团、中庸集团等)的鼎力相助,也受到了诸多媒体(如央视新闻频道等单位)的广泛报道和宣传。大赛带动了大学生的"三创"意识和能力的培养。三创赛的价值在于:大赛促进教学,大赛促进实践,大赛促进创新,大赛促进育人。从第十二届大赛创新性拓展出了三创赛的实战赛,如跨境电商实战赛,开始三创赛分为常规赛和实战赛两类赛事,既相互关联又差异化发展的新里程。三创赛将延续常规赛和实战赛两类赛事进行。其中,常规赛包含《三创赛指南》中的主题;实战赛包含跨境电商实战赛、乡村振兴实战赛、产教融合(BUC)实战赛等。两类赛事均按校级赛、省级赛和全国总决赛三级赛事进行比赛。

二、赛事分类

1. 常规赛

本届大赛常规赛主题如下:①三农电子商务;②工业电子商务;③跨境电子商务;④电子商务物流;⑤互联网金融;⑥移动电子商务;⑦旅游电子商务;⑧校园电子商务;⑨其他类电子商务。

2. 实战赛

本届大赛实战赛如下:①跨境电商实战赛;②乡村振兴实战赛;③产教融合(BUC)实战赛。

三、参赛题目

(1) 参赛队伍应该围绕大赛主题给出具体作品名称,参赛作品名称(不超出30个字符)及内容应当充满正能量、符合主旋律,不能含有色情、暴力和低俗等内容,更不能与中华人民共和国法律相抵触。团队名不能超过16个字符。

(2) 欢迎合作企业围绕大赛主题给出具体题目(见官网公布),引导和指导学生参加竞赛。

四、大赛参赛资格和指导原则

(1) 凡是经教育部批准的普通高等学校全日制在校大学生,每位选手经本校教务处等机构证明都有资格参赛;高校教师既可以作为指导老师(在学生队中)也可以作为参赛选手(在混合队中做队长或队员)组成师生混合队参赛。

(2) 参赛选手有两种组队方式。①学生队:学生作为队长,队长和队员须全部为全日制在校学生;②混合队:高校教师作为队长,队员中学生数量必须多于教师。

(3) 参赛选手每人可以同期参加一个常规赛和一个实战赛(同一团队如果参加两个比赛也必须注册两个团队 ID 号)。一个团队成员 3~5 名,其中 1 名为队长。可以跨校组队,以队长所在学校为该队报名学校。队员的身份信息的真实性由队长负责。提倡合理分工,学科交叉,优势结合。

(4) 一个团队可以有 0~2 名高校指导老师,0~2 名企业指导老师参加。

(5) 参赛团队的成员信息、参赛作品名及作品摘要必须在报名之后上传到官网,在校赛管理员审核日期截止前可以修改,大赛规定的校赛开始时间后不得更改。如果遗漏或者填写错误导致在比赛时提交的团队成员信息、参赛作品名及作品摘要与官网上填写的信息不一致,则按规则被作为违规处理,将取消团队比赛成绩。

五、大赛报名方式

1. 校级赛注册

(1) 如果学校承办过上一届三创赛校赛,则不用提交《三创赛校赛备案申请书》,在学校账号点击继续使用;如果校名、负责人、联系人以及联系方式等重要信息需要修改,直接联系秘书处处理(需提供相应的证明材料)。

(2) 首次承办的学校必须在官网上注册(由承办单位负责人或联系人注册),填写学校信息、负责人和联系人等信息;注册时必须提交《三创赛校赛备案申请书》(加盖校级公章)。

2. 注册之后

在确认队长所在学校已经注册为承办学校之后,参赛队伍到官网上统一注册(由队长注册),以便规范管理和提供必要的服务。报名时选择所在省份及学校,并填写参赛队员信息、高校指导老师信息、企业指导老师信息,以及参赛作品名、作品摘要等信息。请参赛团队的队长认真填写准确的参赛队员、高校指导老师、企业指导老师的姓名和数量,若填写内容有误,则后果团队自负。所有参赛队伍必须由本校三创赛承办负责人在官网上对参赛队伍进行审核通过后,才视为报名成功。

六、注意事项

(1) 三创赛所有文档均放在三创赛官方网站"资料下载"栏,所有赛事通知、公告均通过官方网站、微信公众号(电子商务三创赛)发布。请各校教务处等管理、组织部门和有关各方注意查看相关信息。

(2) 参赛团队、承办高校若有意见、建议可以发邮件至官方邮箱,并注明"三创赛××事项"，或通过微信公众号、微信工作群交流反馈。

（3）为了方便参赛团队、指导老师、校赛评委、校赛纪检委、校赛仲裁委、校赛负责人等更方便地深入了解大赛的具体情况，三创赛竞赛组织委员会组织编写了《三创赛指南》，需要购买者请见官网信息。

6.5　全国高校商业精英挑战赛品牌策划竞赛

一、赛事简介

全国高校商业精英挑战赛品牌策划竞赛是由中国国际贸易促进委员会商业行业委员会牵头主办的国家级学科竞赛活动，根据中国高等教育学会高校竞赛评估与管理体系研究工作组发布的《全国普通高校大学生竞赛分析报告》竞赛目录，品牌策划竞赛纳入学科竞赛排行榜。品牌策划竞赛经过数年培育发展，业已成为我国品牌教育领域中，院校覆盖全面、校企合作深入、国际交流广泛的赛事活动，形成了集学科竞赛、产学合作与国际交流三位一体的创新实践平台。

2022年8月发布的《国家发展改革委等部门关于新时代推进品牌建设的指导意见》（以下简称《指导意见》）指出要适应新时代新要求，进一步引导企业加强品牌建设，进一步拓展重点领域品牌，持续扩大品牌消费，营造品牌发展良好环境，促进质量变革和质量提升，推动中国制造向中国创造转变、中国速度向中国质量转变、中国产品向中国品牌转变，久久为功促进品牌建设高质量可持续发展。

为响应《指导意见》要求，同时继续办好该竞赛，全球华人营销联盟（GCMF）、中国国际贸易促进委员会商业行业委员会、中国国际商会商业行业商会、中国商业文化研究会和中国商业经济学会共同举办此项赛事。

二、参赛对象

参赛对象以工商管理、市场营销、连锁经营管理、国际贸易、电子商务、旅游管理、酒店管理和会展管理等经济类与管理类专业的学生及教师为主，鼓励其他专业有兴趣及能力的学生积极参与。

三、竞赛流程

线上知识赛（60分及以上成绩合格者获资格组队参加后续竞赛环节）—选拔赛（校赛）—全国预选赛（省赛）—全国总决赛。

四、竞赛形式

该竞赛基于产学合作模式，采取团体赛形式（每个团队由3～5名选手和1～2名辅导教师组成），参赛团队以"×××品牌策划工作室"名义参赛，策划并需要事先征得相关企业的书面同意（需要准备企业授权书）。参赛团队必须选择真实存在的产品品牌或服务品牌为策划对象撰写品牌策划方案,同时鼓励参赛团队选择中小微企业的产品品牌或服务品牌为策划对象,但不限定各类规模的企业,中小微企业划分标准可参考国家统计局关于印发《统计上大中小微型企业划分办法》的通知。

五、赛事组织

在全国高校商业精英挑战赛组委会(以下简称"竞赛组委会")的领导下,由主办单位联合有关单位成立品牌策划竞赛执委会(以下简称"竞赛执委会"),负责竞赛的统筹工作。竞赛执委会下设秘书处和评审委员会。竞赛执委会秘书处设在中国国际贸易促进委员会商业行业委员会,负责竞赛的组织和实施工作。评审委员会成员由有关专家组成。

六、品牌策划方案要求

1. 内容

内容应当包括但不限于以下要素:①目录;②概要;③引言;④企业品牌形象和现状分析;⑤品牌定位;⑥品牌核心价值;⑦品牌元素设计;⑧品牌推广与传播;⑨品牌资产保护;⑩风险管理;⑪财务预算;⑫附录和参考资料等内容。

2. 相关建议

(1) 在分析企业目前的品牌形象和现状时,可能包括外部环境、内部环境等。

(2) 在对企业的品牌进行定位时,应考虑:①分析并预测短期和长期的宏观与微观市场环境;②通过市场细分,选择目标市场,确定满足目标顾客需求的市场定位;③寻找并确认主要(包括潜在)竞争对手;④分析并明确本品牌与竞争对手的异同点;⑤阐明品牌的独特性以及风格特征。

(3) 企业品牌核心价值需能够被企业内部和目标顾客识别并认可。

(4) 品牌元素主要包括:品牌名称、(互联网)域名(URL)、标识、符号、形象代表(或代言人)、品牌宣传语、广告音乐、包装等。

(5) 品牌推广和传播手段要有效地传达品牌理念和品牌文化,提升品牌形象,且方案应遵循《国际商会广告与营销传播实务准则》。

(6) 需要制定相应的品牌资产保护措施,以确保品牌资产的识别、使用、保护处于受控状态。

(7) 应防范可能给品牌以及品牌培育过程带来的风险,建立风险规避和紧急事件响应程序。

(8) 财务预算指在品牌策划的过程中所有的成本支出。

(9) 参赛作品必须具有原创性,不可过多陈述企业现有的成就和做法。

(10) 在准备品牌策划案时,应当:①确保所有的策划与企业的愿景、使命和价值观一致;②确保策划案品牌策划比重多于营销推广;③引用资料需标明出处;④陈述所有相关信息,例如,图表、图片、公开信息、文章、调查研究和问卷复印件(如果有的话)等,用来在附录部分做参考;⑤将潜在假设或理论阐述清楚。

(11) 策划方案严禁抄袭,一经发现,取消该队参赛资格,并对团队所在院校予以警告。

(12) 同一院校五年内不能用同一品牌作为策划对象多次参加竞赛。

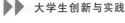

6.6 全国高校商业精英挑战赛会展专业创新创业实践竞赛

一、赛事简介

全国高校商业精英挑战赛会展专业创新创业实践竞赛(以下简称"会展竞赛"),为中国高等教育学会《全国普通高校大学生竞赛排行榜》竞赛项目之一。会展竞赛经过十多年培育发展,业已成为我国会展教育领域中,院校覆盖全面、校企合作深入、国际交流广泛的赛事活动,形成了集学科竞赛、产学合作与国际交流三位一体的创新实践平台。

为加快培养新时期适应会展业发展需要的应用型、创新型和复合型专门人才,中国贸促会商业行业委员会、中国国际商会商业行业商会和中国商业经济学会在调研论证的基础上,进一步整合资源,决定全国高校商业精英挑战赛会展专业创新创业实践竞赛调整为六个赛项,分别为会展活动策划赛(含策划、调研、城市营销、会展安全沙盘应急演练)、会展设计赛、新媒体创作赛、会展教师课程设计赛、酒店管理实践赛、旅游目的地策划赛。

二、参赛对象

参赛对象包括会展策划与管理、会展经济与管理、广告与会展、旅游管理、酒店管理、文化产业管理、市场营销、展示设计、艺术设计、服装陈列与展示设计、数字展示、会展艺术设计、工商管理、商务英语、国际贸易、人力资源、财务管理及相关经济大类、管理大类、旅游大类和艺术大类专业及其他相关专业的全日制高等院校在校学生。

三、比赛流程

线上知识赛(初赛)—省赛—全国总决赛。

四、人员组成

采取团体赛形式,每个团队由3~5名选手和1~2名辅导教师组成。

五、赛项说明

1. 会展活动项目策划赛

该赛项是一个会展项目(展览、会议、节庆、体育赛事等活动项目)的整体策划,策划方案应结合会展业发展新趋势,利用会展活动的新技术,体现科技、数字、绿色等相关元素,自主命题。既可以对市场上已有的会展项目进行重新策划,也可以选择新的项目进行策划。

2. 新媒体(短视频)创作赛

该赛项包含两个命题方向:①对市场上某个会展项目、会展公司或会展场馆和设施进行宣传短视频的创作;②围绕"乡村振兴""共同富裕""美丽中国"等主题,以某地为旅游或会展目的地,进行营销宣传短视频的创作。

3. 会展城市营销赛

该赛项将选择一个城市,结合地方资源,为所选城市竞标举办会展活动,进行城市营销推介,内容包含运用当地会展产业资源,结合地方愿景,宣传推广该城市并达到竞标目的。

4. 会展活动项目调研赛

该赛项是对市场上已有的会展项目(展览项目或会议项目或节庆活动项目)进行调研,并完成调研报告。

5. 会展设计赛

该赛项包含两个命题方向:①VI设计,以某个展览、会议或节事活动为对象,进行相关配套的VI视觉设计;②展位设计,参赛作品需以72~300平方米为展位进行展位设计,参赛选手自拟命题进行创作。

6. 会展安全沙盘应急演练赛

该赛项根据统一命题,运用实物推演沙盘,完成现场布局的还原任务,并按照要求使用大赛指定的实践教学系统(项目管理沟通系统)提交作品。

7. 酒店管理实践赛

该赛项各参赛队在对酒店企业进行实地调研的基础上,对酒店的品牌管理、营销管理、前厅管理、客房管理、餐饮管理、人员管理、客户关系管理、财务管理、信息管理和物流管理等任一或多个方面做出有针对性的综合研究报告。

竞赛分为酒店策划方案组、酒店调研报告组和酒店收益管理组。

(1) 酒店策划方案组。参赛选手可选择酒店管理的任意角度(例如,酒店品牌定位及发展、酒店市场营销、酒店经营管理及运营等)撰写策划方案,策划方案旨在有效帮助酒店改善现有经营状况,提高酒店经济效益。同样可以根据实际土地资源和市场资源,设计策划一家4星级的特色酒店。策划方案可以调研为基础,但需以策划内容为主。

(2) 酒店调研报告组。参赛选手选择一家或多家酒店(例如,对某一地区酒店)进行实地调研,调查方向可以包括酒店品牌建设、酒店顾客满意度、酒店客源等多方面,运用不同的调研方法进行调研,然后撰写调研报告,旨在提出实际改进建议或预测发展前景等。调研报告应包含但不限于以下内容:标题、目录、摘要、关键字、调研背景、调研对象简介、调研现状、调研数据及问题分析、调研结论、参考文献等。

(3) 酒店收益管理方案组。参赛选手可选择一家酒店,基于市场预测分析的基础上作出系列操作和调整,以模拟该酒店收益管理的动态过程。运用超额预订法、房量控制法、天数控制法、房型差异法、升级销售法等方法让该酒店实现收益最大化。

六、竞赛要求

结合会展管理相关的专业知识,对所选择会展项目从立项到推广,以及项目的管理运作向评委作详尽的陈述,要求突出重点理论,并能用数据支持论点。团队的每位参赛选手均需参加陈述。在陈述答辩时,假设评委是公司董事会的委员。如果策划的是一个新项目,力求说服董事会,这是一个可行的并值得公司投资的项目;如果是一个已经在运作的项目,应在策划中包括对以往项目运作中存在不足的分析,并提出在新的一年如何改进及创新,以期继续得到董事会的支持。在会展项目策划方案和PPT陈述中必须包括以下重点内容:

(1) 立项分析(立项分析中需包括潜在风险分析及应对);
(2) 项目执行计划(包括项目结构及时间表);
(3) 项目营销推广计划;
(4) 项目(财务)预算(切合最实际情况的预估损益平衡的时间,并做最好和最坏情况分析,以及最坏情况下的应对措施);
(5) 项目实施可行性、各部分逻辑性及可持续性、项目创意等,每个参赛队可按自己的策略及项目特色对以上内容有所侧重,并选择是否在策划方案及演示中包括其他相关内容的陈述,例如,品牌塑造、危机管理、信息管理、人力资源管理等。

七、相关建议

(1) 项目陈述结束后,应力求清楚地让评委了解展商的目标群体、展会的展示范围、观众的目标群体,与同类展会比较,展会定位有何不同。营销计划应该对吸引不同的目标群体有针对性。

(2) 项目分析中除了对外部条件的分析(经济环境、地域优势等),如果市场上有类似主题的展会,应该有与竞争对手比较的SWOT分析(项目的优势、劣势、机会、威胁)以及如何发挥优势、弱化劣势、应对风险。同时,SWOT分析结果应该是对项目操作策略和行为有影响的。

(3) 各个部分的计划及执行(营销、运作、预算等)均应与项目定位策略保持一致。

(4) 方案中应结合会展业发展新趋势,利用会展活动的新技术,体现科技、数字、绿色等相关元素。

6.7 全国高校商业精英挑战赛创新创业竞赛

一、赛事简介

全国高校商业精英挑战赛创新创业竞赛是由中国国际贸易促进委员会商业行业委员会牵头主办的国家级学科竞赛活动。根据中国高等教育学会高校竞赛评估与管理体系研究工作组发布的《全国普通高校大学生竞赛分析报告》竞赛目录,全国高校商业精英挑战赛创新创业竞赛纳入学科竞赛排行榜。

为贯彻《国务院办公厅关于进一步支持大学生创新创业的指导意见》(国办发〔2021〕35号)中"全面贯彻党的教育方针,落实立德树人根本任务,立足新发展阶段、贯彻新发展理念、构建新发展格局,坚持创新引领创业、创业带动就业,支持在校大学生提升创新创业能力,支持高校毕业生创业就业,提升人力资源素质,促进大学生全面发展,实现大学生更加充分更高质量就业"的总体要求,为中国高等院校的师生搭建高层次的交流和学习平台,推动科研机构、高校、企业、创客等主体协同,加快高校创新创业成果转化,中国国际贸易促进委员会商业行业委员会、中国国际商会商业行业商会和中国商业经济学会共同举办此项赛事。

二、参赛对象

全日制本科与高职高专在校学生,不限专业。

三、人员组成

采取团体赛形式,每个团队由 2~5 名选手和 1~2 名辅导教师组成。

四、竞赛形式及阶段

全国高校商业精英挑战赛创新创业竞赛分为创业计划赛道和创业模拟赛道两条赛道。

(一)创业计划赛道

1. 创业组

要求:项目需要有 3 个月以上的运营;有团队、商业计划书,已形成具体的产品或服务,并有详细运营数据;参赛项目工商登记注册未满 3 年,且获机构或个人股权投资不超过天使轮。参赛申报人须为初创企业股东(企业实际控制人),同时须为普通高等学校在校学生。

2. 创客组

要求:项目尚未落地,但想法新颖独特,市场潜力巨大,已有较完善的商业模式和实施计划。参赛项目具有较好的创意和较为成型的产品原型或服务模式,在通知发布前尚未完成工商登记注册。参赛申报人须为普通高等院校在校学生(不含在职生)。

3. 在华留学生组

采用团体赛的形式,由在华留学生(含港澳台地区,须为项目的实际成员)自行组成团队,参赛语言为中文或英文。在华留学生组可直接参加全国总决赛,原则上不超过两支队伍。全国总决赛采用创新创业方案线上陈述和答辩赛形式进行。

4. 参赛项目要求

(1) 参赛项目要保证真实、健康、合法,无不良信息,项目立意新颖、弘扬正能量;不得侵犯他人知识产权;所涉及的发明创造、专利技术、资源等必须拥有清晰合法的知识产权或物权;抄袭、盗用、提供虚假材料或违反相关法律法规,一经发现立即取消参赛资格,并需自行承担一切法律责任和后果。

(2) 参赛项目涉及他人知识产权的,需提交完整的具有法律效力的所有人书面授权许可书、专利证书等;已完成工商登记注册的创业项目,需提交工商注册信息。

(3) 已完成工商登记注册的创业项目,需提交营业执照及统一社会信用代码等相关复印件、单位概况、法定代表人情况、股权结构等。参赛项目可提供当前财务数据、已获投资情况、带动就业情况等相关证明材料。已获投资(或收入)的参赛项目,需在全国总决赛时提供相应佐证材料。

(4) 参赛项目类型应紧抓社会当下所需、布局未来,促进社会经济各领域创新,发展。参赛项目主要包括以下类型。

①新经济:以模式创新预见未来,包括消费升级、共享经济、新零售、教育培训、医疗健康、交通出行、创新金融、电子商务、下乡项目、出海项目、跨界项目等。

②高科技:以技术创新引领世界,包括 5G 通信、人工智能、大数据、云平台、智能机器人、工业自动化、智能家、新材料、新能源等。

③泛娱乐:以内容创新改变生活,包括广播影视、设计服务、文化艺术、旅游休闲、艺术品交易、广告会展、动漫娱乐、体育竞技等。

5. 商业计划书要求

(1) 除在华留学生组参赛语言为中文或英文外,其他组别参赛方案均为中文;

(2) PDF 格式文档,A4 纸竖排版,不少于 3000 字,正文内容(不含封面和目录页)不超过 80 页。中文正文,宋体,小四号;英文正文,Times New Roman,小四号。

(3) 需单独设计封面及目录(无须单独设置为一个文件,作为首页与计划书内容等放在一起,一份 PDF 格式文件即可),封面内容包含:①竞赛组别(创业组/创客组/在华留学生组);②团队名称;③项目名称。其他信息均不出现。

(4) 如有调查问卷和结果以附录形式体现,放置在方案最后(不包含在正文 80 页内);如有其他证明材料,如专利证书、授权书、营业执照等,一并放置在最后(不包含在正文 80 页内)。

6. 比赛流程

线上知识赛(初赛)—校赛—省赛—全国总决赛。

(二) 创业模拟赛道

1. 赛道简介

软件模拟竞赛仅针对本科组及高职高专组进行。本次竞赛指定模拟竞赛平台为浙江精创教育科技有限公司提供的《创新创业实战模拟竞赛对抗平台》软件。该平台是一款以培养具有创业基本素质和开拓型个性的人才为目标,培养学生创新思维、创新精神、创业意识、创业能力的软件,以创业者的视角,模拟创业者从 0 到 1 的创业过程,创业者通过寻找合伙人组建创业团队来获取货币、知识产权、实物等创业资源,并通过市场环境分析、人力资源管理、产品服务管理、市场营销管理、融资管理、企业清算等流程让学生体验创业之路,锻炼战略决策思维。模拟过程逼近现实的市场环境中,采用 AARRR 销售漏斗模型、波特五力模型、时间成本函数、生产函数等快速做出决策,全面体验创业的全过程。

2. 竞赛阶段

1) 线上知识赛及校赛(初赛)

初赛采用个人赛的形式,以统一网络机考方式进行。知识赛主要考核相关专业知识,知识赛合格(60 分及以上)的参赛选手且通过校赛获得资格组队参加区域赛。

2) 区域赛

区域赛采用线上软件模拟赛的方式进行,届时将由竞赛组委会视报名情况进行分组。软件模拟赛评分由软件模拟系统自动计算得出,具体为参赛团队软件模拟赛结束时的得分,主要由创业者回报和企业经营能力等多项指标综合判定。依据各竞赛分组软件模拟成绩排名结果,产生全国总决赛入围名单,入围团队获得参加全国总决赛的资格。

3) 全国总决赛

全国总决赛将分为两个阶段进行。本科组与高职高专组入围全国总决赛团队以软件模拟赛的方式进行。其中,第一阶段采用线上软件模拟赛的方式进行,根据全国总决赛第一阶段的竞赛结果,按参赛组别分别产生全国总决赛一、二、三等奖(获奖比例约为 20%、50%、30%),同时选拔产生全国总决赛第二阶段即全国总决赛精英赛的入围团队,精英赛采用线下软件模拟赛的方式进行。根据精英赛结果,最终产生本次竞赛对应组别的冠、亚、季军。

6.8 全国企业竞争模拟大赛

一、赛事简介

全国企业竞争模拟大赛由中国管理现代化研究会和高等学校国家级实验教学示范中心联席会经管学科组共同指导,中国管理现代化研究会决策模拟专业委员会主办,列入中国高等教育学会发布的《全国普通高校大学生竞赛分析报告》。

1983 年北京大学经济系教师开始自主研发企业经营决策模拟系统,并且在教学中使用。自 2010 年起,全国企业竞争模拟大赛推广到所有普通高等院校。2016 年,BizWar 企业经营竞争模拟软件开始应用于高职院校和应用型本科院校的学科竞赛和教学。截至 2023 年 12 月,全国企业竞争模拟大赛(本科组)已成功举办了 14 届。实践证明,该项赛事对促进管理理论与实践的结合、促进院校之间的交流、培养学生的竞争意识和团队合作精神具有重要意义。

二、竞赛内容

"企业竞争模拟"是运用计算机技术模拟企业的竞争环境,供模拟参加者进行企业运营和企业决策的练习。"企业竞争模拟"训练学员在变化多端的经营环境里,面对多个竞争对手,发扬团队合作精神,全面、灵活地运用如生产管理、市场营销、财务会计、战略管理等管理学知识,和统计学、运筹学、决策论课程中的预测、优化、数据分析与挖掘等数量分析方法,正确制定企业的决策,达到企业的战略目标。

全国企业竞争模拟大赛是利用基于互联网的企业竞争模拟系统面向高校大学生的重要商业模拟竞赛。在企业竞争模拟竞赛过程中,学生分成若干个小组(每组 3 人),每个小组代表一个虚拟企业。通过计算机在互联网上模拟企业经营所需要的市场经济环境,以及经营过程中的各种决策变量(包括生产、营销、财务、人事等)和现实环境中不可避免的偶然因素。各公司在期初要制订本期的决策,包括生产、运输、市场营销、财务管理、人力资源管理、研究开发、战略发展等。模拟软件根据各公司的决策,依据模拟的市场需求决定各公司的销售量,并给出各公司经营结果。软件模拟后各公司可以即时看到模拟结果。然后,各公司再根据上期经营状况,做出下一期的决策,直到模拟结束。一个比较完整的模拟过程一般需要 7~8 期。每期模拟结束时,软件会按照多项经营指标对各公司进行排序。整个模拟结束后,要按照多项指标加权平均评出竞争模拟的优胜者。

赛项重在考察参赛团队的企业经营管理、企业经营分析、企业经营决策以及成本核算和财务管理等基本素养,检验学生应变能力以及分析问题和动手解决问题的能力,培养团队协作精神,以及在变化多端的经营环境下,面对多个竞争对手,正确制定企业的经营决策,达到企业的战略目标,能正确使用决策分析工具,进行管理量化分析,科学决策的综合能力。

三、参赛对象

高校在校注册的学生报名参加全国企业竞争模拟大赛,每名参赛选手只能报名参加一支队伍,每支队伍只能报名参加企业运营赛道或者企业决策赛道任一个赛道,高职组与本科组竞赛同步进行。中国赛区以外的参赛团队可以利用互联网远程参赛，优秀参赛团队可以由中国管理现代化研究会决策模拟专委会推荐参加统一的中国赛区总决赛。

四、组队方式

比赛为团体赛，以学校为单位组队参赛，不得跨校组队。每支参赛队由3名具有参赛资格的参赛选手和1～2名指导教师组成。参赛队选手分别扮演总经理、财务经理、生产经理、营销经理（可兼任）等。参赛报名成员顺序为获奖证书团队成员次序，比赛全程不可修改。

五、比赛平台

全国企业竞争模拟大赛企业运营赛道采用新版BizWar企业经营竞争模拟软件，系统综合评价指标包括上期分数、普通股股东权益、本期销售收入、本期净利润、本期人均净利润、本期投资回报率、累积纳税、累积普通股股利等十多项指标。

全国企业竞争模拟大赛企业决策赛道采用新版iBizSim企业竞争模拟软件，系统综合评价指标包括本期利润、市场占有率、累计纳税、累计分红、净资产、人均利润率、资本利润率等十多项指标。

六、比赛报名

1. 报名流程

比赛管理员登录账号"我的赛事→新建赛事"组织校内赛网上报名，参赛学生登录参赛账号"报名参加赛事"进行校内赛网上报名。

（1）参赛学校向竞赛组委会申请对应赛道的比赛管理员账号，登陆管理员账号点击"网络报名→我的赛事→新建赛事"，开启校内赛网上报名入口。

（2）每个团队CEO登录参赛账号，点击"报名参加赛事"代表本队进行校内赛网上报名。

（3）比赛管理员点击"审核报名"查看校内赛报名信息，点击"导出报名数据"可以进行校内赛报名数据导出及汇总统计，利用EXCEL表格进行比赛分组规划，确定分组方案。

（4）登陆管理员账号，点击"网络对抗→我的赛区→新建比赛"，组织校内对抗赛。

2. 比赛组织

各学校组织校内预选赛，可由学校教务处或二级学院指定相关专业的教师组织比赛，也可委托学生协会在相关专业教师的指导下组织比赛；各学校可通过校内赛推荐优秀队伍报名全国复赛。

七、竞赛试题

企业运营赛道本科组和高职组采用BizWar企业经营竞争模拟软件进行，全国复赛、全国半决赛、全国总决赛采用全新场景，赛前不公开。

企业决策赛道本科组和高职组采用iBizSim企业竞争模拟软件进行，本科组场景采用9级难度（4产品4市场），高职组场景采用6级难度（3产品3市场）。全国复赛、全国半决赛、全国总决赛采用全新场景，赛前不公开。

6.9 iCAN 大学生创新创业大赛

一、赛事简介

iCAN 大学生创新创业大赛(原中国 MEMS 传感器应用大赛)是一个无固定限制、鼓励原始创新的赛事。自发起至今,得到了广大青年学生的热爱。iCAN 大学生创新创业大赛由中国信息协会举办,该赛事已入选《全国普通高校大学生竞赛分析报告》竞赛目录。

党的二十大首次将科教兴国战略、人才强国战略、创新驱动发展战略放在一起统筹部署。重视、加快创新型人才的培养,是推动我国经济发展、科技进步的重要举措。为深入贯彻落实国家发展战略,给广大青年人才创造良好的创新创业生态环境,iCAN 大学生创新创业大赛秉承"自信、坚持、梦想"的精神,倡导科技创新服务社会,引导和激励高校学生勇于创新,发现和培养一批有作为、有潜力的优秀青年创新人才,促进和加强物联网、智能制造、人工智能等高科技领域的产学研结合,搭建科技人才创新生态平台。

二、竞赛内容

(1) 创新赛道。鼓励学生激发创新思维,掌握创新方法,展示团队的创新实践能力,以通过团队协作自主完成的原始创新作品为主。

(2) 创业赛道。鼓励学生提升自身创业能力,投身创业实践,创造社会效益和商业价值,要求团队进一步完善项目作品,完成公司注册。

(3) 挑战赛道。根据行业发展需求设计相关实战创新赛题,团队根据要求制作完成项目,激发学生掌握前沿技术,提升实战技能,带动就业创业。挑战赛题方案另行发布。

三、参赛项目要求

(1) 参赛项目需结合物联网、人工智能、互联网、云计算、大数据、区块链等新一代信息技术,实现在智慧家庭、智慧农业、智慧社区、智慧医疗、智能交通、智能教育、智能穿戴、智能制造、智慧文娱等各领域的创新应用。

(2) 参赛项目要符合国家法律法规,必须为参赛团队原创项目,使用的核心技术、知识产权为参赛团队所有或经技术持有者书面授权,具有创新性和商业价值,且不得侵犯任何第三方知识产权,凡参赛团队必须接受大赛有关免责条款。

(3) 参赛项目均须在大赛官网提交报名材料(含选手身份信息、项目计划书等相关资料),关注大赛官方公众号(iCAN 创新)及时获取大赛通知及赛事资讯。

(4) 参赛项目需要制作出可以演示和操作的产品原型为有效参赛作品,往届国赛一、二等奖项目不可参与本届比赛。

四、参赛项目类型

1. 创新/创业参赛项目类型

(1) 智慧家庭:让家庭生活变得智能和便捷的设备和服务。

（2）智慧农业：用于农牧渔等领域的传感检测和智慧服务。

（3）智慧社区：用于社区、校园等环境的设施和服务。

（4）智慧医疗：用于医疗、健康等领域的设施和服务。

（5）智能交通：用于交通的智能车、飞行器、道路桥梁等。

（6）智能教育：用于提升教育教学的各种设备和服务。

（7）智能穿戴：用于人或动物的各类可穿戴设备和服务。

（8）智能制造：智能硬件、机器人、先进制造等产品。

（9）智慧文娱：用于提升生活娱乐的智能文创产品和服务。

（10）智能环保：用于改进节能环保的新型产品和服务。

2. 挑战赛道命题征集

本赛道面向各行业企业征集命题，各企业需根据真实发展需求设计相关实战创新项目。项目命题方向需围绕物联网、人工智能、互联网、云计算、大数据、区块链、新能源新材料、生物技术等对应的产业和行业领域。

3. 参赛对象

1）创新/创业赛道

参赛对象是全国高等院校及科研院所的在校学生（含本科、专科、硕士研究生、博士研究生），必须以团队形式参赛，每支队伍 2~5 名队员，禁止跨赛区组队和参赛，赛区以队长所在院校的地区为准，每人仅限报名 1 支团队，每个团队指导教师数量不超过 2 人。

参赛选手制作可以演示和操作的产品原型为有效参赛作品，参赛作品务必是学生原创，谢绝任何形式的导师课题参赛。参赛队伍制作出能实现基本功能的原型作品，并撰写详细的项目说明书。

2）挑战赛道

参赛对象是全国高等院校及科研院所的在校学生（含本科生、专科生、硕士研究生、博士研究生），可以个人或团队形式参赛，每支参赛团队不超过 5 名队员，禁止跨赛区组队和参赛，赛区以队长所在院校的地区为准。

五、比赛赛制

大赛采用校级比赛、分赛区比赛、全国总决赛三级赛制（不含挑战赛道）。校级比赛由各高校负责组织；分赛区比赛由各分赛区组委会负责组织，具备条件的承办单位和联合承办单位须向组委会提出申请；全国总决赛由各分赛区组委会按照大赛组委会确定的配额择优遴选、推荐项目。

由全国总决赛评选出最优的团队，将推荐参加相应国际比赛。

6.10 全国大学生机械创新设计大赛

一、赛事简介

全国大学生机械创新设计大赛是经教育部高等教育司批准，由教育部高等学校机械学科教学指导委员会主办,机械基础课程教学指导分委员会、全国机械原理教学研究会、全国机械设计教学研究会联合著名高校共同承办,面向大学生的群众性科技活动。赛制为每两年举办一次。目的在于引导高等学校在教学中注重培养大学生的创新设计能力、综合设计能力与协作精神;加强学生动手能力的培养和工程实践的训练,提高学生针对实际需求进行机械创新、设计、制作的实践工作能力,吸引、鼓励广大学生踊跃参加课外科技活动,为优秀人才脱颖而出创造条件。

截至 2021 年,全国大学生机械创新设计大赛已成功举办九届。大赛影响力持续提升,规模持续扩大,已经成为大学生从方案设计、技术设计到工艺实现等机械工程设计能力培养的综合性、实践性培养环节之一;展示了大赛机制在培养大学生的创新设计能力、综合设计能力和团队协作精神方面,在加强学生动手能力和工程实践能力培养方面的平台作用;扩展了大学生的素质教育空间,极大地提高了参展作品学校和省市的知名度。

全国大学生机械创新设计大赛从第二届开始成为有固定主题的设计大赛。如第二届在湖南大学举办,主题为"健康与爱心",内容为"助残机械、康复机械、健身机械、运动训练机械等四类机械产品的创新设计与制作";第三届在武汉海军工程大学举办,主题为"绿色与环境",内容为"环保机械、环卫机械、厨卫机械等三类机械产品的创新设计与制作";第四届在东南大学举办,主题为"珍爱生命,奉献社会",内容为"在突发灾难中,用于救援、破障、逃生、避难的机械产品的设计与制作"等。

大赛采取学校选拔、各赛区预赛和全国决赛(含初评和决赛评审)的方式,从第三届大赛开始增设慧鱼创新(创意)设计比赛的专项竞赛组,参加慧鱼组比赛的作品也应符合大赛的主题和内容。

二、作品的评价方式

参赛作品必须以机械设计为主,提倡采用先进理论和先进技术,如机电一体化技术等。对作品的评价不以机械结构为单一标准,而是对作品的功能、设计、结构、工艺制作、性能价格比、先进性、创新性等多方面进行综合评价。在实现功能相同的条件下,机械结构越简单越好。一般从以下几个方面进行评价:
(1) 选题评价:新颖性、实用性、意义或前景。
(2) 设计评价:创新性、结构合理性、工艺性、先进理论和技术的应用、设计图纸质量。
(3) 制作评价:功能实现、制作水平与完整性、作品性价比。
(4) 现场评价:介绍及演示、答辩与质疑。

6.11 全国三维数字化创新设计大赛

一、大赛简介

全国三维数字化创新设计大赛由科技部高新技术发展及产业化司、教育部科学技术司、国家制造业信息化培训中心等部门共同指导,国家制造业信息化培训中心3D办与3D动力(全国3D技术推广服务与教育培训联盟)主办,简称"3D大赛或3DDS"。大赛以"推动3D技术普及、提升自主创新能力"为主题,以"学3D! 用3D! 我创造! 我快乐!"为口号,以"以赛促教、以赛促训、以赛促用、以赛促新"为宗旨,弘扬创新文化,推动人才培养,选拔优秀院校、应用人才和成功案例,在3D技术应用企业与3D人才培训院校间搭建桥梁,引领创新实践与就业创业,掀起全民创新热潮,支撑产业升级和发展方式转变,践行创新型国家建设。

全国三维数字化创新设计大赛以"三维数字化"与"创新设计"为特色,突出体现三维数字化技术对创新实践的支持和推进。要求首先是实用创新的设计活动,同时必须基于三维数字化技术平台或使用三维数字化技术工具实现,并且体现现代三维数字化设计方法与流程,最终以三维数字化形式表现设计结果。

全国三维数字化创新设计大赛以"3D FOR ALL"的理念,设置"工业与工程""数字表现(文化创意)"两个大方向,设立工业设计、工程设计(机械设计/结构设计/仿真分析)、模具设计、数控编程、工业设计、CG与数字艺术、影视动漫、游戏与虚拟现实、建筑与室内外表现等九大竞赛项目,鼓励多元应用。大赛着重考察设计过程、设计文档、设计源文件及设计结果。评审标准包括设计创意性、视觉美观性、工程实用性、技术复杂性等因素。

全国三维数字化创新设计大赛以推动"设计实践、全民创新"为目标,设置"学生组"与"职业组"两个组别。鼓励学生参与设计、科技创新,并以数字仿真方式进行设计实践活动。鼓励企业在职人员进行创新设计,使社会涌现更多面向实际、面向市场的平民创新人物。

全国三维数字化创新设计大赛每年举办一届,分初赛选拔、复赛(赛区)评审和全国现场总决赛与颁奖盛典四个赛程。为体现现代协同设计理念和团队合作精神,大赛复赛、决赛以团队形式参赛。

参赛作品需应用三维数字化技术完成,可以使用一款或多款软硬件平台完成,软硬件平台种类不限。参赛作品应体现现代三维数字化设计方法与应用流程。鼓励参赛团队使用企业实际项目或实际科研项目参赛,学生组复赛、决赛参赛作品需由团队协同完成。

二、大赛作品提交形式

参赛作品以网评形式进行复赛,采取作品网上上传形式。注册团队后,复赛参赛作品发帖展示内容,建议将参赛作品说明书保存为图片,然后上传。如果有视频或其他展示内容,可在图片后补充说明。作品贴展示内容应包含作品基本信息,如作品名称、参赛方向及赛项、团队名称、指导教师、队员、使用软件等。

6.12 全国大学生电子设计竞赛

一、大赛简介

1. 指导思想与目的

全国大学生电子设计竞赛是教育部倡导的大学生学科竞赛之一,是面向大学生的群众性科技活动,目的在于推动高等学校促进信息与电子类学科课程体系和课程内容的改革,有助于高等学校实施素质教育,培养大学生的实践创新意识与基本能力、团队协作的人文精神和理论联系实际的学风;有助于培养学生的工程实践素质、提高学生针对实际问题进行电子设计制作的能力;有助于吸引、鼓励广大青年学生踊跃参加课外科技活动,为优秀人才的脱颖而出创造

2. 竞赛特点与特色

全国大学生电子设计竞赛的特点是与高等学校相关专业的课程体系和课程内容改革密切结合,以推动高校的课程教学、教学改革和实验室建设工作。竞赛的特色是与理论联系实际学风建设紧密结合,竞赛内容既有理论设计,又有实际制作,以全面检验和加强参赛学生的理论基础和实践创新能力。

3. 组织运行模式

全国大学生电子设计竞赛的组织运行模式为"政府主办、专家主导、学生主体、社会参与"十六字方针,以充分调动各方面的参与积极性。

4. 组织领导

全国大学生电子设计竞赛由教育部高等教育司和信息产业部人事司共同主办,负责领导全国范围内的竞赛工作。各地竞赛事宜由地方教委(厅、局)统一领导。为保证竞赛顺利开展,需要组建全国及各赛区竞赛组织委员会和专家组。

5. 竞赛时间和竞赛周期

全国大学生电子设计竞赛每两年举办一届,于奇数年的9月份举办,赛期四天三夜。在偶数的非竞赛年份,根据实际需要由全国竞赛组委会和有关赛区组织开展全国的专题性竞赛,同时积极鼓励各赛区和学校根据自身条件适时组织开展赛区和学校一级的大学生电子设计竞赛。

6. 竞赛方式

竞赛采用全国统一命题、分赛区组织的方式,采用"半封闭、相对集中"的组织方式进行。竞赛期间学生可以查阅有关纸质或网络技术资料,队内学生可以集体商讨设计思想,确定设计方案,分工负责、团结协作,以团队为基本单位完成竞赛任务。竞赛期间不允许任何教师或其他人员进行任何形式的指导或引导,竞赛期间参赛队员不得与队外任何人员讨论商量。参赛学校应将参赛学生相对集中在实验室内进行竞赛,便于组织人员巡查。为保证竞赛工作顺利开展,竞赛所需设备、元器件等均由各参赛学校负责提供。

二、赛题类别

(1) 电源类:简易数控直流电源、直流稳压电源。

(2) 信号源类:实用信号源的设计和制作、波形发生器、电压控制LC振荡器等。

(3) 高频无线电类:简易无线电遥控系统、调幅广播收音机、短波调频接收机、调频收音机等。

(4) 放大器类:实用低频功率放大器、高效率音频功率放大器、宽带放大器等。

(5) 仪器仪表类:简易电阻、电容和电感测试仪,简易数字频率计、频率特性测试仪,数字式工频有效值多用表,简易数字存储示波器,低频数字式相位测量仪,简易逻辑分析仪。

(6) 数据采集与处理类:多路数据采集系统、数字化语音存储与回放系统、数据采集与传输系统。

(7) 控制类:水温控制系统、自动往返电动小汽车、简易智能电动车、液体点滴速度监控装置。

三、参赛形式

（1）全国大学生电子设计竞赛原则上安排在奇数年的9月中旬举行，为期4天。竞赛以赛区为单位统一组织报名、竞赛、评审和评奖工作。

（2）鼓励设有信息与电子学科及相关专业或已开展电子设计科技活动的高等学校，积极组织学生参赛。

（3）学生自愿组合，三人一队，由所在学校统一向赛区组委会报名。参赛队数由学校自行确定。

（4）为鼓励不同类型的高校和不同专业或专业方向的学生都能参赛，全国竞赛专家组根据命题原则，将统一编制若干个竞赛题目，供参赛学生选用。

（5）竞赛所需场地、仪器设备、元器件或耗材原则上由参赛学校负责提供。

6.13 全国大学生机器人大赛

一、大赛简介

全国大学生机器人大赛始终坚持"让思维沸腾起来，让智慧行动起来"的宗旨，在推动广大高校学生参与科技创新实践、培养工程实践能力、提高团队协作水平、培育创新创业精神方面发挥了积极作用，培养出一批爱创新、会动手、能协作、勇拼搏的科技精英人才，在高校和社会上产生了广泛、良好的影响。

大赛由共青团中央主办；中国青少年发展基金会、全国学校共青团研究中心支持；教育部应用技术大学（学院）联盟、教育部高等学校机械类专业教学指导委员会、教育部高等学校计算机类专业教学指导委员会、山东电视台协办。大赛组委会秘书处设在北京科技大学。

二、大赛项目

全国大学生机器人大赛下设4项赛事：RoboCon赛事、RoboMaster赛事、RoboTac赛事和机器人创业赛。

（1）RoboCon赛事。该项赛事每年一个主题，参赛队员为注册在籍的高校全日制在校本科生，每校允许一支队伍报名。

（2）RoboMaster赛事。该项赛事由共青团中央联合深圳市人民政府共同举办，团深圳市委、大疆创新科技有限公司承办。参赛队员为注册在籍的高校非在职博士研究生、硕士研究生与全日制本科生、专科生，每校允许一支队伍报名参赛。对于成功通过技术审核的初次参赛队伍，组委会将免费赠送一套机器人器材。

（3）RoboTac赛事。赛事分为竞技赛和竞速赛两项，参赛队员为注册在籍的高职高专院校学生。

（4）机器人创业赛。参赛队员为注册在籍的高校学生或毕业不超过三年的本科生、专科生、硕士研究生、博士研究生。

三、大赛时间安排

(1) 报名与确认。需登录各项赛事官方网站,在线填写报名信息,查询竞赛具体规则、竞赛时间、地点等要求。

(2) 培训与答疑。大赛会组织参赛高校领队和指导教师专题培训班。各参赛团队可通过电子邮箱、官网论坛留言的方式进行赛事咨询,组委会通过大赛官方网站对有关问题进行答疑。

(3) 比赛与奖励。每年5月至8月,各项赛事将分别举行。比赛设立一、二、三等奖若干名,以及冠、亚、季军和单项奖,并颁发证书和奖金。

附 录

附录A 40个发明原理

1. 分割	2. 抽取	3. 局部质量	4. 不对称	5. 组合
将物体分离成互相独立部分； 将物体分成几部分； 提高物体的分离性	去掉物体中的干扰部分（干扰特性），或者相反，只抽取物体中必要的部分或特性	将物体的共性结构转换成异性结构或环境； 物体不同的部分应起不同的作用； 物体的每一部分都应处于促进整体运作的状态	用非对称性代替对称性； 如果一物体已不对称，可进一步增强其不对称的程度	在空间上将有共性的物体和需要连续操作的物体组合起来； 从时间上将有共性的物体和需要连续操作的物体组合起来
6. 多用性	7. 套叠	8. 重量补偿	9. 预先反作用	10. 预先动作
一物体能起多种不同的作用，因此其他部分可以除去	一物体套在另一物体内，可形成重叠； 一物体穿过另一物体	将需提起的重物和有上升性质的物体结合起来； 给需要提起的物品加上空气动力或由外部环境引起的水动力	对物体预加反向压力从而避免其完工时的不良效果； 如果一个物体需要完成某种操作，应先进行相反的操作	部分或全部的预先加所需的改变； 将有用的物体预置，使其在必要时能立即在最方便的位置起作用
11. 预先防范	12. 等势	13. 反向操作	14. 曲面化	15. 动态
对具有较低可靠性的物品预置紧急防范措施	改变工作状态而不必升高或降低物品	不用常规的解决方法，而是反其道行之（如需加热时反用冷却法）； 使通常运动的部分或环境静止，而让通常静止的部分运动； 将物体倒过来放置	将直线变成曲线，平面变成曲面，方形变成球形； 利用滚筒、球体和螺旋体； 利用向心力将线性运动变为圆周运动	改变物体的性质或外部环境，以使操作的每一步都能达到最佳效果； 将非运动物体变为动态的，增加其运动性； 将一物体分成能够改变相对位置的不同部分

续表

16. 部分超越	17. 多维法	18. 机械振动	19. 周期性动作	20. 有效动作持续
如果不能达到100%的效果，争取部分达到或超越理想效果	将物体的运动或布置由一维变为二维，或将二维变为三维；利用物体的多层结构；将物体竖置；利用物体相反一面；将光线照到物体相邻的区域或物体的反面	利用振荡作用；如已有振动存在，提高振动频率以达超音速；应用共振的频率；用压电振动代替机械振动；将超音速振动和电磁场结合作用	将持续运动变成间歇运动（脉冲法）；如果动作已经是间歇性的，则改变间歇频率；利用间歇提供附加作用	不间断持续运作；一物体的各组成部分应扭转为持续保持其全能状态运行；去除闲置和间歇的部分
21. 快速通过	22. 变害为利	23. 反馈	24. 中介物	25. 自助
快速运行有害而冒险的操作	利用有害因素，特别是环境方面的有害因素来获取有益的结果；将一有害因素与另一有害因素结合，抵消有害因素；提高有害动作的程度以达无害状态	引入反馈法；如果反馈已经存在，将其改善	利用中介物质转换或执行一种动作；临时将原物体和一个容易去除的物体连接	一物体能服务于自我，并能执行辅助和修理的功能；利用废物和废弃的能量
26. 复制	27. 廉价替代品	28. 更换机械系统	29. 气压或液压	30. 弹性膜或薄膜
不便于操作的易损、易碎物，应由简易的和便宜的复制品替代；可见光仪器可由红外线或紫外线仪器替代；用光学图像替代单件物品或系列物品，图像可以放大和缩小	用便宜的物品代替贵重的物品，对性能稍做让步（例如寿命因素）	用光学、声学、热学及味觉系统代替机械系统；运用电场、磁场、电磁场和物体进行相互作用	用气体或液体代替物体的固体部分，从而可利用空气或水产生膨胀，或利用气压和液压起缓冲作用	用灵活的或薄膜表面代替通常结构；用可调的表面或薄膜表层将物体和外部环境隔开

续表

31. 多孔材料	32. 改变颜色	33. 同质性	34. 抛弃或再生	35. 性能转换
给物体加孔，或运用辅助的有孔材料（插入或覆盖等）；如果一个物体已经有孔，事先向孔中充入相应的物质	改变物体或环境的颜色；改变物体和环境的透明度；在物体中加上颜色添加剂，用以观察难以看到的物体或过程；如果已经用了添加剂，则考虑增加发光成分	和主要物体相互作用的物体应该用同样的材料做成，或具有相同的性质	当作用完成后或物体本身不再有用时，物体中的一部分自动消失，或在操作过程中自动调整；物体中用过的零件应在工作过程中重新发挥作用	改变系统的物理状态；改变浓度或密度；改变灵活性；改变温度和体积
36. 相变	37. 热膨胀	38. 强氧化剂	39. 惰性环境	40. 复合材料
运用物态转换（如改变体积、释放或吸收热量等）	改变温度，利用物体的热胀冷缩性；利用不同材料之间不同的热膨胀系数	使用富氧空气代替普通空气；使用纯氧代替富氧空气；使用电离射线处理空气或氧气；用臭氧代替离子化的空气	用惰性环境代替通常环境；在真空中完成过程	用组合物质来代替同类物质

附录 B 技术转让(专利权)合同模板

技术转让(专利权)合同

项目名称：_____

受让方(甲方)：_____

让与方(乙方)：_____

签订时间：_____

签订地点：_____

有效期限：_____

中华人民共和国科学技术部印制

填 写 说 明

一、本合同为中华人民共和国科学技术部印制的技术转让(专利权)合同示范文本，各技术合同认定登记机构可推介技术合同当事人参照使用。

二、本合同书适用于一方当事人(让与方、原专利权人)将其发明创造专利权转让受让方，受让方支付约定价款而订立的合同。

三、签约一方为多个当事人的，可按各自在合同关系中的作用等，在"委托方""受托方"项下(增页)分别排列为共同受让人或共同让与人。

四、本合同书未尽事项，可由当事人附页另行约定，并作为本合同的组成部分。

五、当事人使用本合同书时约定无须填写的条款，应在该条款处注明"无"等字样。

技术转让(专利权)合同

受让方(甲方)：_____

住所地：_____

法定代表人：_____

项目联系人：_____

联系方式：_____

通信地址：_____

电话：_____ 传真：_____

电子邮箱：_____

让与方(乙方)：_____

住所地：_____

法定代表人：_____

项目联系人：_____

联系方式：_____

通信地址：_____

电话：_____ 传真：_____

电子邮箱：_____

本合同乙方将其_____的专利权转让甲方,甲方受让并支付相应的转让价款。双方经过平等协商,在真实、充分地表达各自意愿的基础上,根据《中华人民共和国合同法》的规定,达成如下协议,并由双方共同恪守。

第一条:本合同转让的专利权:
1. 为_____(发明、实用新型、外观设计)专利。
2. 发明人/设计人为:_____。
3. 专利权人:_____。
4. 专利授权日:_____。
5. 专利号:_____。
6. 专利有效期限:_____。
7. 专利年费已交至_____。

第二条:乙方在本合同签署前实施或许可本项专利权的状况如下:
1. 乙方实施本项专利权的状况(时间、地点、方式和规模):_____。
2. 乙方许可他人使用本项专利权的状况(时间、地点、方式和规模):_____。
3. 本合同生效后,乙方有义务在_____日内将本项专利权转让的状况告知被许可使用本发明创造的当事人。

第三条:甲方应在本合同生效后,保证原专利实施许可合同的履行。乙方在原专利实施许可合同中享有的权利和义务,自本合同生效之日起,由甲方承受。乙方应当在_____日内通知并协助原专利实施许可合同的让与人与甲方办理合同变更事项。

第四条:本合同生效后乙方继续实施本项专利的,按以下约定办理:_____。

第五条:为保证甲方有效拥有本项专利权,乙方应向甲方提交以下技术资料:
1. _____;
2. _____。

第六条:乙方向甲方提交技术资料的时间、地点、方式如下:
1. 提交时间:_____
2. 提交地点:_____
3. 提交方式:_____

第七条:本合同签署后,由_____方负责在_____日内办理专利权转让登记事宜。

第八条:为保证甲方有效拥有本项专利,乙方向甲方转让与实施本项专利权有关的技术秘密:
1. 技术秘密的内容:_____。
2. 技术秘密的实施要求:_____。
3. 技术秘密的保密范围和期限:_____。

第九条:乙方应当保证其专利权转让不侵犯任何第三人的合法权益。如发生第三人指控甲

方侵权的,乙方应当_____
_____。

第十条:乙方对本合同生效后专利权被宣告无效,不承担法律责任。

第十一条:甲方向乙方支付该项专利权转让的价款及支付方式如下:

1. 专利权的转让价款总额为:_____,
其中,技术秘密转让价款为_____。

2. 专利权的转让价款由甲方_____(一次、分期或提成)支付乙方。

具体支付方式和时间如下:

(1) _____;
(2) _____;
(3) _____。

乙方开户银行名称、地址和账号为:

开户银行:_____

地址:_____

账号:_____

3. 双方确定,甲方以实施研究开发成果所产生的利益提成支付乙方的研究开发经费和报酬的,乙方有权以_____
_____方式查阅甲方有关的会计账目。

第十二条:双方确定,在本合同履行中,任何一方不得以下列方式限制另一方的技术竞争和技术发展:

1. _____。
2. _____。
3. _____。

第十三条:双方确定,

1. 甲方有权利用乙方转让专利权涉及的发明创造进行后续改进。由此产生的具有实质性或创造性技术进步特征的新的技术成果,归_____(甲方、双方)所有。具体相关利益的分配办法如下:_____
_____
_____。

2. 乙方有权在已交付甲方该项专利权后,对该项专利权涉及的发明创造进行后续改进。由此产生的具有实质性或创造性技术进步特征的新的技术成果,归_____(乙方、双方)所有。具体相关利益的分配办法如下:_____
_____。

第十四条:双方确定,按以下约定承担各自的违约责任:

1. _____方违反本合同第_____条约定,应当_____(支付违约金或损失赔偿额的计算方法)。

2. _____方违反本合同第_____条约定,应当_____(支付违约金或损失赔偿额的计算方法)。

3. _____方违反本合同第_____条约定,应当

215

_____（支付违约金或损失赔偿额的计算方法）。

  4. _____方违反本合同第_____条约定，应当_____

_____（支付违约金或损失赔偿额的计算方法）。

  第十五条：双方确定，在本合同有效期内，甲方指定_____为甲方项目联系人，乙方指定_____为乙方项目联系人。项目联系人承担以下责任：

  1. _____。

  2. _____。

  3. _____。

  一方变更项目联系人的，应当及时以书面形式通知另一方。未及时通知并影响本合同履行或造成损失的，应承担相应的责任。

  第十六条：双方确定，出现下列情形，致使本合同的履行成为不必要或不可能的，可以解除本合同：

  1. 因发生不可抗力。

  2. _____。

  3. _____。

  第十七条：双方因履行本合同而发生的争议，应协商、调解解决。协商、调解不成的，确定按以下第_____种方式处理：

  1. 提交_____仲裁委员会仲裁。

  2. 依法向人民法院起诉。

  第十八条：双方确定，本合同及相关附件中所涉及的有关名词和技术术语，其定义和解释如下：

  1. _____。

  2. _____。

  3. _____。

  第十九条：与履行本合同有关的下列技术文件，经双方确认后，_____

_____为本合同的组成部分：

  1. 技术背景资料：_____；

  2. 可行性论证报告：_____；

  3. 技术评价报告：_____；

  4. 技术标准和规范：_____；

  5. 原始设计和工艺文件：_____；

  6. 其他：_____。

  第二十条：双方约定本合同其他相关事项为：_____

_____。

  第二十一条：本合同一式_____份，具有同等法律效力。

  第二十二条：本合同自国家专利行政主管机关登记之日起生效。

  甲方：_____（盖章）

  法定代表人/委托代理人：_____（签名）

年 月 日

乙方：_____（盖章）
法定代表人/委托代理人：_____（签名）
　　　　　　　　　　　　　　　　　　　　年　　月　　日

印花税票粘贴处：
_____

（此页由技术合同登记机构填写）

合同登记编号：

1. 申请登记人：_____
2. 登记材料：(1)_____
　　　　　　　(2)_____
3. 合同类型：_____
4. 合同交易额：_____
5. 技术交易额：_____

　　　　　　　　　　　　　　　　技术合同登记机构（印章）
　　　　　　　　　　　　　　　　经办人：
　　　　　　　　　　　　　　　　　　年　　月　　日

附录 C　技术转让（专利实施许可）合同模板

技术转让（专利实施许可）合同

项目名称：_____
受让方（甲方）：_____
让与方（乙方）：_____
签订时间：_____
签订地点：_____
有效期限：_____

中华人民共和国科学技术部印制

填 写 说 明

一、本合同为中华人民共和国科学技术部印制的技术转让（专利实施许可）合同示范文本，各技术合同认定登记机构可推介技术合同当事人参照使用。

二、本合同书适用于让与人（专利权人或者其授权的人）许可受让方在约定的范围内实施专利，受让方支付约定使用费而订立的合同。

三、签约一方为多个当事人的，可按各自在合同关系中的作用等，在"委托方""受托方"项下（增页）分别排列为共同受让人或共同让与人。

四、本合同书未尽事项，可由当事人附页另行约定，并作为本合同的组成部分。

五、当事人使用本合同书时约定无须填写的条款，应在该条款处注明"无"等字样。

技术转让（专利实施许可）合同

受让方（甲方）：_____
住所地：_____
法定代表人：_____
项目联系人：_____
联系方式：_____
通信地址：_____
电话：_____　传真：_____
电子邮箱：_____
让与方（乙方）：_____
住所地：_____
法定代表人：_____
项目联系人：_____
联系方式：_____
通信地址：_____
电话：_____　传真：_____
电子邮箱：_____

本合同乙方以_____（独占、排他、普通）方式_____
许可甲方实施其所拥有的_____
专利权,甲方受让该项专利的实施许可并支付相应的实施许可使用费。双方经过平等协商,在真实、充分地表达各自意愿的基础上,根据《中华人民共和国合同法》的规定,达成如下协议,并由双方共同恪守。

第一条:本合同许可实施的专利权:
1. 为_____（发明、实用新型、外观设计）专利。
2. 发明人/设计人:_____。
3. 专利权人为:_____。
4. 专利授权日:_____。
5. 专利号:_____。
6. 专利有效期限:_____。
7. 专利年费已交至:_____。

第二条:乙方在本合同生效前实施或许可本项专利的基本状况如下:
1. 乙方实施本项专利权的状况（时间、地点、方式和规模）:_____
_____。
2. 乙方许可他人使用本项专利权的状况（时间、地点、方式和规模）:_____
_____。

第三条:乙方许可甲方以如下范围、方式和期限实施本项专利:
1. 实施方式:_____
_____。
2. 实施范围:_____
_____。
3. 实施期限:_____。

第四条:为保证甲方有效实施本项专利,乙方应向甲方提交以下技术资料:
1. _____;
2. _____;
3. _____;
4. _____。

第五条:乙方提交技术资料的时间、地点、方式如下
1. 提交时间:_____。
2. 提交地点:_____。
3. 提交方式:_____。

第六条:为保证甲方有效实施本项专利,乙方向甲方转让与实施本项专利有关的技术秘密:
1. 技术秘密的内容:_____
_____。
2. 技术秘密的实施要求:_____
_____。
3. 技术秘密的保密范围和期限:_____
_____。

第七条：为保证甲方有效实施本项专利，乙方向甲方提供以下技术服务和技术指导：

1. 技术服务和技术指导的内容：_____
_____。

2. 技术服务和技术指导的方式：_____
_____。

第八条：双方确定，乙方许可甲方实施本项专利及转让技术秘密、提供技术服务和技术指导，按以下标准和方式验收：

1. _____。
2. _____。
3. _____。

第九条：甲方向乙方支付实施该项专利权使用费及支付方式为：

1. 许可实施使用费总额为：_____。

其中：技术秘密的使用费为：_____，

技术服务和指导费为：_____。

2. 许可实施使用费由甲方_____（一次、分期或提成）支付乙方。

具体支付方式和时间如下：

(1) _____；

(2) _____；

(3) _____。

乙方开户银行名称、地址和账号为：

开户银行：_____

地址：_____

账号：_____

3. 双方确定，甲方以实施专利技术所产生的利益提成支付乙方许可使用费的，乙方有权以_____方式查阅甲方有关的会计账目。

第十条：乙方应当保证其专利权实施许可不侵犯任何第三人的合法权益，如发生第三人指控甲方侵犯专利权的，乙方应当_____
_____。

第十一条：乙方应当在本合同有效期内维持本项专利权的有效性。如由于乙方过错致使本项专利权终止的，乙方应当按本合同第十六条的约定，支付甲方违约金或赔偿损失。

本项专利权被国家专利行政主管机关宣布无效的，乙方应当赔偿甲方损失，但甲方已给付乙方的使用费，不再返还。

第十二条：甲方应当在本合同生效后_____日内开始实施本项专利；逾期未实施的，应当及时通知乙方并予以正当解释，征得乙方认可。甲方逾期_____日未实施本项专利且未予解释，影响乙方技术转让提成收益的，乙方有权要求甲方支付违约金或赔偿损失。

第十三条：双方确定，在本合同履行中，任何一方不得以下列方式限制另一方的技术竞争和技术发展：

1. _____;
2. _____;
3. _____。

第十四条：双方确定，

1. 甲方有权利用乙方许可实施的专利技术和技术秘密进行后续改进。由此产生的具有实质性或创造性技术进步特征的新的技术成果，归_____（甲方、双方）所有。具体相关利益的分配办法如下：_____
_____。

2. 乙方有权在许可甲方实施该项专利权后，对该项专利权涉及的发明创造及技术秘密进行后续改进。由此产生的具有实质性或创造性技术进步特征的新的技术成果，归_____（乙方、双方）所有。具体相关利益的分配办法如下：_____
_____。

第十五条：本合同的变更必须由双方协商一致，并以书面形式确定。但有下列情形之一的，一方可以向另一方提出变更合同权利与义务的请求，另一方应当在_____日内予以答复；逾期未予答复的，视为同意：

1. _____;
2. _____。

第十六条：双方确定，按以下约定承担各自的违约责任：

1. _____方违反本合同第_____条约定，应当_____
_____（支付违约金或损失赔偿额的计算方法）。

2. _____方违反本合同第_____条约定，应当_____
_____（支付违约金或损失赔偿额的计算方法）。

3. _____方违反本合同第_____条约定，应当_____
_____（支付违约金或损失赔偿额的计算方法）。

4. _____方违反本合同第_____条约定，应当_____
_____（支付违约金或损失赔偿额的计算方法）。

第十七条：双方确定，在本合同有效期内，甲方指定_____为甲方项目联系人，乙方指定_____为乙方项目联系人。项目联系人承担以下责任：

1. _____。
2. _____。
3. _____。

一方变更项目联系人的，应当及时以书面形式通知另一方。未及时通知并影响本合同履行或造成损失的，应承担相应的责任。

第十八条：双方确定，出现下列情形，致使本合同的履行成为不必要或不可能，可以解除本合同：

1. 发生不可抗力。
2. _____。
3. _____。

第十九条:双方因履行本合同而发生的争议,应协商、调解解决。协商、调解不成的,确定按以下第_____种方式处理:

1. 提交_____仲裁委员会仲裁。
2. 依法向人民法院起诉。

第二十条:双方确定,本合同及相关附件中所涉及的有关名词和技术术语,其定义和解释如下:

1. _____。
2. _____。

第二十一条:与履行本合同有关的下列技术文件,经双方确认后,_____
_____为本合同的组成部分:

1. 技术背景资料:_____;
2. 可行性论证报告:_____;
3. 技术评价报告:_____;
4. 技术标准和规范:_____;
5. 原始设计和工艺文件:_____;
6. 其他:_____。

第二十二条:双方约定本合同其他相关事项为:_____
_____。

第二十三条:本合同一式_____份,具有同等法律效力。

第二十四条:本合同经双方签字盖章后生效。

甲方:_____(盖章)

法定代表人/委托代理人:_____(签名)

              年 月 日

乙方:_____(盖章)

法定代表人/委托代理人:_____(签名)

              年 月 日

印花税票粘贴处:
_____

(此页由技术合同登记机构填写)

合同登记编号:

1. 申请登记人:_____
2. 登记材料:(1)_____
     (2)_____
     (3)_____
3. 合同类型:_____
4. 合同交易额:_____

5. 技术交易额:_____

　　　　　　　　　　　　　　　技术合同登记机构(印章)

　　　　　　　　　　　　　　　经办人:

　　　　　　　　　　　　　　　　　年　　月　　日

附录 D 著录项目变更申报书

著录项目变更申报书

<table>
<tr><td rowspan="2">① 专利或申请专利</td><td>申请号或专利号：</td><td rowspan="3">本框由国家知识产权局填写
递交日：
申请号条码：
挂号条码：</td></tr>
<tr><td>发明创造名称：</td></tr>
<tr><td></td><td>申请人或专利权人：</td></tr>
</table>

② 针对_____通知书（发文序号_____）进行著录项目变更。

③ 变更项目	变更前	变更后
□ 发明人或设计人		
□ 申请人或专利权人事项： □ 姓名或者名称 变更类型：□ 更名 □ 转移 　　　　　□ 继承 □ 其他 □ 国籍或注册国家（地区） □ 地址、邮编 □ 居民身份证件号码或统一社会信用代码/组织机构代码 □ 联系电话		
□ 联系人事项：		
□ 专利代理事项：		
④ 附件清单 □ 双方当事人签章的权利转移协议书　　　　□ 地方知识产权管理部门的调解书 □ 全体权利人同意转让的证明材料　　　　　□ 人民法院的判决书或者调解书 □ 全体权利人同意赠与的证明材料　　　　　□ 国务院商务主管部门出具的证明文件 □ 双方当事人签字或盖章的说明变更理由的证明文件　　□ 地方商务主管部门出具的证明文件 □ 上级主管部门或当地工商行政管理部门出具的变更名称的证明文件　□ 变更后申请人或专利权人的专利代理委托书 □ 户籍管理部门出具的更改姓名的证明文件　□ 公证材料		

续表

□公证机关证明继承人合法地位的公证书	□已备案的证明文件备案号_____
⑤当事人或专利代理机构签字或者盖章 　　　　　　　年　　月　　日	⑥国家知识产权局处理意见 　　　　　　　年　　月　　日

附录 E 专利实施许可合同备案申请表

专利实施许可合同备案申请表

许可专利	专利名称		专利(申请)号	
许可方	名称		电话	
	地址		邮编	
被许可方	名称		电话	
	地址		邮编	
代理人	机构名称		姓名	电话
	地址			邮编
合同信息	许可种类	□独占许可 □排他许可 □普通许可 □交叉许可 □分许可		专利许可地域范围
	使用费用	□人民币 □美元	支付方式	
	生效日期		终止日期	
许可方声明	□专利实施许可合同符合《专利实施许可合同备案办法》相关规定			
	□不存在违反专利法第15条相关规定的情形			
许可方签章: 年 月 日		代理机构签章: 年 月 日		审查意见: 年 月 日

参 考 文 献

[1] 甘自恒. 创造学原理和方法——广义创造学[M]. 2版. 北京:科学出版社,2010.
[2] 姚凤云,朱光. 创造学与创新管理[M]. 北京:清华大学出版社,2010.
[3] 孙学雁. 创造理论与实践[M]. 北京:北京师范大学出版社,2011.
[4] 洪燕云,何庆. 创造学[M]. 北京:清华大学出版社,2009.
[5] 魏拴成,姜伟. 创业学:创业思维·过程·实践[M]. 北京:机械工业出版社,2013.
[6] 王成军,沈豫浙. 应用创造学[M]. 北京:北京大学出版社,2010.
[7] 王占仁. "广谱式"创新创业教育导论[M]. 北京:人民出版社,2012.
[8] 王晶. 第四届全国大学生机械创新设计大赛决赛作品选集[M]. 北京:高等教育出版社,2012.
[9] 李青山,孙凯,齐真理. 大学生创造学学习指南[M]. 哈尔滨:哈尔滨工业大学出版社,2001.
[10] 杨家军. 机械创新设计技术[M]. 北京:科学出版社,2008.
[11] 王哲. 创新思维训练500题[M]. 北京:中国言实出版社,2009.
[12] 灵感. 每天学点创意学[M]. 北京:新世界出版社,2011.
[13] 蔡晓佳. 我创新、我成功:跟大师学创新思维[M]. 北京:中央编译出版社,2006.
[14] 滑云龙,殷焕举. 创新学[M]. 北京:中国农业大学出版社,2006.
[15] 刘卫平. 知识创新思维学[M]. 北京:中国书籍出版社,2013.
[16] 季跃东. 创新创业:思维拓展与技能训练[M]. 北京:科学出版社,2012.
[17] 赵敏,史晓凌,段海波. TRIZ入门及实践[M]. 北京:科学出版社,2009.
[18] 拜五四. 大学生就业与创业实训[M]. 北京:科学出版社,2011.
[19] 王艳梅. 大学生创业指导教程[M]. 北京:高等教育出版社,2011.
[20] 傅筠,黄道平. 创新·创业与就业[M]. 北京:机械工业出版社,2009.
[21] 王晓进. 大学生创新理论与实践[M]. 北京:科学出版社,2014.
[22] 高美兰. 创新与创业教育[M]. 北京:机械工业出版社,2018.
[23] 毛良虎. 国际化视野下的创造、创新和创业[M]. 南京:东南大学出版社,2016.
[24] 姜淑凤,王世刚. 创新创业理论与实践[M]. 武汉:华中科技大学出版社,2022.